原田義則［編著］　鹿児島国語教育研究会 原国会［著］

ノートづくりが子供主体の国語科授業を実現する！

東洋館出版社

はじめに
～笑顔の輪が広がりますように～

鹿児島国語教育研究会 原国会（以下、「原国会」）は、平成二六年に発足し、現在一一年目を迎えます。名称の由来は「国語の原点を目指す」という思いや、「会員一人一人の汗がサンズイとなって足跡を残したとき、国語教育の『源になる』」という思いからです。

発足当時は、四人しかいない会でした。しかし、真摯に国語教育に取り組み、理論と実践を往還させ研究を進めるスタイルが口コミで広がり、令和六年現在、一〇四名の会員が集う大きな会となりました。本会の定例会や夏季研修会には、鹿児島県の離島や県外からの参加もあります。その職種は、公立小・中学校教員、鹿児島大学附属・代用附属小学校教員、特別支援学校教員、管理職、指導主事、大学教員、大学生であり、多様な立場の者が参加していることも大きな特徴です。

原国会のもう一つの特徴は、「書くこと」の研究を継続的に行ってきていることです。もちろん、「話すこと・聞くこと」「読むこと」「読書指導」等についても、毎月の定例会等における実践発表を通して、小・中学校教員が一緒に学び合っています。

しかし、全国学力・学習状況調査の結果等で毎年のように「書くこと」の定着率が低いことが報告されるように、学校現場では「書くこと」の学習指導に困っている教員が多いように思われます。特に若手の教員から学習指導上の悩みを聞くことが多いように思います。そこで原国会では、「書くこと」の学習指導の一助になればと思い、二つの事業に取り組んでいます。

その一つが、「わくわく作文塾」です。原国会会員が講師となり、生活文・読書感想文の学習指導を行うというものです。原国会の発足当初から、鹿児島市での開催（鹿児島県教育委員会、鹿児島市教育委員会、南日本新聞社後援）を継続してきましたが、近年では奄美市での開催（奄美市教育委員会後援）、東京六本木、福岡博多でも開催するなど、各地における子供・保護者のニーズが高まってきています。嬉しいことに、原国会公式インスタグラム（@kagoshima_genkokukai）や新聞紙上で開催を告知すると、すぐに定員に達するほどの人気があり、これまでにのべ四五〇名の子供・保護者らが参加してくださいました。

こうした地道な地域貢献かつ参加型研修会の取り組みは、教育現場に尽力した団体に贈られる「博報賞」（第五三回博報賞国語教育部門）を受賞しました。また、令和六年三月には、鹿児島ＭＢＣテレビが「子どもたちにわくわくを！　作文　書き方のコツ教えます」という原国会紹介の特番を作成し、放映されました（https://www.hakuhodofoundation.or.jp/news/2024/04/23.html）。

そして、もう一つの取り組みが、本書で紹介する「原国会式ノート」なのです。第Ⅰ章の扉に、「原国会式ノート」が誕生するまでの経緯を紹介していますが、私たちはその間、「原国会式ノート」で自らの学びを笑顔で進めていく子供たちの姿を見てきました。本書により、その笑顔の輪が広がることを祈念しております。

鹿児島大学教育学部国語科教育准教授　原田　義則

もくじ

第Ⅲ章 共有する力を育てる原国会式ノート

第Ⅳ章 自己調整力を育てる原国会式ノート

第Ⅰ章

個別最適な学びと協働的な学びの一体化を実現する原国会式ノート

第Ⅰ章では、原国会式ノートの根底に流れる本質的理論や、現代的教育課題等にいかに対応しているか、という視点から説明します。

原国会では、これまで原国会式ノートの理論を構築する上で、下表のような手順と時間をかけて取り組んできました。第Ⅰ章では、その取り組み事例を踏まえて原国会式ノートの概要を紹介します。

経緯	取り組みの内容
2020.1　原国会　１月例会	各学級におけるノート指導の実態調査（アンケート調査）の実施（鹿児島大学 原田義則）
2020.2　原国会　２月例会	「原国会ノート形式」の提案（鹿児島大学 原田義則）
2020.4　第一次ノートチーム実践	令和２年度におけるノート指導の実践開始 土元春奈先生、作井由紀乃先生、原之園省吾先生
2020.8　原国会夏季研修会	①「原国会式ノート」の提案 ②第一次ノートチームの進捗状況の報告
2021.4 ～ 2022.3 原国会　毎月の定例会 ※会員は 2024 年現在、104 名。	**【研究成果の報告・還元】** ①土元春奈先生　令和２年度姶良・伊佐地区教育論文特選論文「単元を意識したノート作り～段階的な指導を通して～」 ②作井由紀乃先生　令和２年度鹿児島国語研究会 原国会発表資料「国語科ノート指導の充実～考えを整理しながら書くことができる子どもの育成を目指して～」 ③原之園翔吾先生　令和３年度鹿児島大学附属小学校研究公開　研究授業
2022 ～ 2024 『鹿児島大学教育学部教育実践紀要』第 31 巻～ 33 巻所収、原田義則他「主体的な学習態度を育む小学校国語科ノートづくりの研究」⑴⑵⑶	2020 ～ 2023 までの原田の研究、原国会会員へのアンケート調査、大村はまの先行研究を踏まえて、第一次ノートチーム・第二次ノートチームに実践を依頼した成果をまとめ、３本の論文にまとめた。
2022.4 ～現在 第二次ノートチーム実践	第一次ノートチームの成果を踏まえて、第二次チームが全学年全単元において実践。複式学級も含む。

1　ノートづくりは、授業づくり

経済協力開発機構の「Education 2030」では、変動性、不確実性、複雑性、曖昧性という不安定な未来社会を「生き抜く力」について言及しています。必要なコンピテンシー（知識、スキル、態度及び価値観等の領域から構成される個人の能力）は、「新たな価値を創造する力」「対立やジレンマに対処する力」「責任ある行動をとる力」とされています。注目すべきは、キー・コンピテンシーを獲得するためには、生徒が自らの学習のエージェントとなることを前提とした点です。すなわち、教師が単一の知識や価値を訓詁注釈したり、多層化する「学力」の全てを教師が引き受けその結果カリキュラム・オーバーロードになったりするのではなく、子供自身の主体的な学びを実現する授業への転換が必要だとしています。更に同報告書では、主体的な学びを成立させる授業スタイルとして、学習者と人的・物的環境との相互作用を通した、見通し・行動・振り返りから成る「ＡＡＲサイクル」を挙げています。

また文部科学省は二〇二一年三月の国立教育研究所『「指導と評価の一体化」のための学習評価に関する参考資料』（以下、「参考資料」）で、平成二九年告示の学習指導要領で明確化された資質・能力の育成に向け、子供自身が学びを「学習調整」し、「粘り強く取り組む」主体的な学習態度を一体化して評価することを求めています。

これらの理念を実現するには、どのような授業スタイルが望ましいのでしょうか。働き方改革に着手している学校現場では、持続可能な方法の提案が必要です。

そこで鹿児島国語教育研究会　原国会（以下、「原国会」）では、「参考資料」でも具体例として挙げられているノート指導に「ＡＡＲサイクル」を重ねることで、子供が粘り強くノートを書き綴り、学習の方向性を調整したり、学習内容を拡充したりする姿の実現を目指しました。

ノート指導については、これまで多くの先行実践があります。また、ＩＣＴの利活用という時代の流れと、一見逆行するようにも思えます。しかし、漢字力や文章記述力など、いつの時代においても紙媒体に手で書くことを小学校国語科教育では放棄してはいけないと考えます。

私たち原国会が、長年ノート指導に取り組んできて思うことは、「ノートづくりは、授業づくり」ということです。自らの手でノートを創ることを知った子供たちは、授業を創り出す喜びを知ります。実際、次のような報告も相次ぎました。

・「先生、昼休みに社会の授業をさせてください、と言う子供がいたのでさせてみたら、私（教師）の時よりも、子供たちの手がたくさん挙がりました」（鹿児島市内小学校担任　山本梨華教諭）

・「国語はわたしたちの授業と言うようになった」（奄美市内小学校複式学級担任　安田京子教諭）

原国会式ノート指導は、個別最適化された国語科授業を実現します。そして、後述する「ノート自慢」の活動を通して、他者の肉筆が書き込まれていきます。それは言い換えると子供一人一人が大切にされ、他者との協働で磨かれるという「プロセス」に他なりません。

2 原国会式ノートの特徴

（1）「選択」「対話」「記録」「振り返り」のプロセス

では、前記した「他者との協働で磨かれるという『プロセス』」について説明します。本会では、教児が共通した学びの姿を描けるように、「選択」「対話」「記録」「振り返り」というワードを使用しています。

例えば、「選択」「対話」につきましては、原田他（二〇一九）で「書くこと」において、子供が次のような選択・対話をすることが主体的な学習を生み出すことに有効であることを明らかにしました。

●「選択」……「書くことの5W1H」を選択する場面をつくる。

① なぜ書くのか　　目的を決める。
② 誰に書くのか　　相手を決める。
③ 何を書くのか　　内容を決める。
④ いつ書くのか　　時間や計画を決める。
⑤ どこで書くのか　　教室、図書室、自宅など
⑥ どのように書くのか　　文種、レトリック、語彙など

●「対話」……自他との対話が活性化するために、六つの要素から作成した四〇種類のワークシートを子供が活用する場面をつくる。

①抽象／具体　②共通／相違　③個別／全体　④仮定・推量　⑤比較・相対　⑥関係付け・類推　などの思考方略を働かせた対話力の向上。

私たちは、この「選択」と「対話」を原理とする「わくわく作文塾」を、鹿児島市、奄美市、東京六本木、福岡博多等で、のべ八〇〇人以上の子供を対象とした飛び込み授業を展開してきました。そして、子供が「選択」と「対話」を繰り返す中で、作文に夢中になって取り組む姿を目の当たりにしてきました。

次に、「振り返り」について説明します。原田他（二〇二二）で次のように紹介しています。

●「振り返り」……四観点から構成するダイヤモンド・サイクルを使用し、子供が観点を選択し記述していく場面をつくる。これにより、粘り強く継続的に自己調整していく力が育つ。

観点①　「わかったこと」（宣言的知識）
観点②　「できたこと」（手続き的知識）
観点③　「なるほど」（他者との協働）
観点④　「もっと知りたい・使いたい」（疑問・条件的知識）

こうして、私たちは子供が主体的に学習を進めるためには、「選択」「対話」「記録」「振り返り」が重要であることを突き止めたのです。

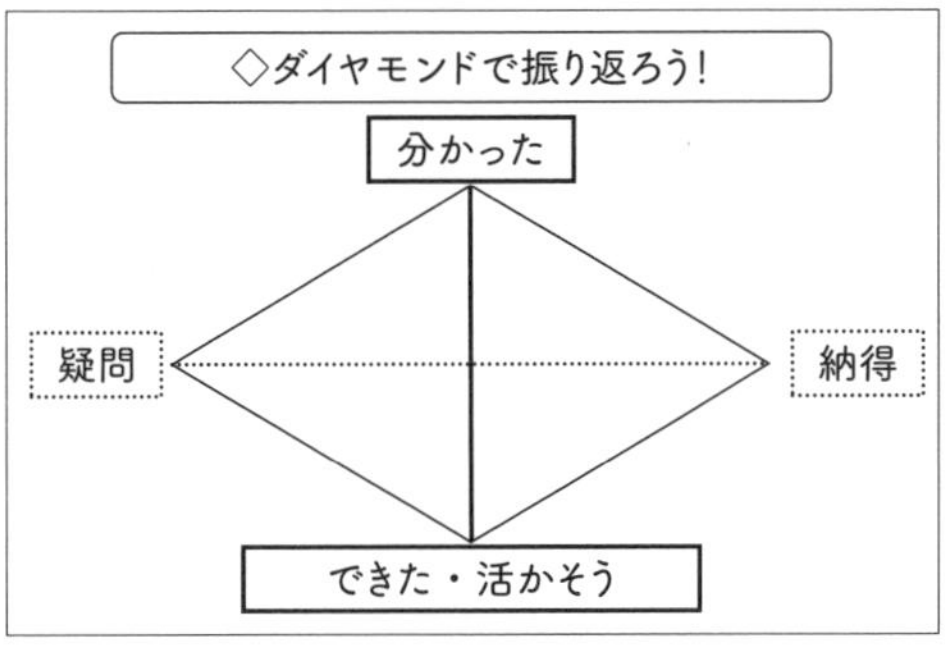

（2）「原国会式ノート」とは

ノート指導の先行研究として、日本国語教育学会（二〇一五）にまとめられたものをご紹介します。同書は「ワークシートは教師が用意した

空白に子どもが答えを書き込むもの」が多いため「子供を受け身にしてしまい、自己学習力を奪う」ことがあると指摘します。一方、「板書の丸写しに留まれば、自己学習力を奪う」と指摘します。そして、ノート指導の目的とは「自己学習力の育成」を見据えて、「自分の学習過程や成果を形に残す」ことを自覚させることが大切だとします。その条件として、次の三側面に留意して指導をすることが提言されています。

・「基礎」　学びを記録する段階（筆写の正確さ、速度、読みやすさ）
・「情報整理」　学びを見直す段階（階層構造、要約度、検索性）
・「自己の記録」　学びを生活に結び付ける段階（発想の保存、複数の情報の関連付け、自己の学びの省察）

つまり、本会が「書くこと」の学習において突き止めた、「選択」「対話」「振り返り」は、ノート指導の原理と重なっており、全領域の学習へと転移することができることが分かります。そこで、稿者（鹿児島大学 原田）が、「選択」「対話」「振り返り」を、全領域の学習に当てはまるように整理し、「記録」（ノート）の役割を明確にしました（次表を参照）。こうして、国語科の学習において主体的な学びのサイクルを実現する「原国会式ノート」が誕生したのです。

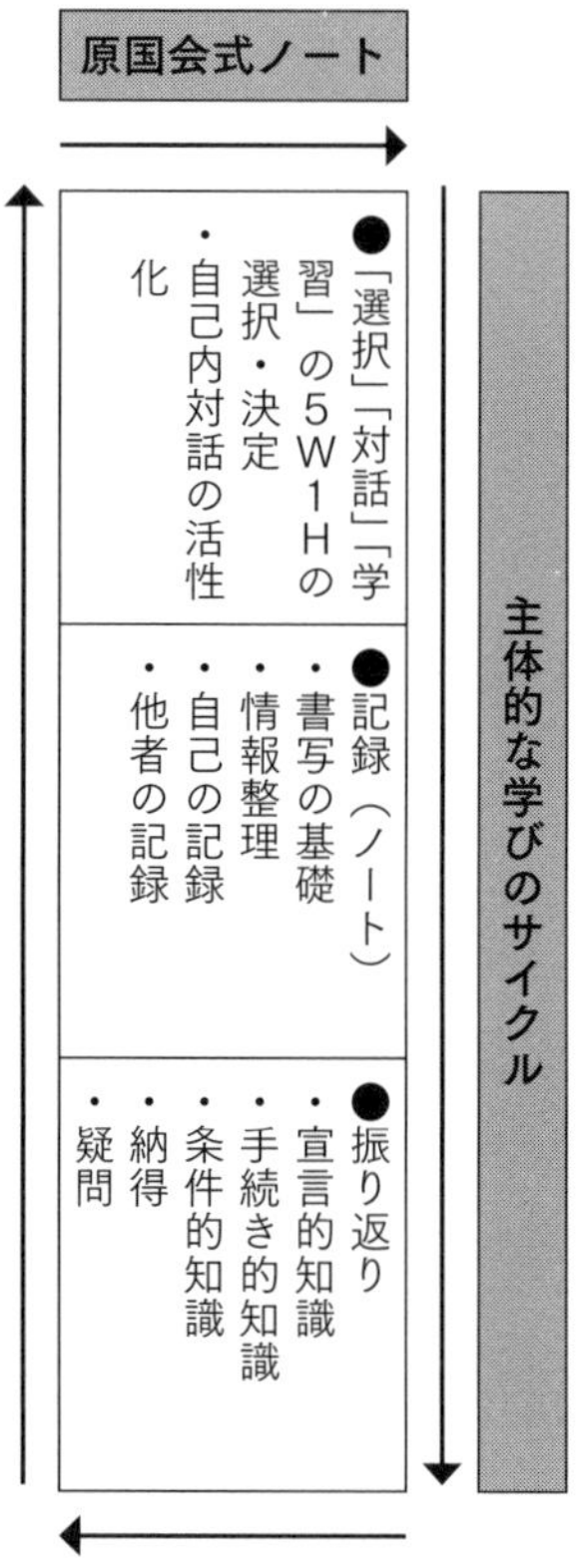

主体的な学びのサイクル
●「選択」「対話」「学習」の5W1Hの
・選択・決定
・自己内対話の活性化
●記録（ノート）
・書写の基礎
・情報整理
・自己の記録
・他者の記録
●振り返り
・宣言的知識
・手続き的知識
・条件的知識
・納得
・疑問
原国会式ノート

3 「原国会式ノート」の形式

二〇二〇年当初、原国会定例会でノート指導に関してアンケートを取りました。すると、「子供たちはノートを書く時間がない（筆速が遅い）」「点検する時間がない」「子供たちは教科書は取っておくが、ノートはすぐに捨てる」など、ノート指導に対して教師も子供たちも必要性を感じていないことが分かりました。併せて、ノート指導の実践を行っていく上で、①学年・領域を問わない「共通性」、②学年別・領域別の「個別性」、の両面から形式を提案することが必要だということも分かりました。印象深いのは、①について回答したのは、教職経験年数が少ない会員からの発言が多く、②については経験年数が多い教員から多く出されたことです。

●原国会ノート形式の二つの視点

二つの視点	共通性（学年・領域を問わない）	個別性（学年別・領域別に）
授業で	本文や他者との対話の記録、振り返り等、今後に生かせるノート	学年目標・領域の学習指導過程に沿ったノート
家庭学習で	国語科授業への意欲の向上	

実は「原国会式ノート指導」を継続しますと、子供たちだけでなく、指導する教員の意識も大きく変わります。責任感が強過ぎる若い教員たちは、子供全員分を自分で点検する時間がない、という悩み。ベテラン教師たちは、子供たちの個性をもっと表出させたい、という悩み。これら二つの悩みは、まさに個別最適な学びと協働的な学びを実現する「原国会式ノート」で解消されていきます。

●原国会ノート形式のチェックポイント

視点	内容	ポイント
共通	学業指導として行うこと	・日付、単元名・教材名、筆者・作者名、めあて、まとめ、振り返りの記入。 ・ノートで使う色は三色まで。
	学習指導として行うこと	・ノートの表紙裏に「思考ツール」「語彙表」等を貼付させる。
個別	授業で	・初発感想、学習計画表 ・板書記録、視写、要約、作品構造分析　等 ・思考ツール（ペンタゴン・ロジック、ダイヤモンド・サイクル）の使用、考え・他者の感想、意見の記入
	家庭で	・単元の「とびらづくり」 ・漢字、語句調べ　等

（1）原国会式ノートのページ構成

ノートのページ構成は、学年を問わず、次表のように統一しました。では、実例等を次ページから紹介しつつ、説明をしていきます。

なおノート実例は、鹿児島大学附属小学校六年生（原之園翔吾教諭学級）、鹿児島市立玉江小学校六年生（山本梨華教諭）のものです。

	ノートのページ構成	主な内容
①	一ページ目（表紙の次のページ）に書くこと	ノート全体を象徴する表紙絵、題名付け、はじめに
②	二ページ目に書くこと	ノートの目次（単元名）
③	三ページ～五ページに資料を貼ること	「言葉の宝箱」「学習語彙一覧」「ペンタゴン・ロジック」
④	六ページ～一〇ページに書くこと	自由コーナー（学級の実態に応じて自由に書く）
⑤	一一ページに書くこと	「単元の扉」を視写する。ただし、イラストは自由。 一年生の教科書には「扉」がないので、教師が単元の扉をつくる。
⑥	一二ページ～一三ページに書くこと	一単位時間の学習内容（板書、他者の発言、自分の考え、他者との相互評価コメントなど） ノートは、基本的に一単位時間を二ページ（見開き）で収める。
⑦	ノート一冊（一学期ごとに一冊書き終わる）の最後のページ	毎学期末に行う「ノート自慢」を経て、「あとがき」を書くこと。

（2）原国会式ノートの紹介

①ノート全体を象徴する「題名付け」「題名の解説」を書く。

ノートの一ページ目には、「ノートの題名」（A）を上段に書き、下段には「題名の意図」（B）を書くようにしました。これは、一年間の最後の国語科授業で作成します。例えば、以下のような授業の流れです。

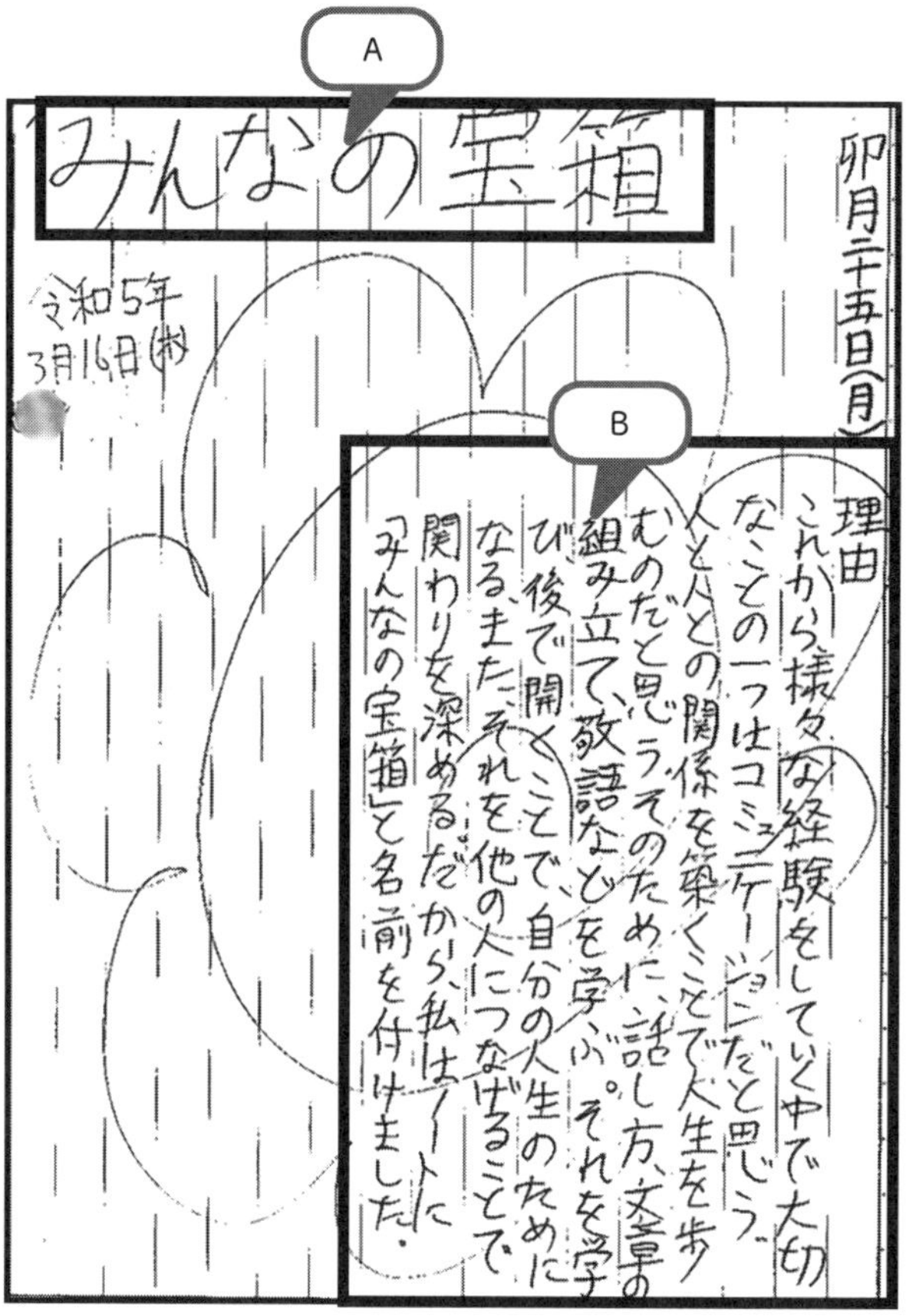

ア　各自でノートを見返し、一年間全ての学習内容を振り返る。
イ　印象深い学習場面を選択し、友達にノート自慢をする。
ウ　学習のまとめとして、一年間を象徴する「ノートの題名」を付け、その意図を書く。

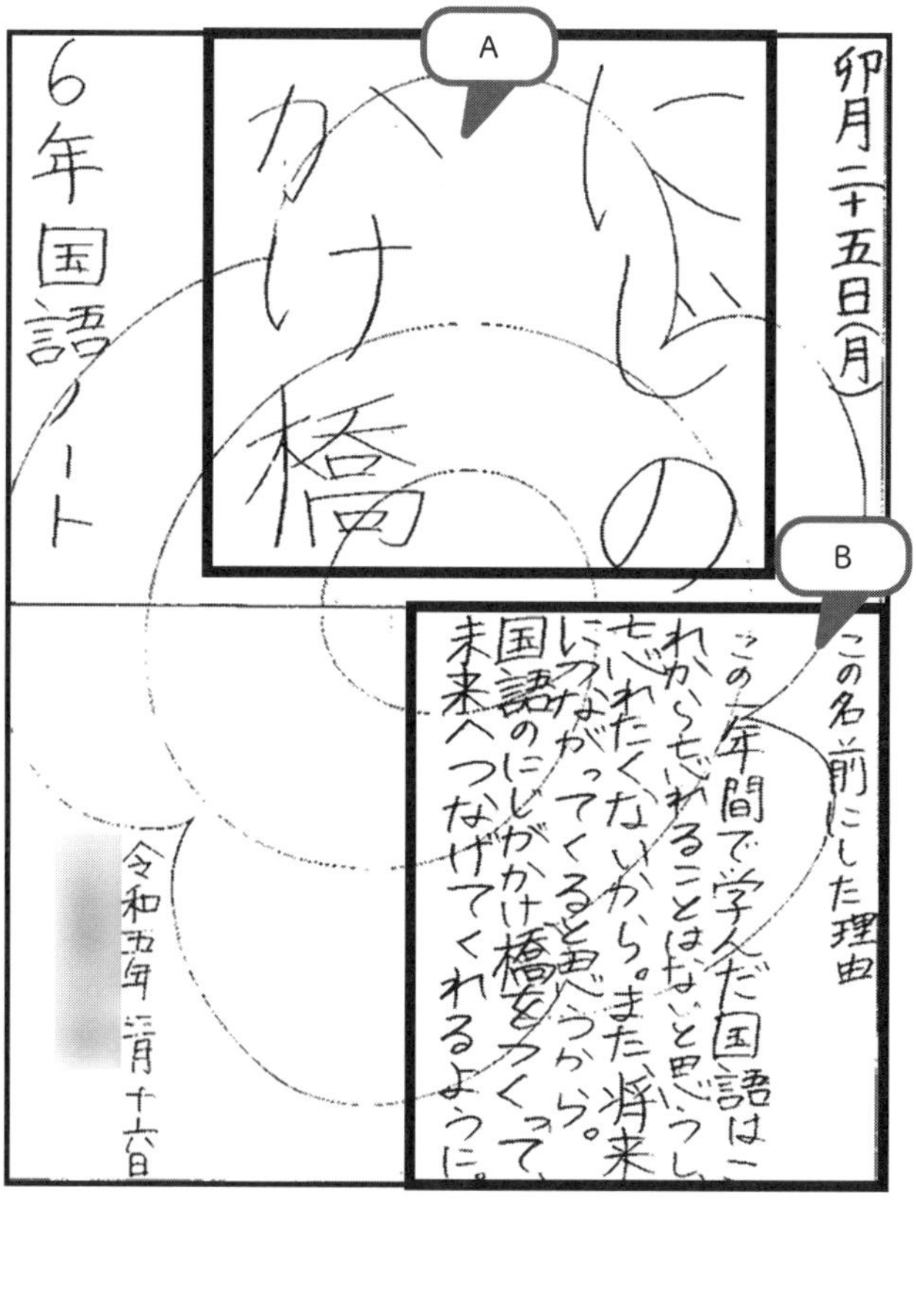

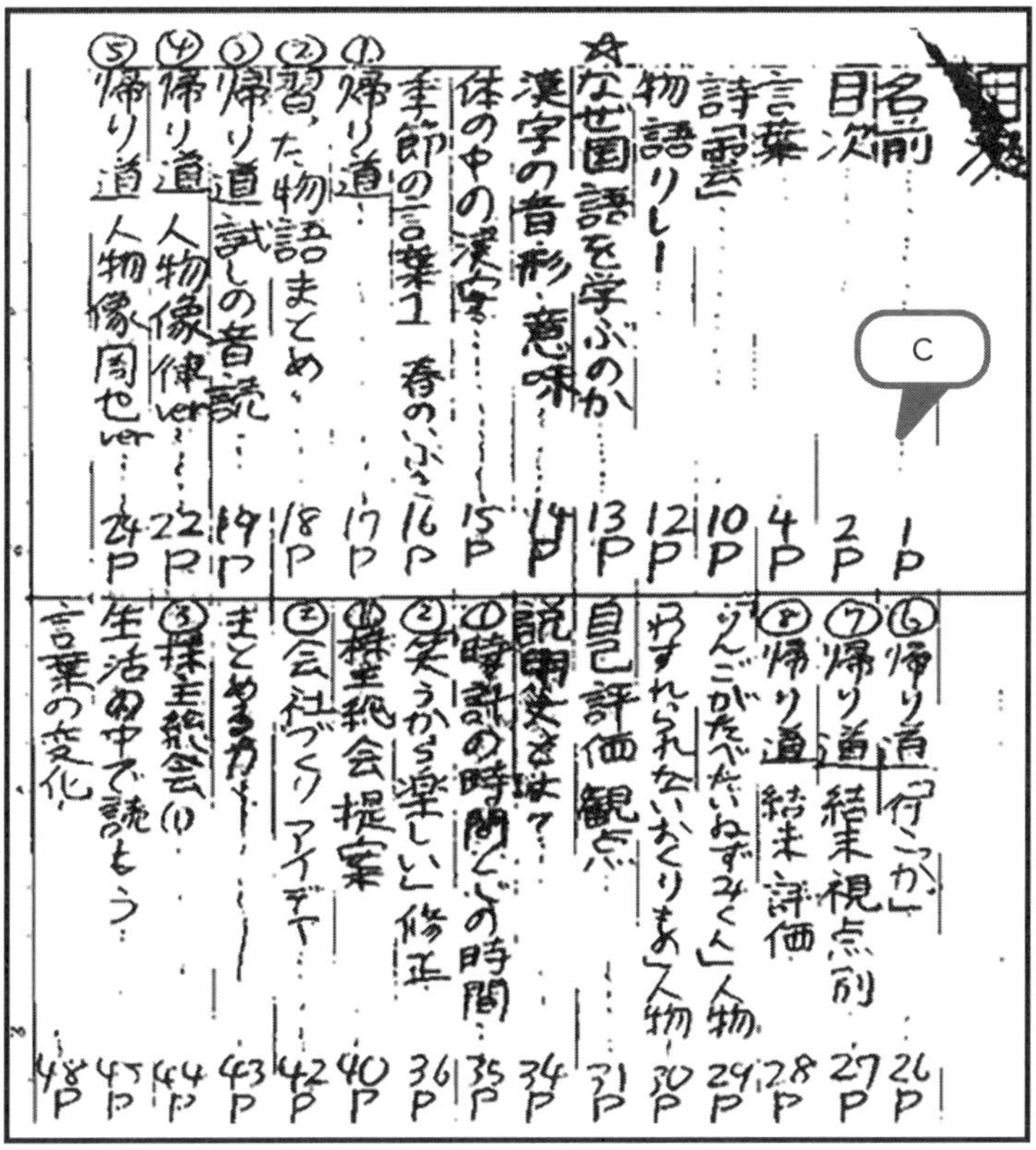

②ノートの目次（単元名）を書く。

ノートの二ページ目には、「目次」（C）を書きます。学習が進むにつれて、目次の項目も増えていきます。子供たちは、目次を完成させていく過程を経て学習の積み重ねを実感することができます。また単元別にインデックス（D）を付けることもしています。インデックスは「話す・聞く」「書く」「読む」といった領域別に色分けをすることで、前の学習の振り返りがスムーズにできていました。

③一年間使用する資料を貼る。

ノートの三ページ目には、一年間使用する資料を貼ります。原国会式ノートでは、学年の実態を考えつつ、思考ツール（ペンタゴン・ロジック）や思考語彙を必須としました。なお、ペンタゴン・ロジックとは、子供たちが苦手としている「反論」を伴う意見文を素早く書くことできる、オリジナルの思考ツールの名称です。詳細は、原田他（二〇二二）をご高覧くださいますと幸いです。

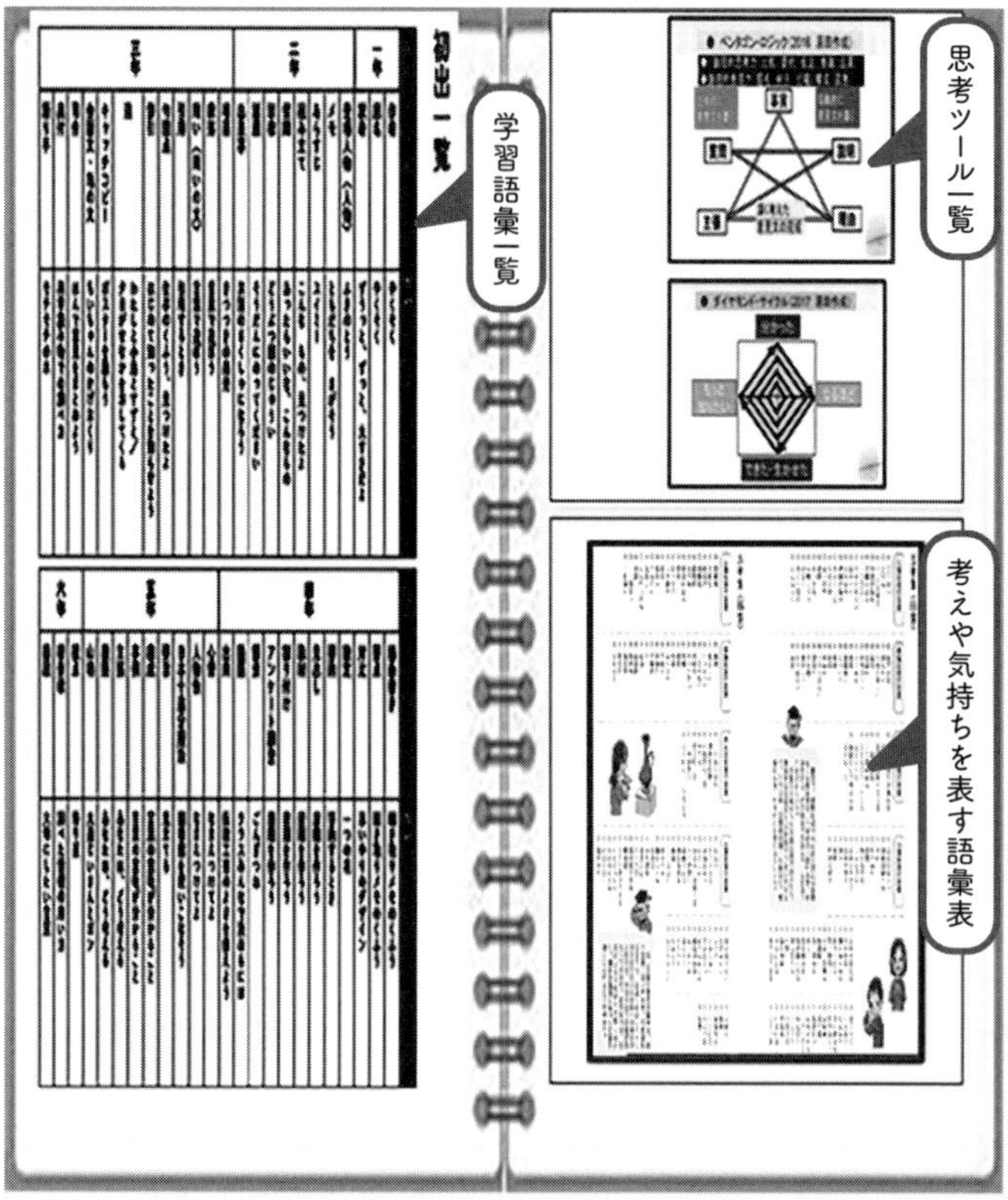

④単元の扉をつくる（家庭学習）

ノートの「扉」をつくる活動です。もちろん授業内で書いてもいいのですが、原国会では「家庭学習」として取り組ませました。子供たちは新しく単元に入るときに、教科書の「扉」を視写します。

まず、「扉」ですので、モデル（E）のように、右のページは空白にします。そして、左のページから単元が始まっていく、まさに単元の「扉」をつくっていきます。子供たちは、教科書に記載されている「単元名・教材名」「問いかけの文」を視写することで、新しい単元への「学習の構え」をつくることになります。また、イラストは初読の感想を基に、子供たちに自由に書いてもらいました。互いのイラストを比較させることで、作品のどこに魅かれたのかが一目で分かり、自然と対話が生まれました。

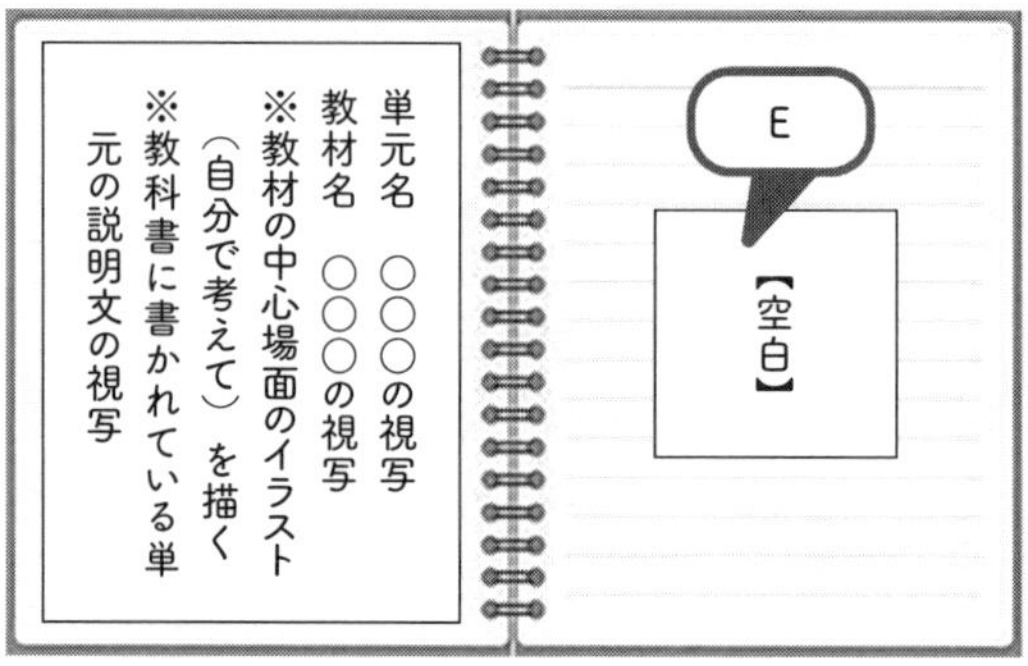

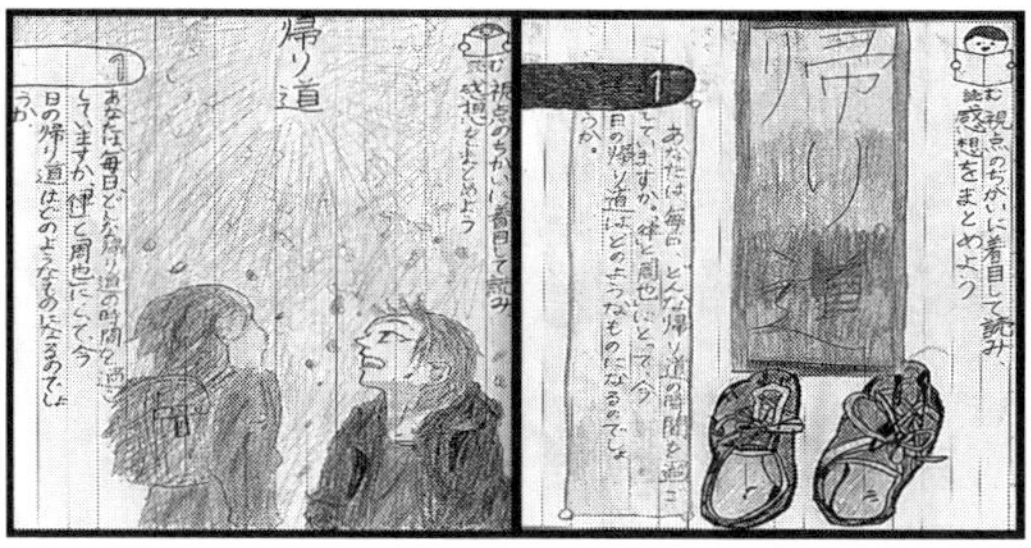

⑤一時間の学習内容（板書、他者の発言、自分の考え、他者との相互評価コメントなど）を見開き（二ページ）で書く。

一単位時間のノート形式を紹介します。一単位時間で、漢字・語句調べをする場合は、表形式で整理しました。時間を短縮する場合は、あらかじめ枠を印刷したシートを配布し、ノートに貼り付けさせることもありました。

文章の読み取りの場合は、教材文に「行番号」を付したものを事前に配布し、家庭学習等でノート上段に貼り付けさせます。慣れてきますと、授業内でも素早くできるようになってきます。そして、自分の考えを形成する際に根拠となる文に線を引くように指導しました。

なお、「話す・聞く」「書く」の領域では、モデル教材文の分析の際に、同様の方法のモデル文を分析し、その特徴について考えを形成していきました。

この「文章と自分の考えを結び付ける」という方法は、子供たちが国語科のテスト問題を解くときだけでなく、他教科のテストの解答方法として転移していきました。

例えば社会科のテストでは、グラフ等の資料と問題文を矢印で結び付け、解答していく姿が見られました。これは、家庭学習で間違えたところの見直しをする際にも役立ち、書き込まれた傍線部から、そのときの思考を思い出し、効率的に訂正していくことにつながりました。原国会式ノートの方法は、テストの解答方法へと転移していくのです。

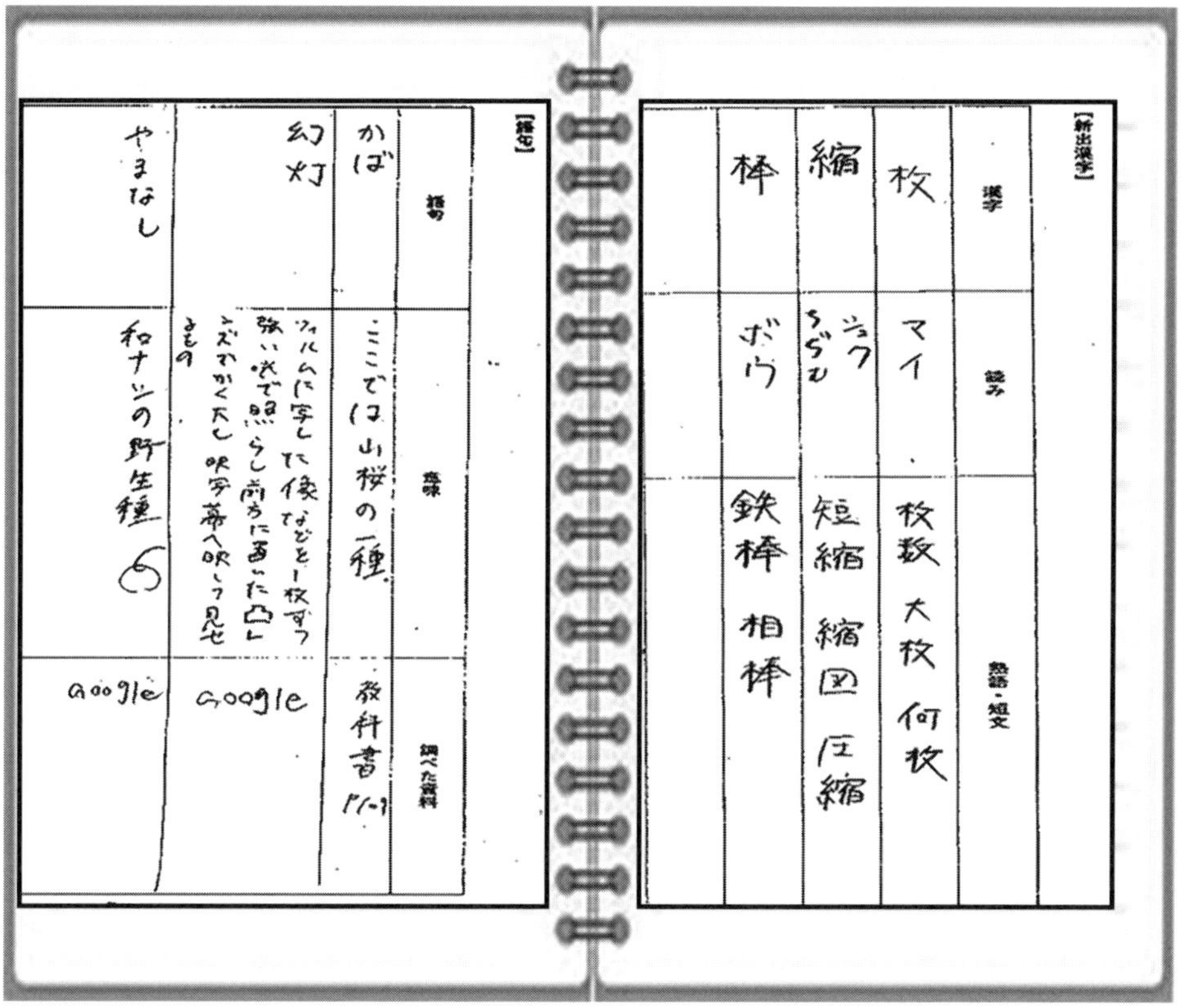

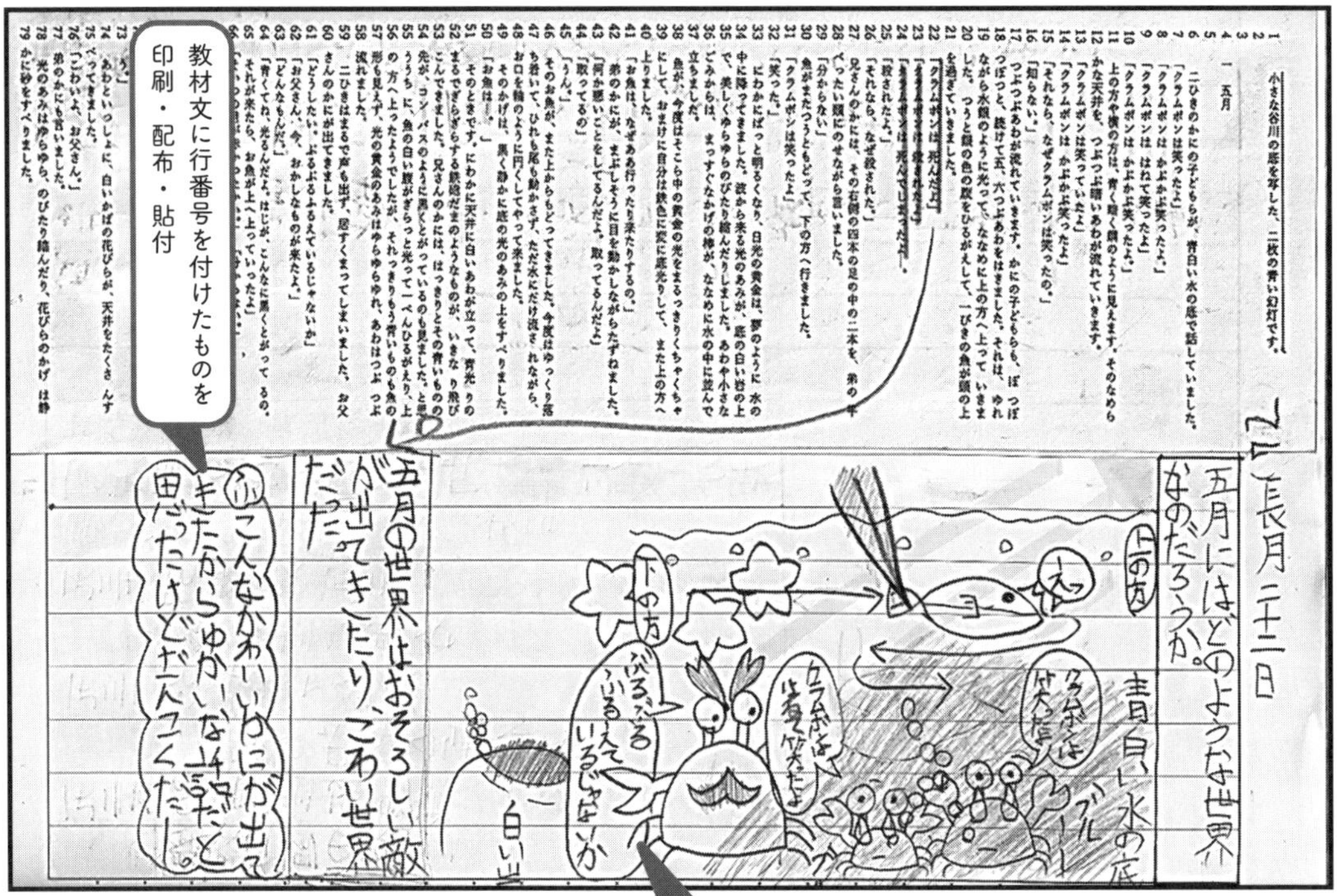

根拠とする文章から線をつなぎ、「考えの形成・イラストを書く」ことで想像をふくらませ、問いの解決を目指している

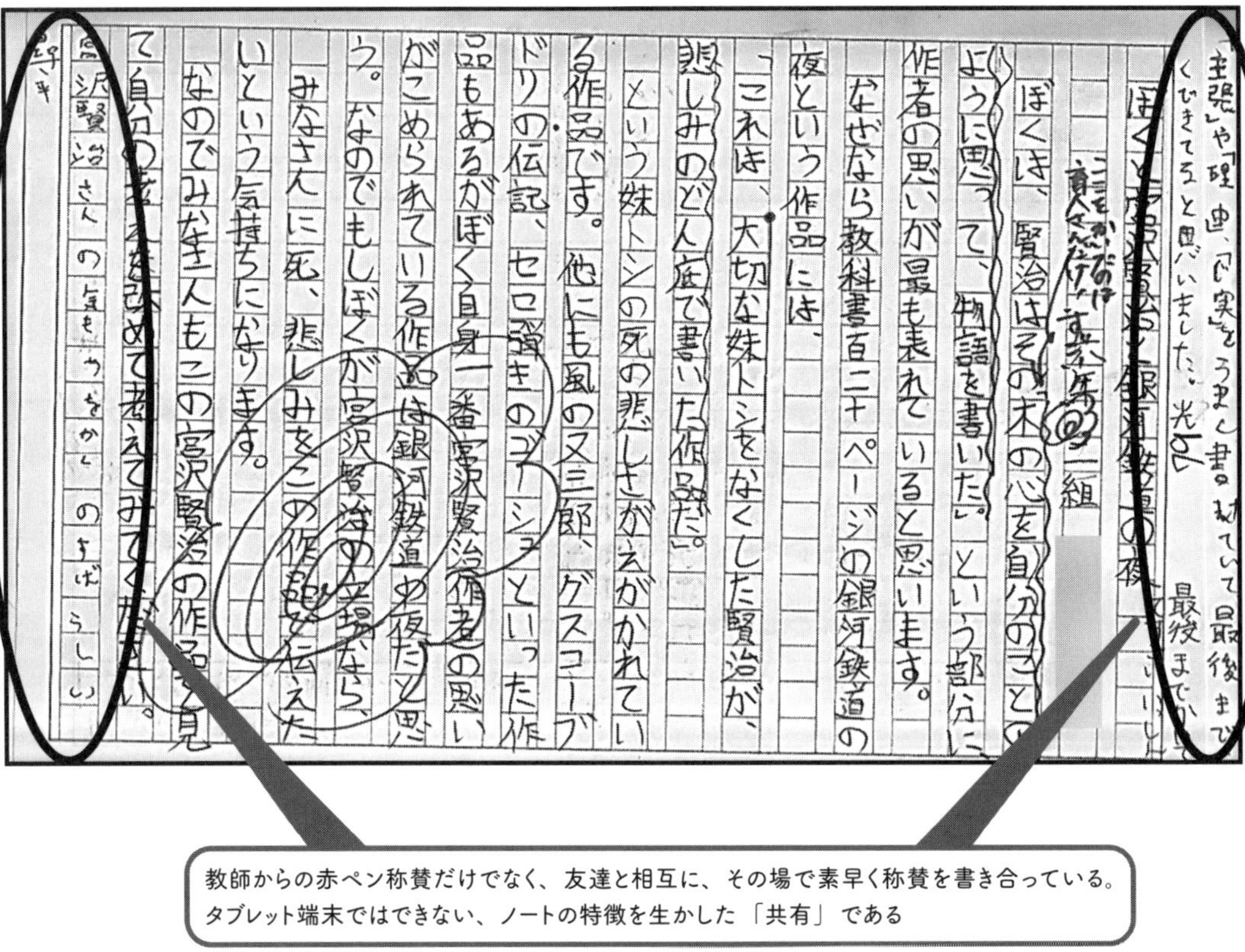

教師からの赤ペン称賛だけでなく、友達と相互に、その場で素早く称賛を書き合っている。タブレット端末ではできない、ノートの特徴を生かした「共有」である

ここで一単元全体の流れ（六年「海の命」、全六時間分のノート）を提示しておきます。

【家庭学習】「単元扉」をつくる

【第1時】初発感想、漢字語句を調べる

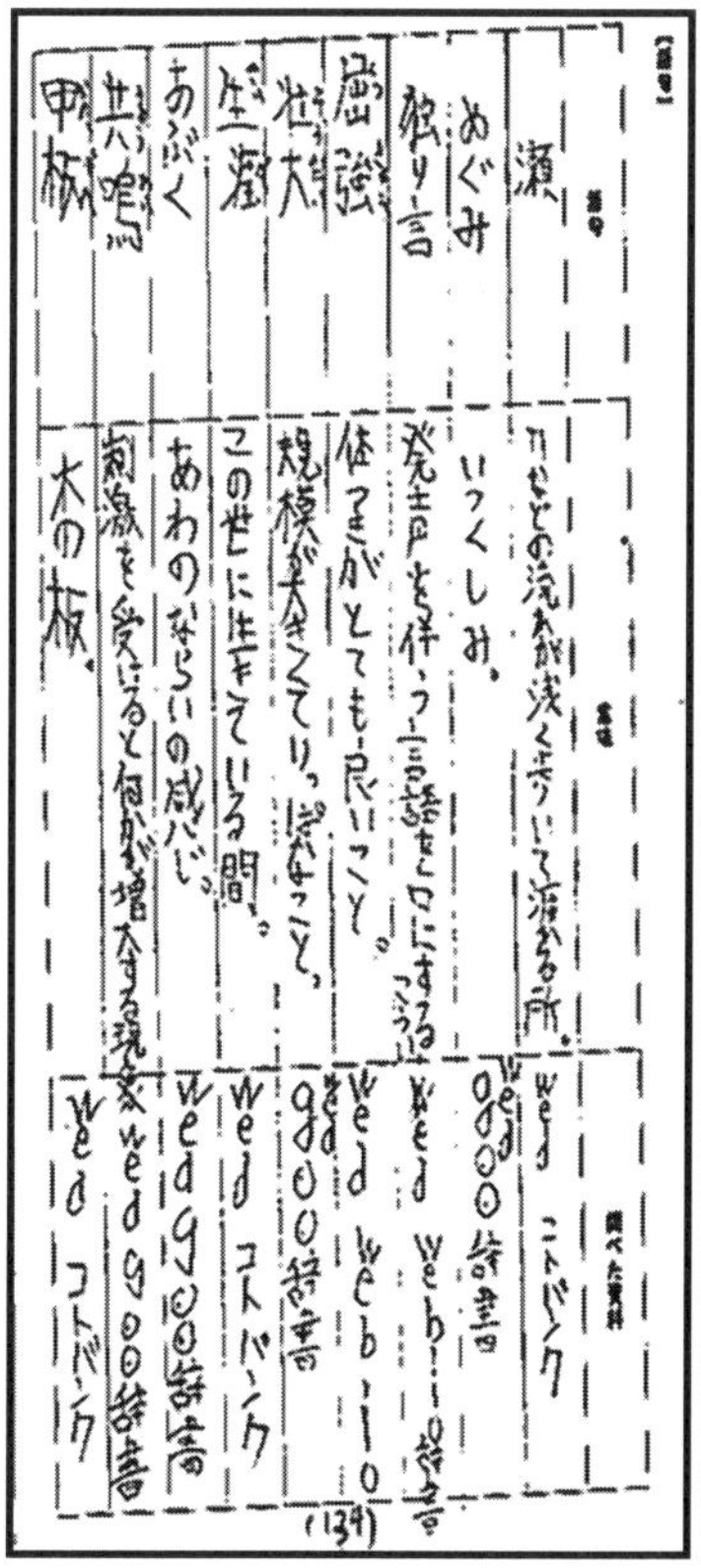

【第1時～第2時】初発の感想を書き、学習計画を立てる

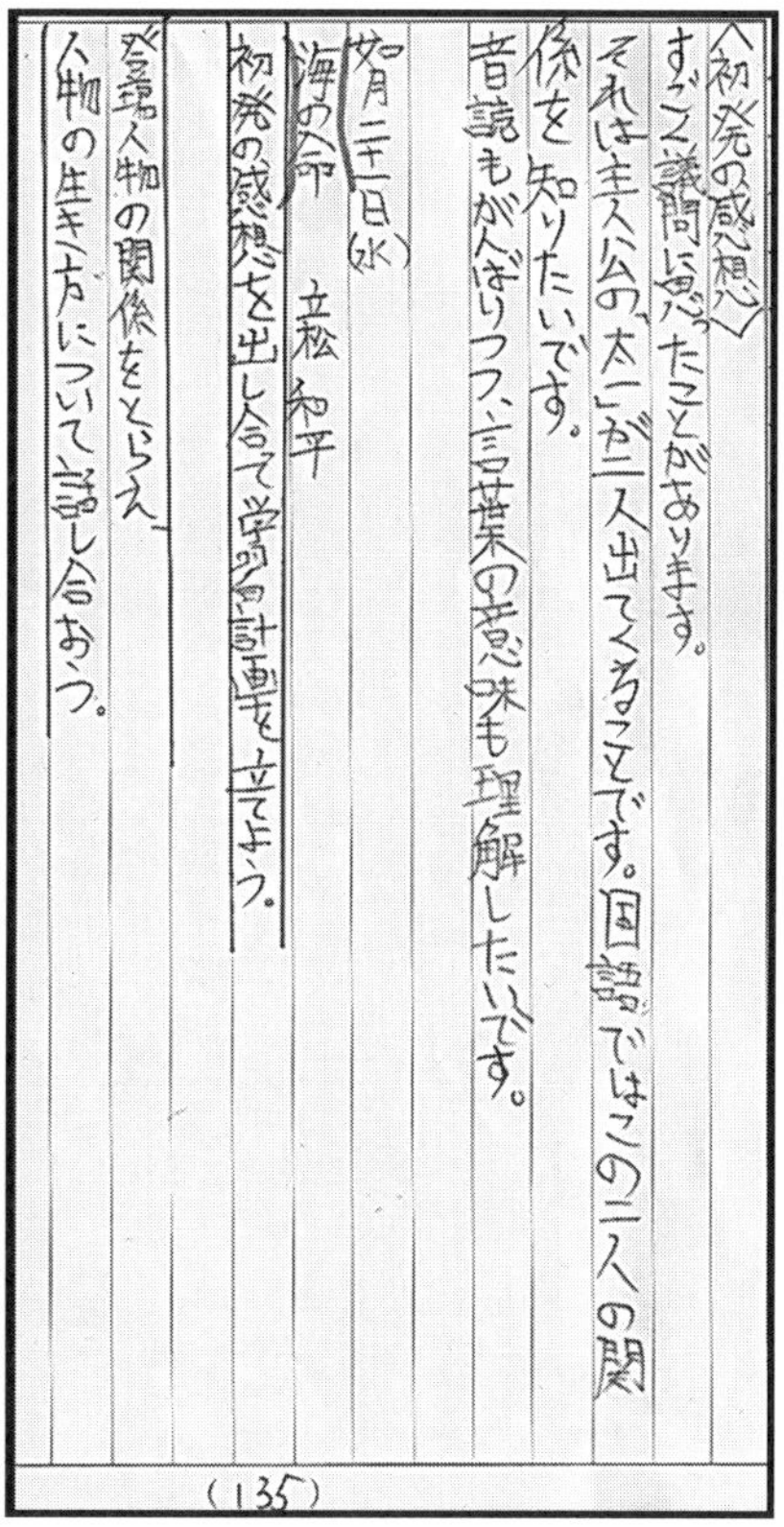

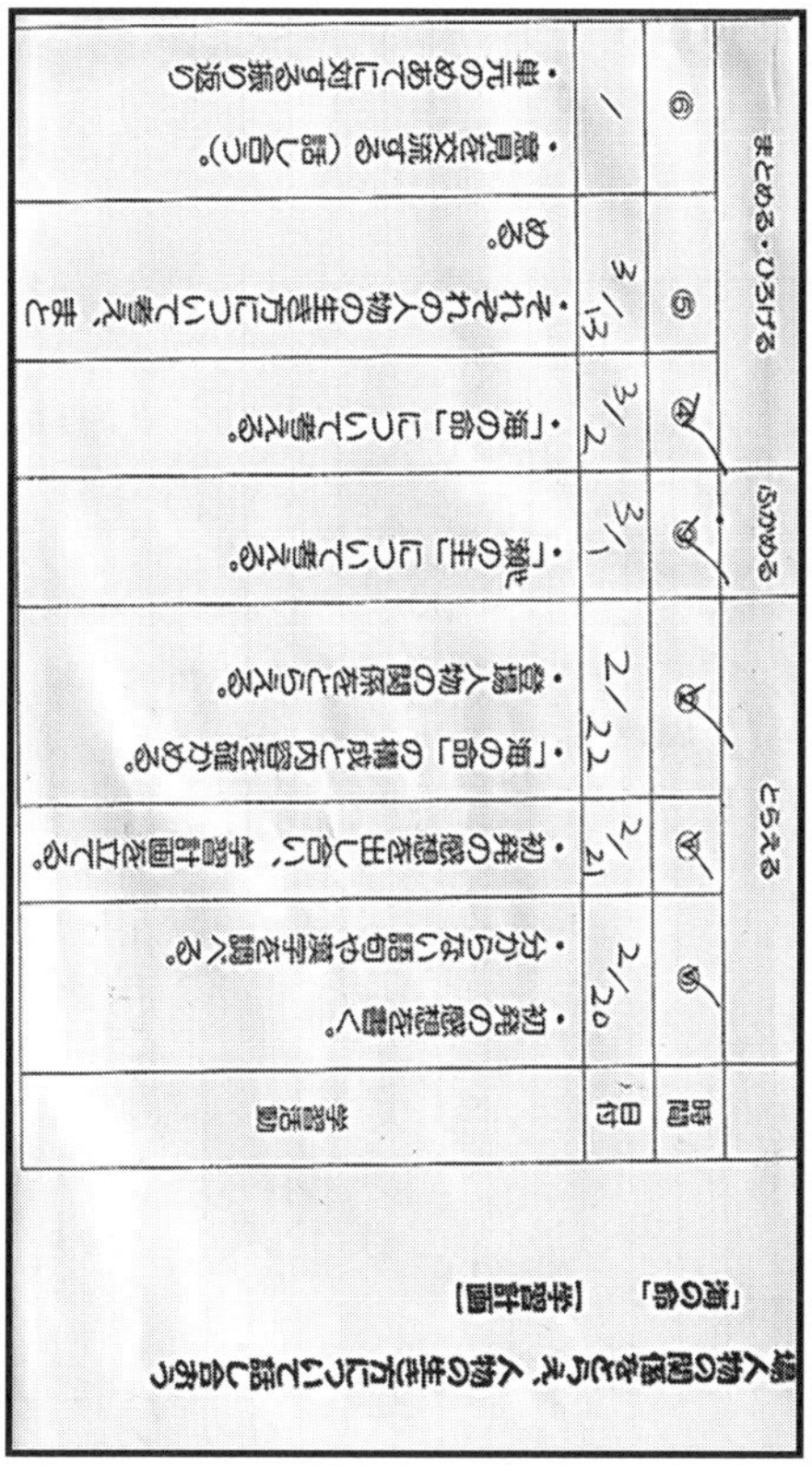

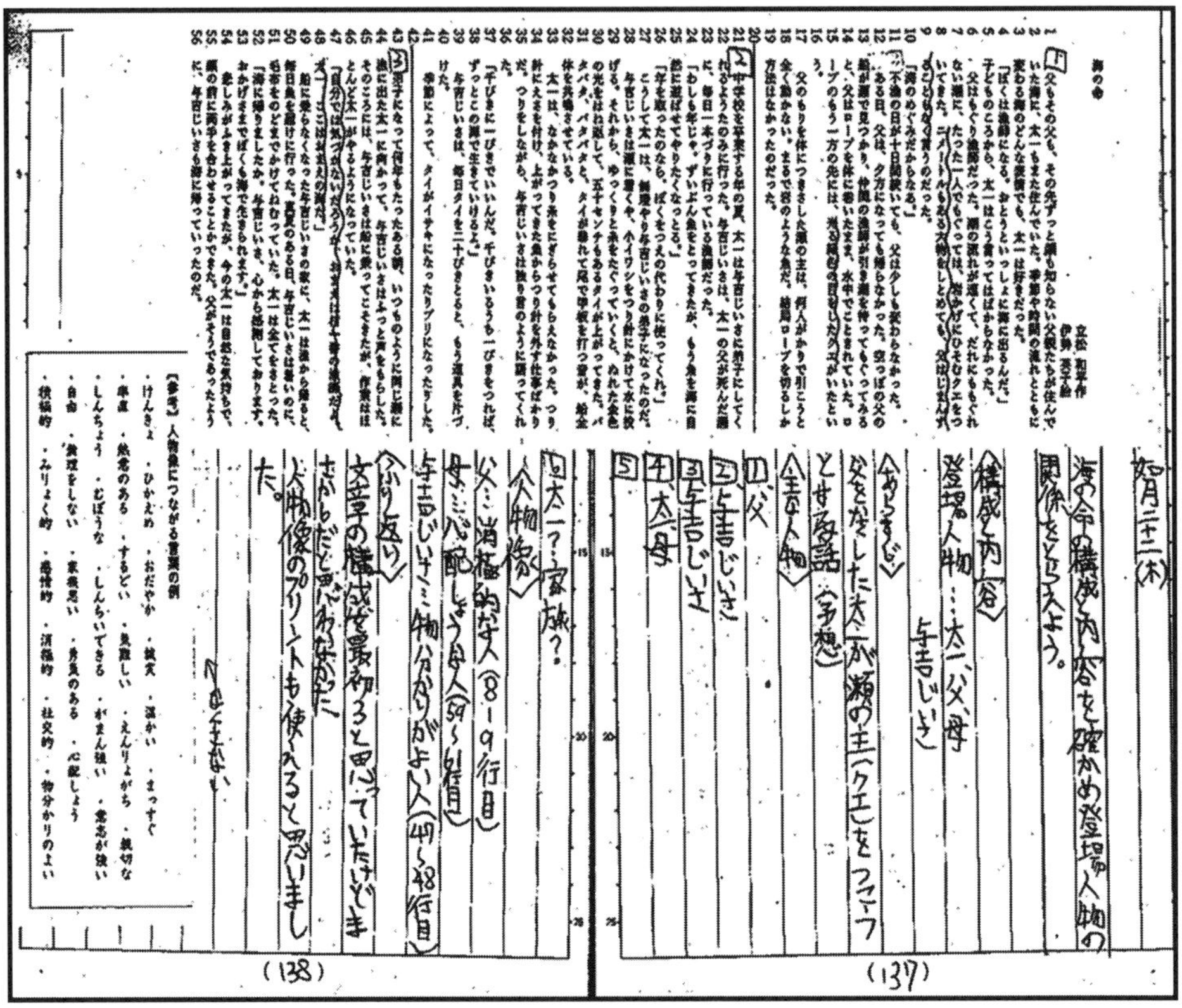
如月二十二日(木)
海の命の構成や内容を確かめ登場人物の関係をとらえよう。
〈構成と内容〉
登場人物…太一、父、母
与吉じいさ
〈あらすじ〉
父をなくした太一が瀬の主(クエ)をつかまつとする話(予想)
〈主な人物〉
1 父
2 与吉じいさ
3 与吉じいさ
4 太一、母
5
〈人物像〉
父…消極的な人(8-9行目)
母…心配しょう人(59~61行目)
与吉じいさ…物分かりがよい人(47~48行目)
〈ふり返り〉
文章の構成を最初ろと思っていたけどまだわからなかった。
人物像のプリントも使えると思いました。
(138)
(137)

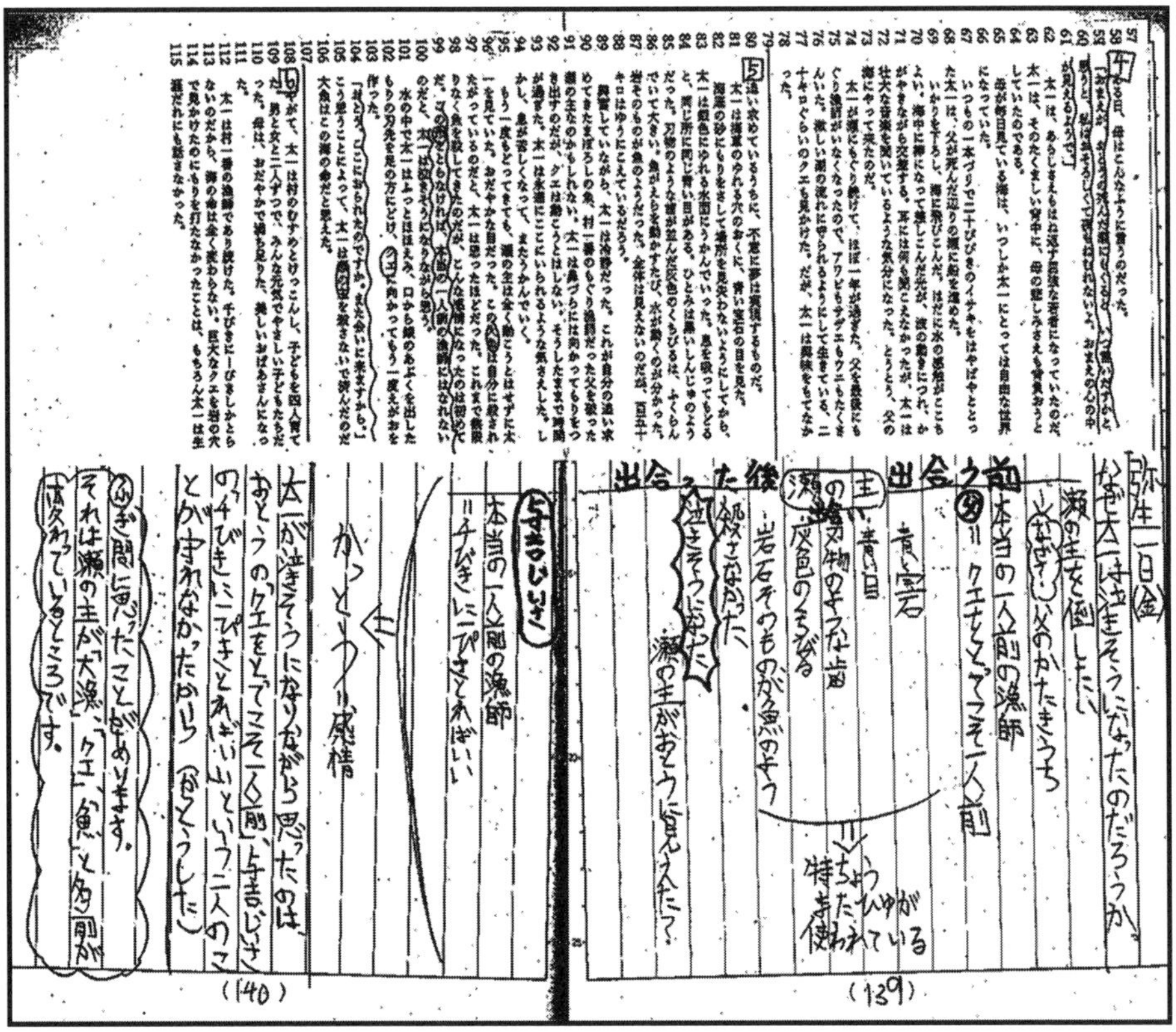
弥生一日(金)
なぜ太一は泣きそうになったのだろうか
瀬の主を倒したい
父のかたきうち
出合う前
本当の一人前の漁師
=クエをとってこそ一人前
青い目
宝石
出合った後
瀬の主
刃物のような歯
灰色のくちびる
岩石そのものが魚のよう
特ちょうたとえ・ひゆが使われている
殺さなかった
泣きそうになった
瀬の主がおとうに見えた?
与吉じいさ
本当の一人前の漁師
=千びきに一ぴきでいい
かっとう=感情
太一が泣きそうになりながら思ったのは、おとうのクエをとってこそ一人前、与吉じいさの千びきに一ぴきとればいいという二人のことが忘れなかったから(おとうした)
ふぎ問に思ったことがあります。それは瀬の主が「大魚」「クエ」「魚」と名前が変わっているところです。
(140)
(139)

【第5時～第6時】考えの形成や共有、振り返り

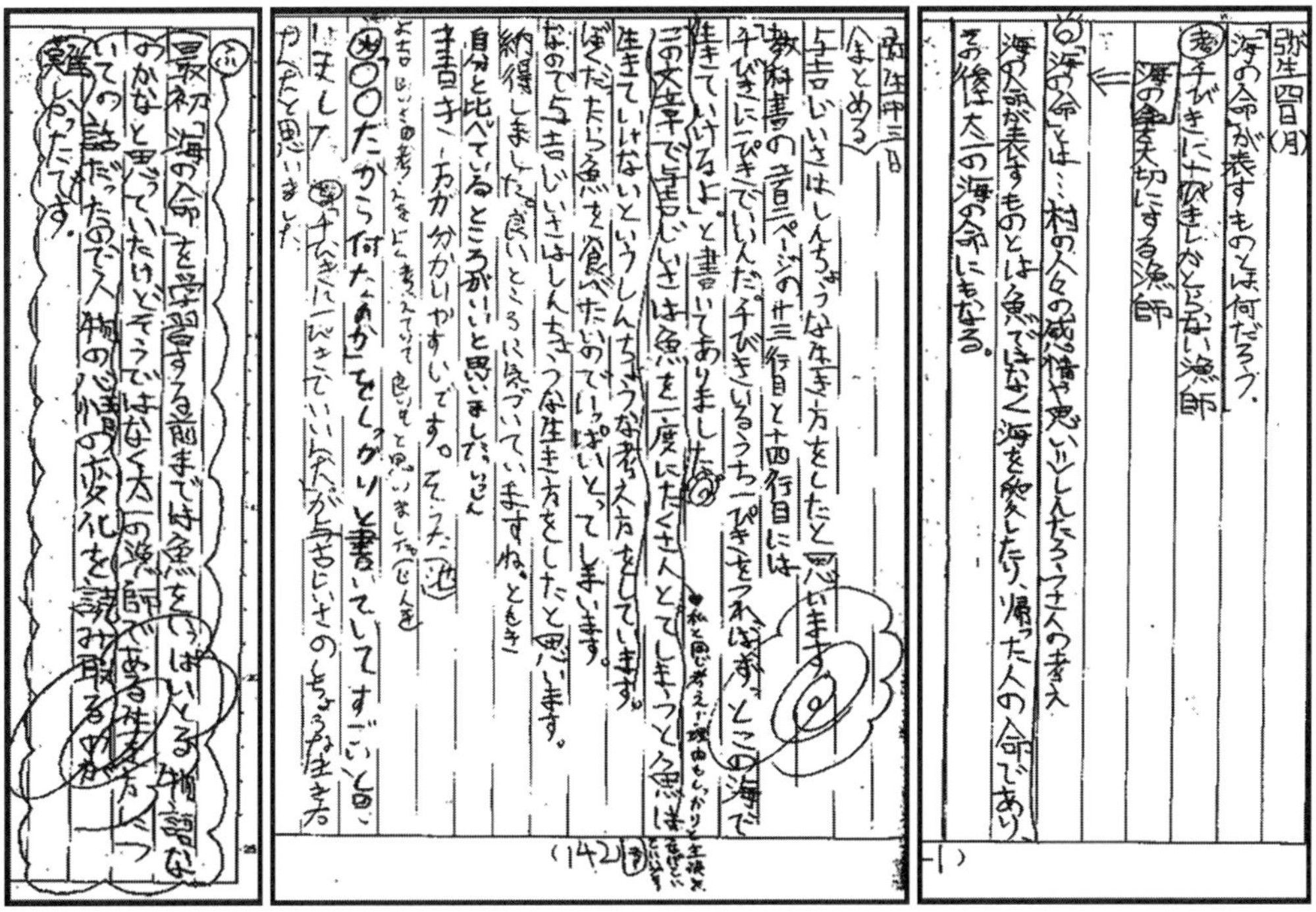

（3）原国会式「ノート自慢」の活動紹介

最後に、「ノート自慢」についてご紹介します。この活動は、毎学期末に実施しました。子供たちが、一学期のノートを振り返り、一番自慢したい場所を選択し、その理由を紹介するという活動です。最初は、クラス内での交流でしたが、中には隣りのクラス、教頭先生、校長先生へと広がった学級もありました。また、PTAの際に、保護者に見てもらいコメントを書いてもらう、という活動もありました。更には、原国会会員同士で遠隔で学校をつなぎ、ノート自慢大会を開催したという報告もありました。

いずれも他者との「共調整」を意図した活動であり、その成果が還元されていくことで新たな「自己調整力」の獲得へとつながっていきました。

特に自慢したいのが「振り返り」です。なぜかというと、「振り返り」をするお陰で、いろいろな視点から読むことができるようになったからです。根拠は会話・行動・視点に気を付けて読むと、登場人物の状況や心情や気持ち、作者が何を言いたいのかが、分かるようになるからです。

4 自己調整力・共調整力発揮 ～一年生・複式学級の子供の変容～

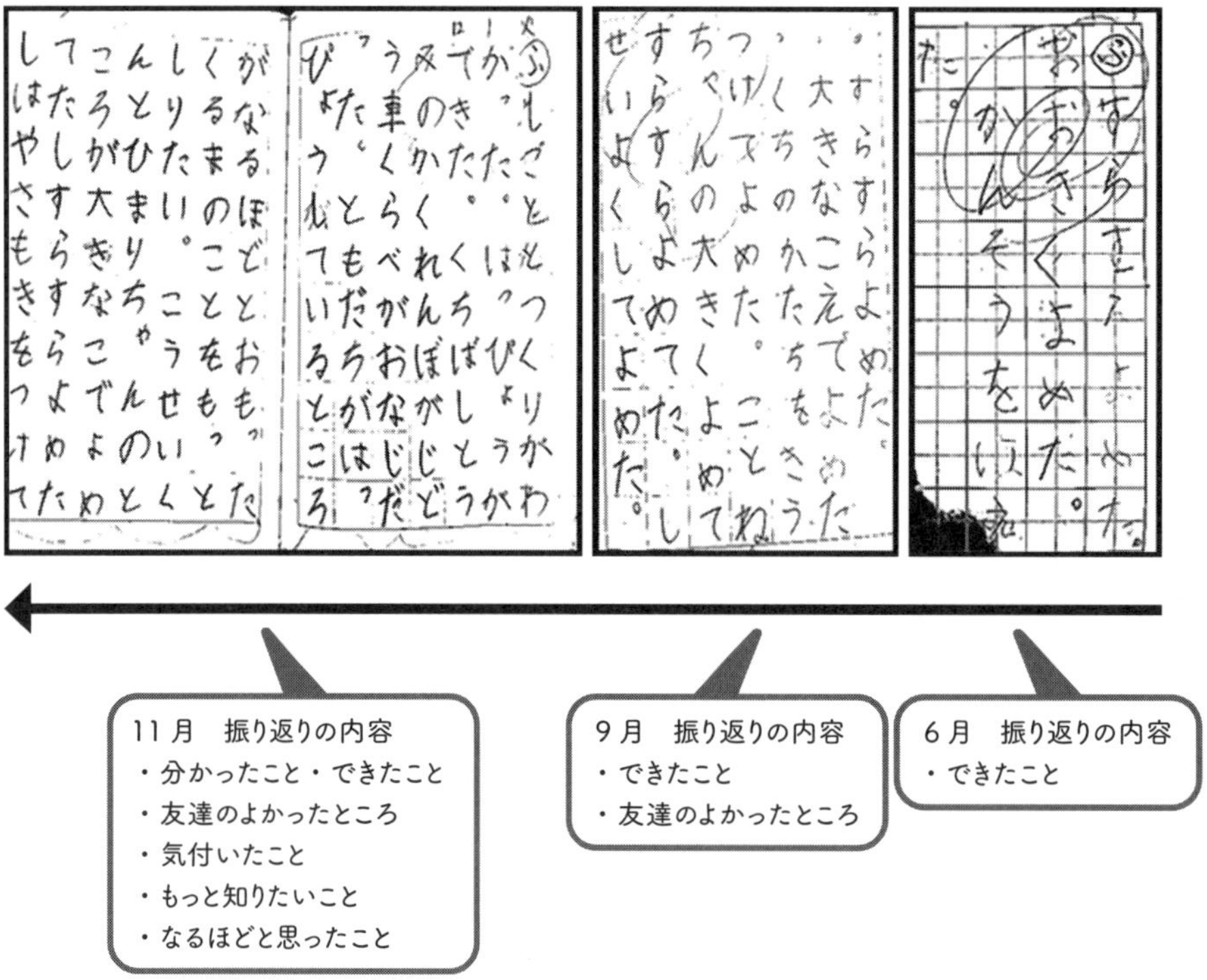
11月　振り返りの内容
・分かったこと・できたこと
・友達のよかったところ
・気付いたこと
・もっと知りたいこと
・なるほどと思ったこと
9月　振り返りの内容
・できたこと
・友達のよかったところ
6月　振り返りの内容
・できたこと

（1）一年生の成長

文字の習得段階である一年生のノートづくりはどうすればよいでしょうか。誰しもが考えることは「美しく書き写す」という「基本的指導の徹底」ということでしょう。しかし、学習意欲が高い一年生に「写すだけ」とするのは、なんだかもったいないと思います。文字を練習する、という基本的なことに加え、一年生が楽しんで取り組むノート指導はないのでしょうか。

原国会では、先述した「扉づくり」の指導を重視します。例えば、姫木春奈教諭の実践を紹介しましょう。姫木教諭が一年生三〇名を担任したのは、教職三年目でした。ノートに単元名や教材名を視写する「扉づくり」から始めました。そして視写の過程において、子供の知識や経験を引き出し、学習に対する必要感をもたせ、イラストや感想の記述へと展開させました。

姫木教諭の実践は、二学期になると更に楽しい活動を展開させていきます。

①初発感想をノートに書く、②毎時間のめあてをノートに書く、③学習計画をノートに書く、④教材文をノート上部に貼り付け、「問い」と「答え」になる文章に傍線を書く、⑤振り返りを書く、という手順を一年間進めました。それは、上図のような振り返りの変容へとつながっていきました。一年生なりに説明文の共通点に気付いて書けている点に驚かされます。

（2）複式学級の子供の成長

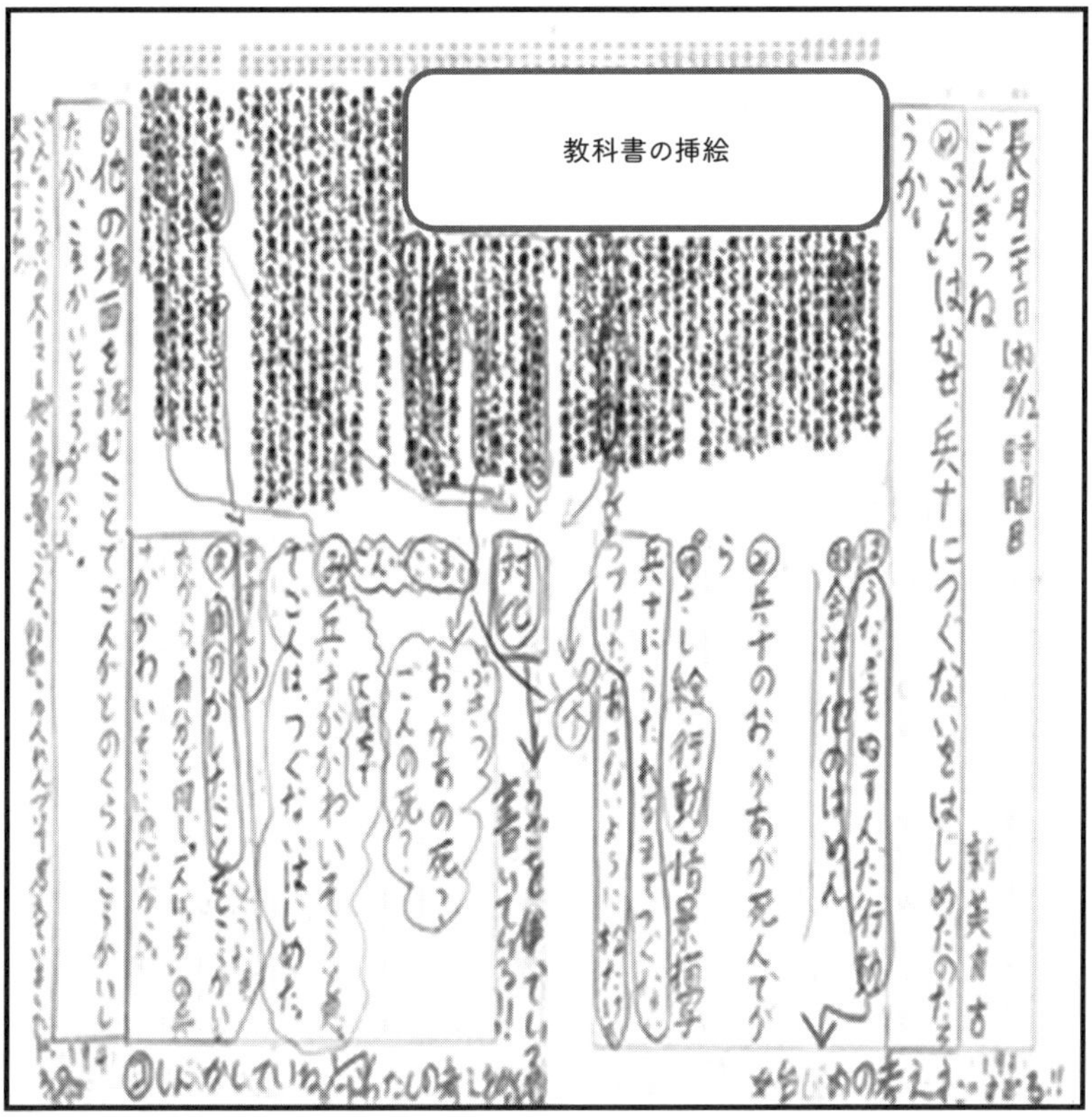

少子化の中、今や複式学級は全国に広がっています。文部科学省（二〇一五）等の資料によれば、「一般に教育上の課題が極めて大きい」とされています。ただ、「個別最適な学習」という視点から見るとき、稿者は複式学級の「間接指導」がもっと注目されるべきだと考えます。

ご承知のとおり、「間接指導」とは、教師が隣接学年の指導をしているため、子供たちが主体的に授業を進める場面のことです。これまで、その指導法はともすれば「指示」を強力にしたり、「学級の雰囲気づくり」に努めたりすることが一般的でした。しかし、原国会式ノート指導では、ノートをアイテムにして考えを深め合うことができます。

例として「ごんぎつね」「一つの花」の間接指導時に、子供たちが自分でノートを使い考えを書いたり、相互にコメントを書いたりしている様子が分かるものを掲載しておきます。これほどの量を一単位時間で書くには教師の指示に従って「写す」ということではなく、他者の意見を聞きながら書き綴ることが必要です。子供たちは教師の言葉も友達の言葉も聞き洩らさないように「手で聴く」姿を自然に見せていきます。子供たちは「学力の基礎体力」を身に付け「わたしたちの授業」と呼ぶようになりました。

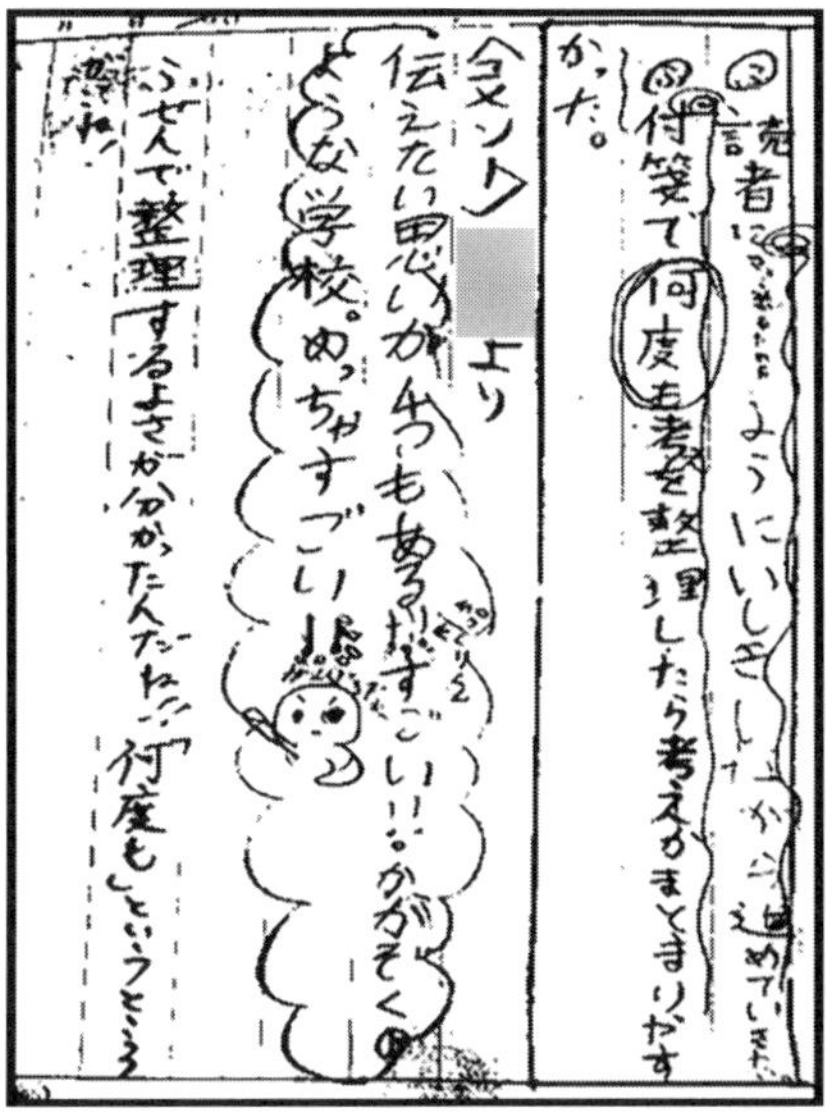

5 原国会式ノートによる教師の変容

本章では、ここまで原国会式ノート指導が子供たちを主体的・協働的な学習者へと成長させることを述べてきました。しかし、実は、原国会式ノートは教師自身を成長させる、ということについても紹介します。

国語科授業を行う教師のノート意識はどのようなものでしょうか。以下の要領でアンケート調査を行いました。

・令和四年一〇月二二日実施　設問に対する自由記述形式
・鹿児島県内小学校教諭　二年目〜三四年目　二二名回答
・設問例：子供に自分のノートを自己モニタリングさせたとき、どのような反応が返ってくると思うか。

現場教師が予想する子供たちの反応は、「文字を丁寧に書けていないから恥ずかしい」「書くことがだるい」などの消極的なものばかりでした。

しかし、原国会式ノート指導を一年間継続した後に実施した同じアンケートでは、子供の実際の様子を踏まえた、次のような回答になりました（子供が自分のノートをモニタリングしたときの反応例。以下同じ）。

・しっかりと根拠を明確にして考えることができたなあ。
・自分がどのようにして課題を解決していったかよく分かるなあ。
・考えるのが難しい課題だったけれど、早い時間でまとめられるようになったなあ。
・どんどん自分は国語の名人に成長しているぞ。

前回の回答では、消極的なイメージの子供像でした。しかし、実際の子供たちの変容を目の当たりにして、積極的にノートに取り組む子供像へと変わっています。読者の皆様がお気付きのように、こうした実際の反応は教師のイメージを大きく変容させました。そして、教師が国語科授業に自信をもって臨む姿がありました。

原国会式ノートは、子供を変容させ、教師を成長させ、国語科授業を「創って」いったのです。

コラム「ノートを持って駆け寄ってきた子供たち」

鹿屋市立笠野原小学校６年 作井由希乃先生の学級に、国語ノートの進捗状況を確かめに行ったときの話です。学級に訪問し、ノートを見せていただく予定だったのですが、子供たちは自分のノートを手に持ち、玄関で待っていました。子供たちは「早く国語ノートを自慢したい！」ということ。そして、満面の笑顔で「国語が楽しい」と言ってくれました。

【参考文献】

●白井俊『OECD Education 2030プロジェクトが描く教育の未来〜エージェンシー、資質・能力とカリキュラム〜』、ミネルヴァ書房、二〇二〇年

●大村はま『大村はま国語教室　第十二巻　国語学習記録の指導』、筑摩書房、一九八四年

●原田義則編著、鹿児島国語教育研究会　原国会著『書くことが大好きになる！「選択」と「対話」のある作文指導』、明治図書出版、二〇一九年

●原田義則編著、鹿児島国語教育研究会　原国会著『クラス全員が必ず書けるようになる！　新しい短作文指導のモデルプラン〜変容・引用・反論の三つの原理だけでできる作文指導〜』、明治図書出版、二〇二二年

●日本国語教育学会監修『ノート指導〜子どもの自己学習力を育てる〜』、東洋館出版社、二〇一五年

●文部科学省「公立小学校・中学校の適正規模・適正配置等に関する手引」二〇一五年

第Ⅱ章 思考力を育てる原国会式ノート

第Ⅱ章では、原国会式ノートが子供の「思考力」を育てることを説明します。原国会では「思考力」を、「文章表現の理解」「文章構造の理解」「考えの形成」に大別し、学習指導要領と照らして「観点表」を作成し実践を展開しました。本章では15実践を紹介します。

	文章表現の理解	文章構造の理解	考えの形成
思考力	**【ポイントを説明するためのキーワード】** 時間管理の工夫、学習語彙の活用、本文との結び付き（文と文、文と自分等）、思考ツールの活用（ペンタゴン・ロジック等）、共有の工夫（ノート自慢）、振り返りの充実		
低学年	①身近なことを表す語彙、主述の照応の理解及び活用		
低学年	[話聞] ②話題や事柄の理解・選択	[話聞] ③事柄の順序性を理解	[話聞] ④経験したことを順序よく想起する感想をもつ
低学年	[書] ⑤経験・想像したことから必要な事柄の理解・選択	[書] ⑥考えが明確になる事柄の順序性を理解	[書] ⑦つながりやまとまりが分かるように工夫する
低学年	[読] ⑧重要語・文の選択、場の様子、登場人物の言動の想像、理解	[読] ⑨順序性、場面、登場人物の言動の大体を理解	[読] ⑩文章と自分の体験を結び付けて感想をもつ
中学年	⑪様子、行動、気持ち、性格を表す語彙、指示語、修飾語、接続語の理解及び活用		
中学年	[話聞] ⑫目的や材料の理解、比較・分類	[話聞] ⑬理由や事例、中心を理解	[話聞] ⑭相手意識をもった構成
中学年	[書] ⑮目的や材料の理解、比較・分類	[書] ⑯段落相互の関係・構成の理解	[書] ⑰考え、理由や事例の関係を明確にした書き方の工夫
中学年	[読] ⑱考え・理由・事例の関係の理解、登場人物の言動から気持ちの理解	[読] ⑲中心語や文から要約する、場面の転換、登場人物の心情推移、性格、情景の想像、理解	[読] ⑳理解に基づいた感想や考えをもつ
高学年	㉑思考語彙、係り受け、語順、構成、比喩、反復の理解及び活用		
高学年	[話聞] ㉒目的や意図理解、関係付け	[話聞] ㉓事実と感想、意見とを区別して理解	[話聞] ㉔内容が明確になるように構成を考える
高学年	[書] ㉕目的や意図に応じた材料分類、関係付けの理解	[書] ㉖筋道、文章全体の構成や展開の理解	[書] ㉗自分の考えが伝わる工夫、図表やグラフの使用などの工夫
高学年	[読] ㉘事実と感想、意見の関係、、文章構成、要旨の理解、描写を基にした登場人物の相互関係、心情理解	[読] ㉙文章と図表から必要な情報を引用、論の進め方、人物像・物語全体像、表現効果の理解	[読] ㉚理解したことに基づいて、自分の考えをまとめる

つたえたいことをきめて、発表しよう「楽しかったよ、二年生」

単元の概要 ▼一年間の学校生活を通して、伝えたいことを決めて、発表する学習をする。

単元のポイント ▼教科書のモデル文を理解するために、自分の考えとそれを支える理由や事例との関係を明確にして、書き表し方を工夫する。

指導のポイント ▼付箋を使って、「したこと」「思ったこと」「友達が言ったこと」を分けて考えることができるようにする。

第1時　扉絵をつくる（視写）。**学習計画表を立てる。**

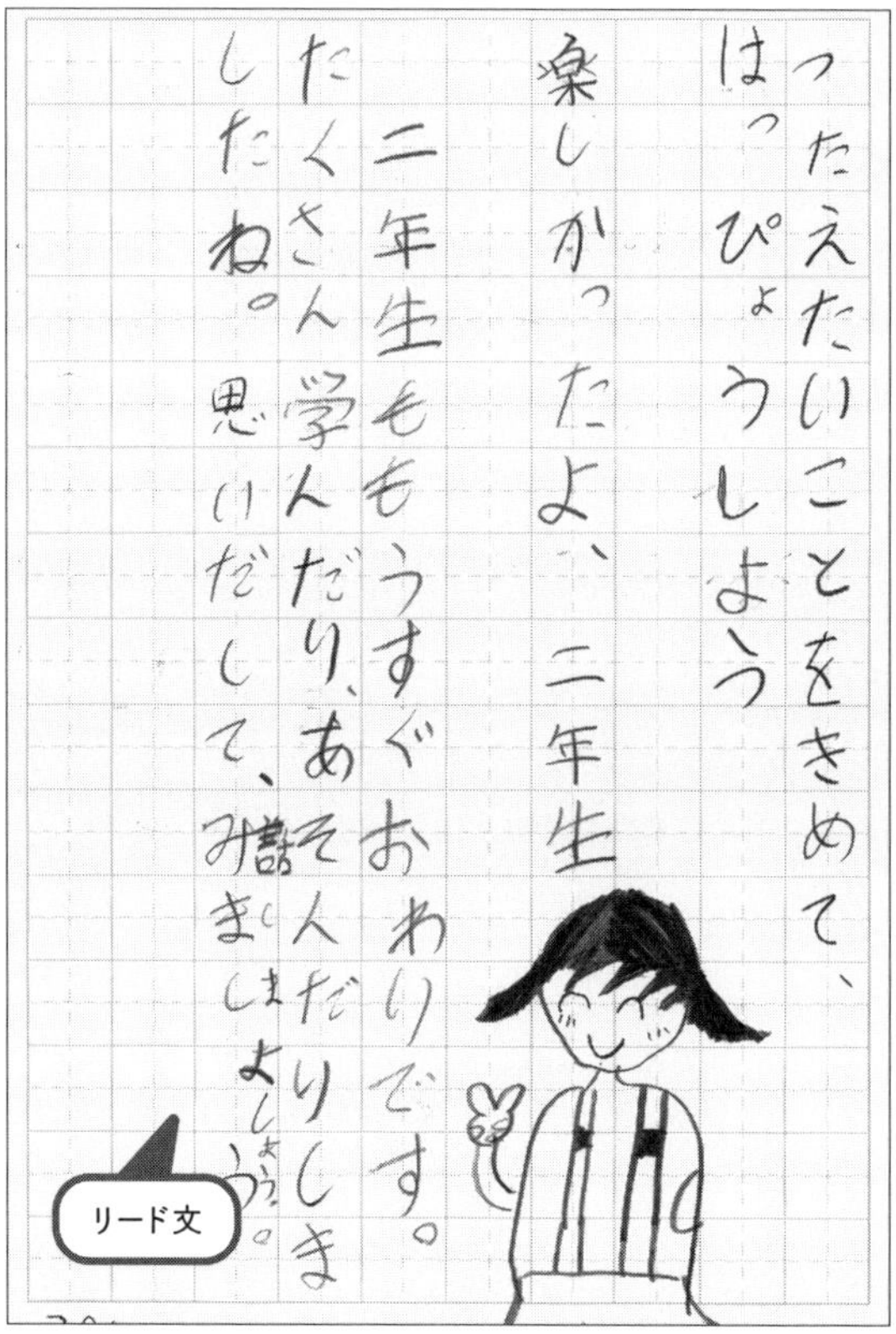

ノートは、教科書の単元扉を視写させるところから始まります。単元の扉の問いかける文章が、子供たちの一年間で楽しかったことや心に残っていることはないかを想起させることにつながります。

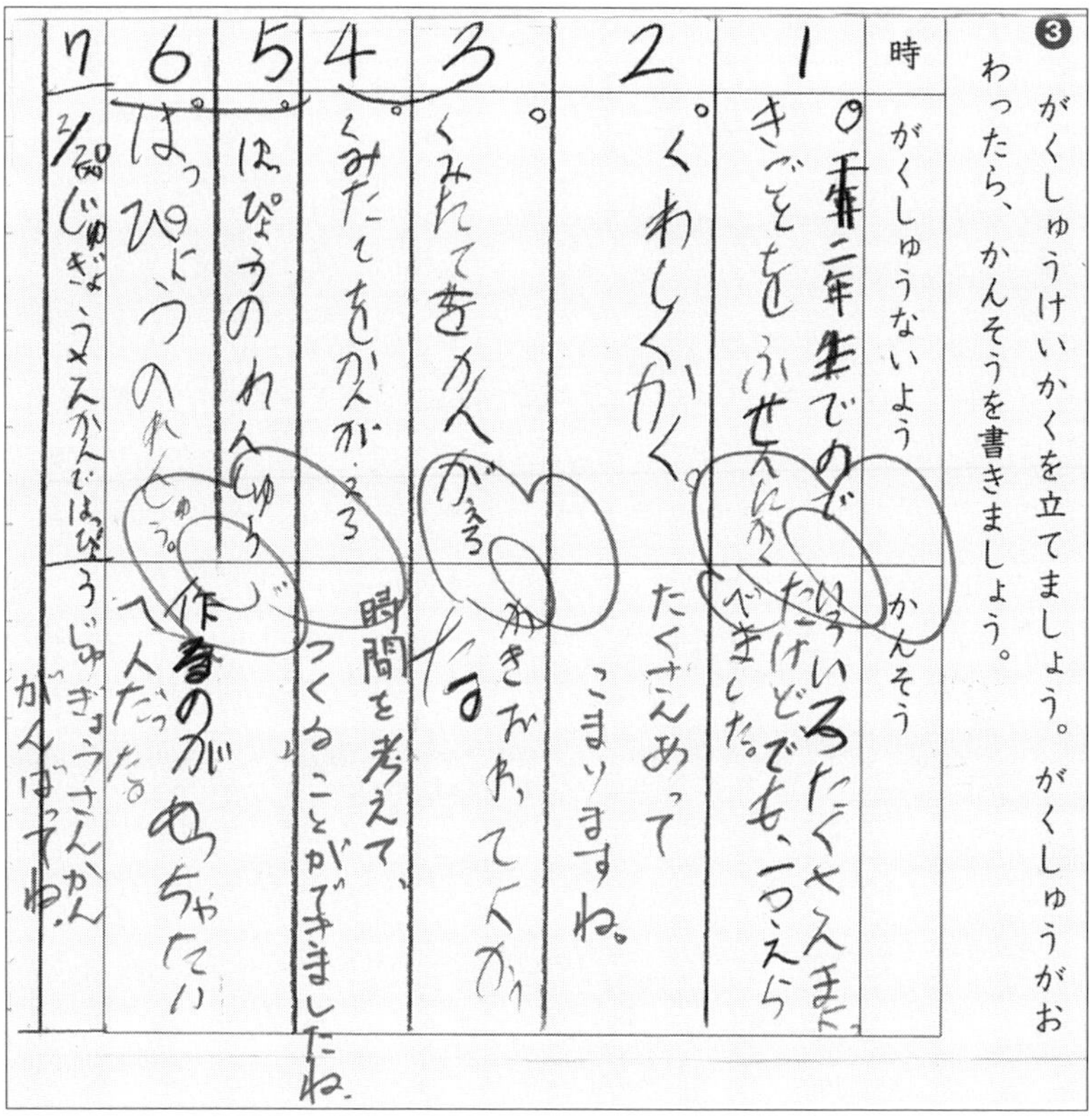

第3時 構成の検討、考えの形成をする。

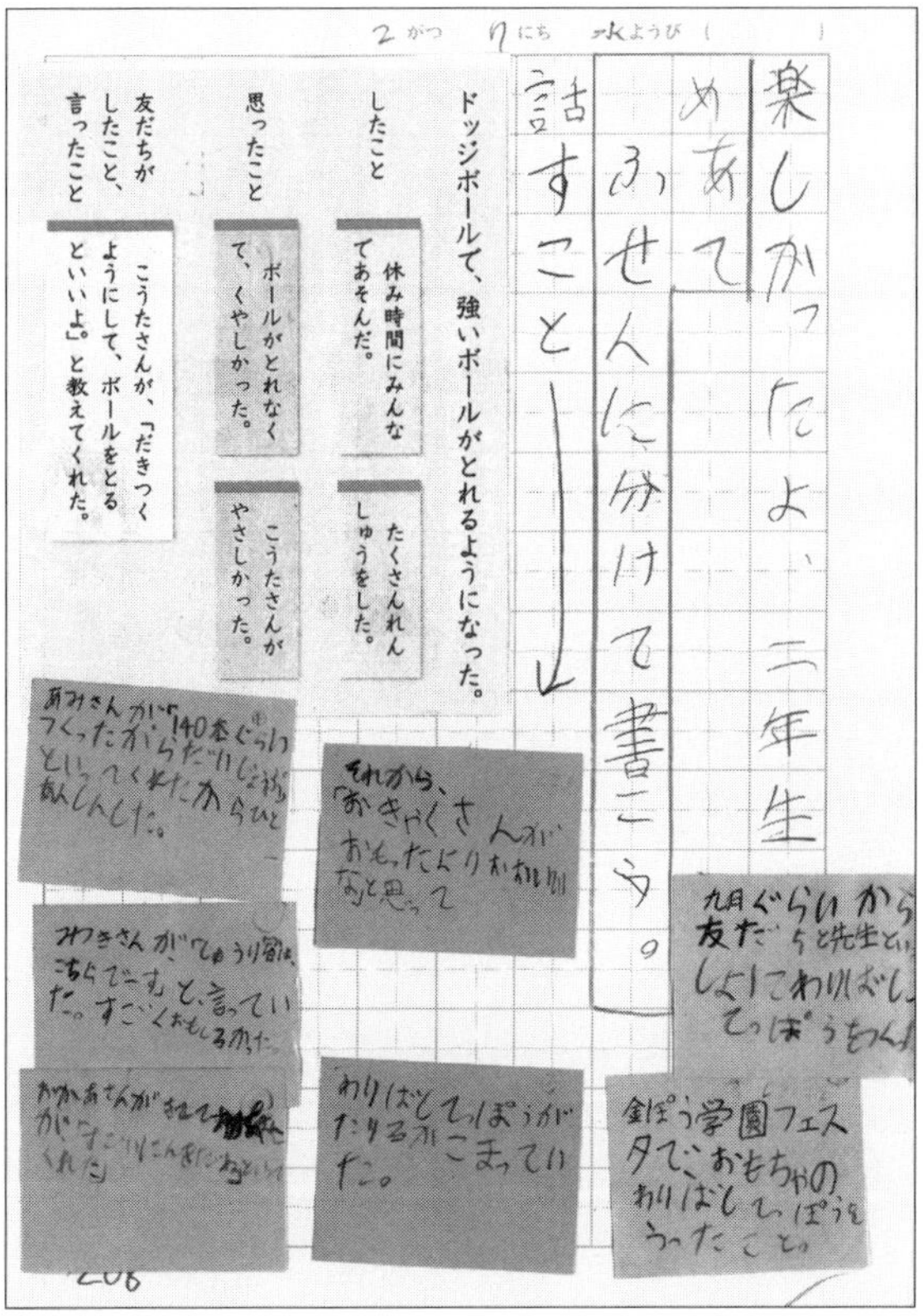

付箋を使って、「したこと」は緑色、「思ったこと」はピンク色、「友だちがしたこと、言ったこと」は水色に分けて書きました。分けた付箋をノートに貼り、順序よく並べて、自分の考えを整理しました。

第7時 ノートに自分が話したいことを原稿用紙に書く。

わたしは、お店やさんごっこでおもちゃを売ったことが心にのこっています。
わたしは九月ぐらいに友だちといっしょに、わりばしてっぽうを作りました。作るのはむずかしかったけれど、友だちが教えてくれたおかげで、すぐに作ることができました。それから、おきゃくさんがたくさん来て、わりばしてっぽうが足りるかしんぱいしていたら、花子さんが、「百四十本ぐらい作ったからだいじょうぶだよ。」と言ってくれたのであんしんしました。さいごに、お母さんがきて「すごい人気だね。」と言ってくれたのでうれしかったです。
わたしは、作るのはたいへんだったけど、たくさん売ることができたので、がんばってよかったです。楽しいお店やさんごっこができました。
これで、はっぴょうをおわります。

（子供の原稿用紙の内容）

教科書のモデル文を参考に、前時で分けた付箋を見ながら、発表原稿を考えました。話す内容をノートに整理したことで書くことに苦慮している子供も要点を押さえて、二年生の心に残っていることを発表することができました。

子供の変容

付箋に分けて書いたり貼ったりすることで、友達に伝え合うために必要な事柄を選び、スムーズに考えを形成できました。

知りたいことを考えながら聞き、しつもんしよう「もっと知りたい、友だちのこと」

単元の概要 ▼子供たちが友達のことについて知りたいことを質問し合って交流活動をする。

単元のポイント ▼自分で自由にレイアウトを考えながら、必要なことを記録したり質問したりしながらノートを活用する。

指導のポイント ▼モデルのやり取りの動画とともに、テクストを活用しながら質問のポイントを獲得することができるようにする。

第2時 モデルの会話を分析する。

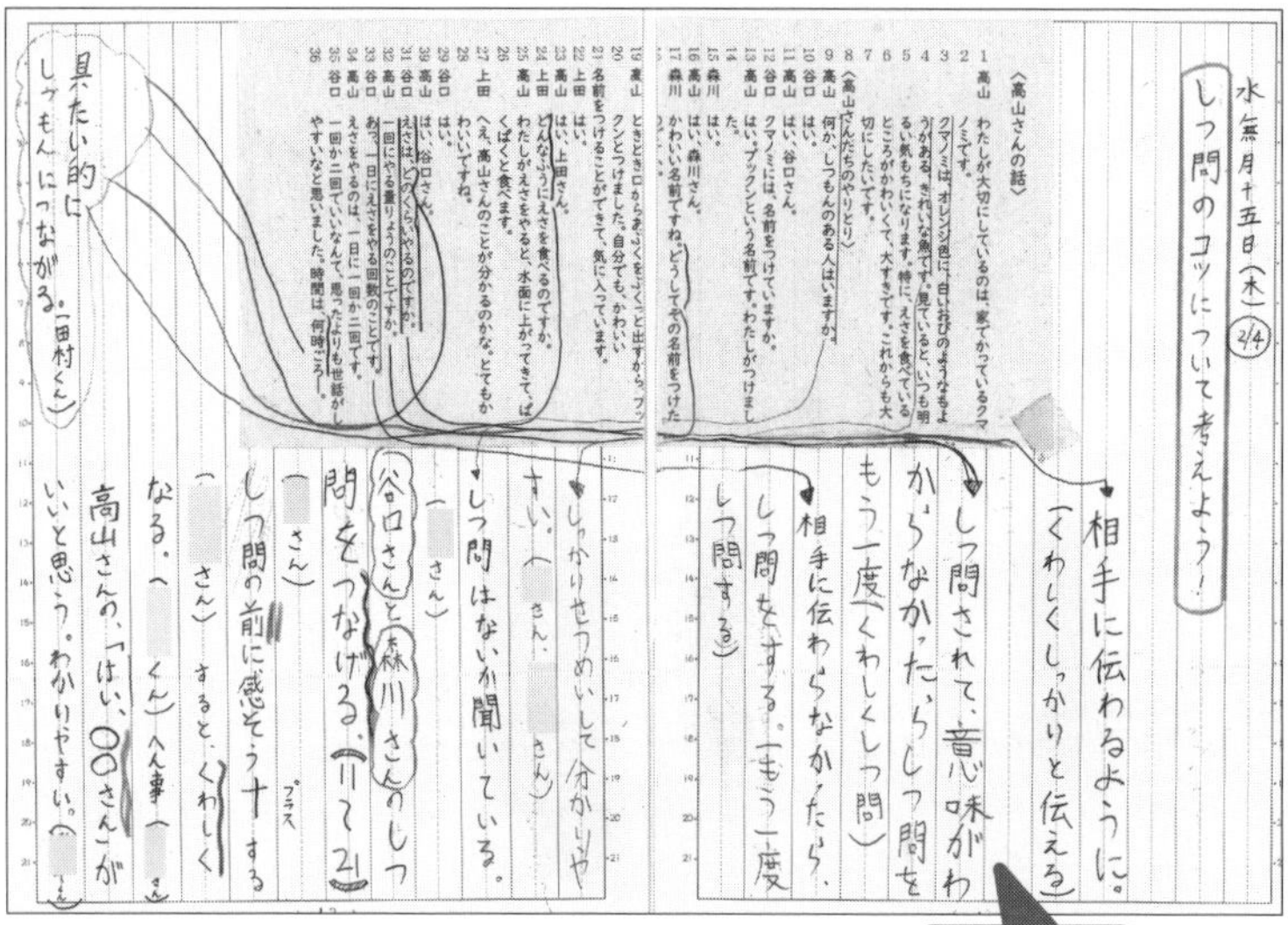

モデルの分析

振り返り

質問のコツを子供自身が発見・獲得することができるように、モデルの会話を分析する活動を設定しました。**本文との結び付き**から司会者の発言の意図や質問のコツなどを考えていきました。子供自身が質問のコツを発見・獲得したことで、実の場において学んだことを活用することができました。振り返りには、モデルの会話に登場した人物を追い越したいと書かれており、次時の学習への高まりを感じました（**振り返りの充実**）。

第4時 学んだことを生かして質問する。

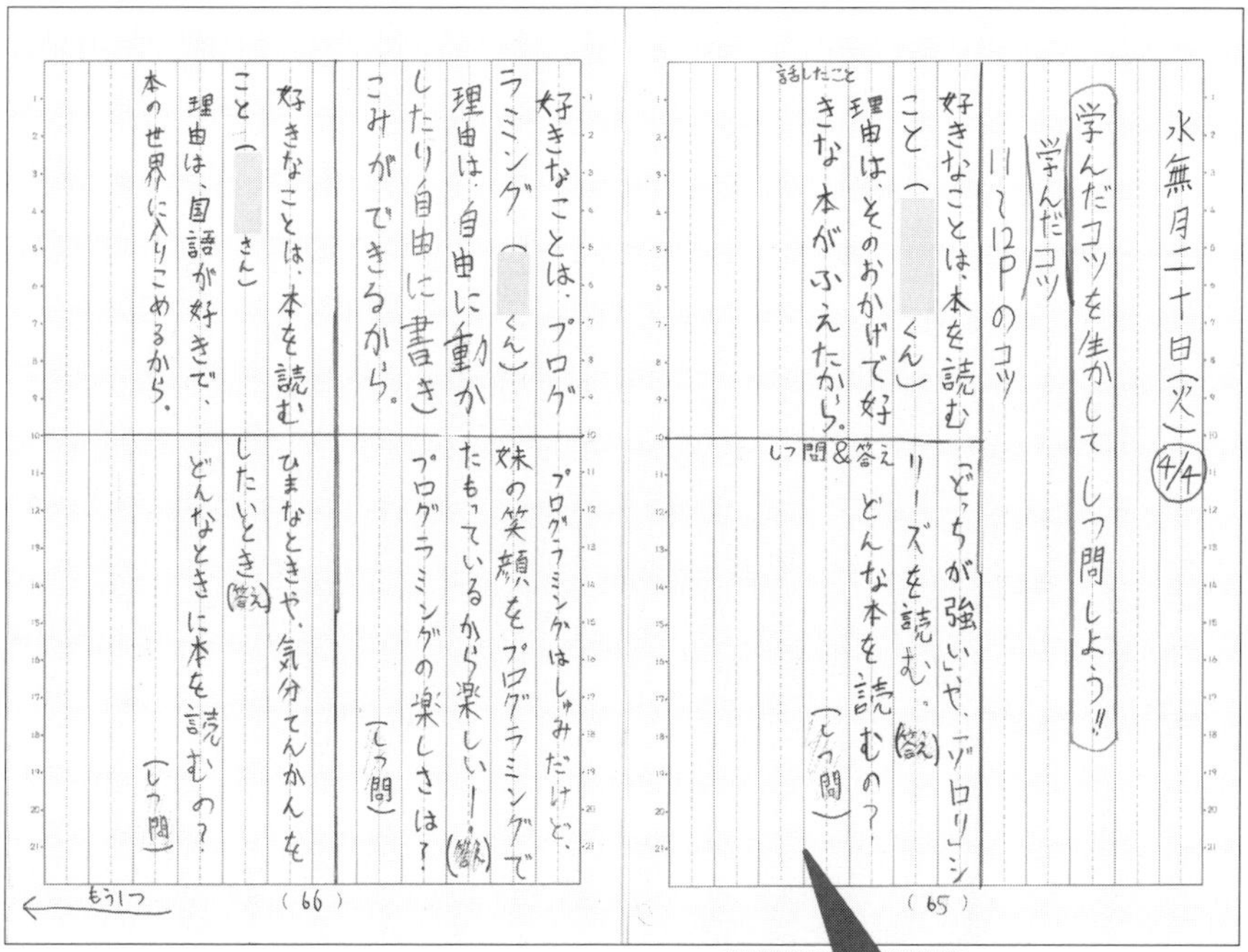

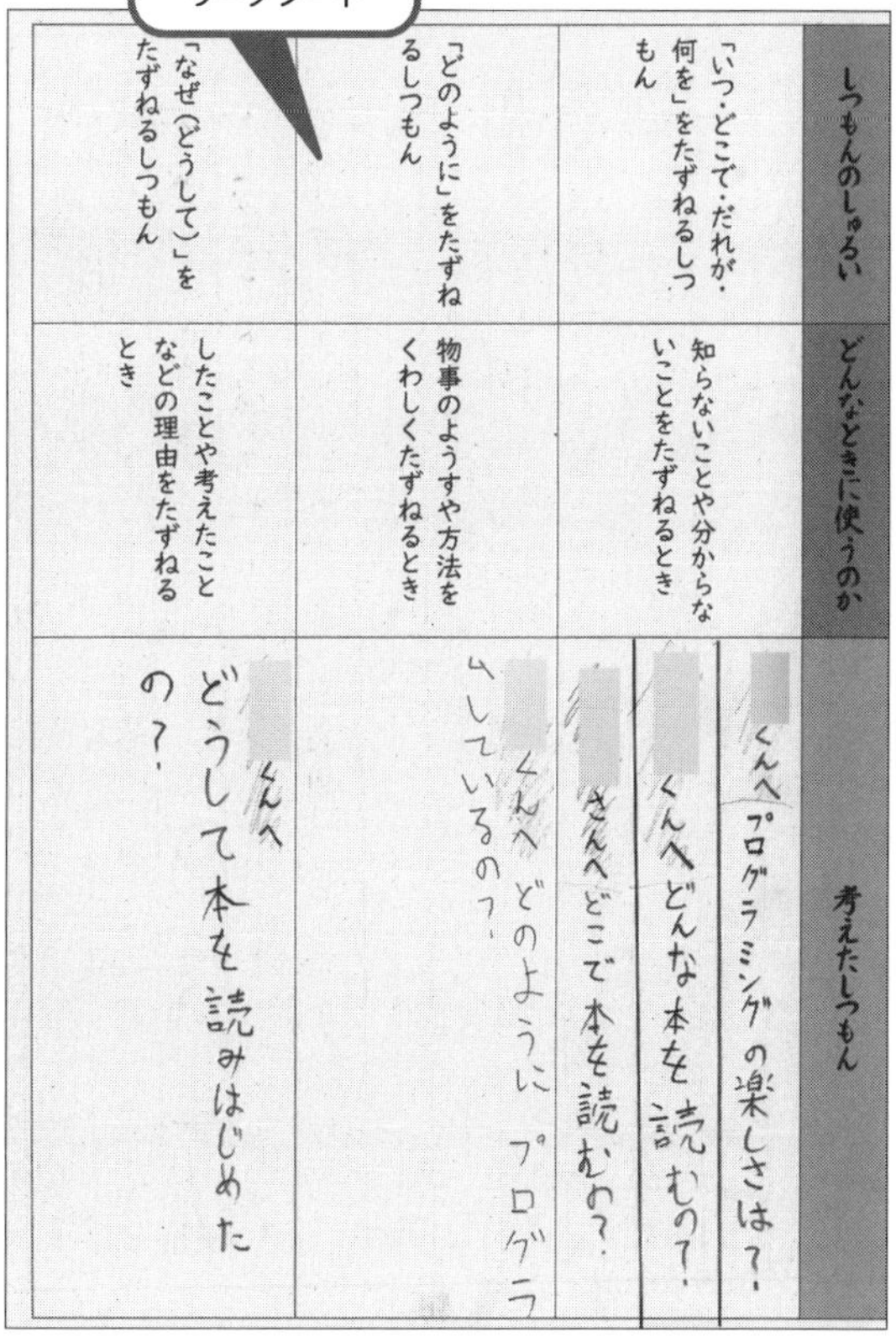

学びを自分たちで創り上げる意識をもたせる上で、ノートを活用することは有効です。ノートのレイアウトを子供たちに委ねることで、表に整理したり線を引いてまとめたりと、様々な方法で整理する姿が見られました。共有する際、学習内容はもちろんですが、学習方法についても友達と共有することができました（**振り返りの充実**）。授業内で配付したワークシートもノートに貼ることで、「学びのあしあと」としてのノートにもなりました。

子供の変容

ノートのレイアウトを子供自身で考える姿が見られました。そのため、必要なことをノートにメモしながら質問を考えやすくなったり、話し手が伝えたいことの中心を捉えやすくなったりしました。

忘れ物ゼロ大作戦「聞き取りメモのくふう」

単元の概要 ▼「忘れ物をゼロにしたい」という子供たちの願いを基に、メモの取り方について学ぶ。

単元のポイント ▼複数のモデルメモを分析したり、実際にメモを取ることに取り組んだりすることを通して、聞く力やメモを取る力を高める。

指導のポイント ▼話の内容を文字化した資料を提示することで、メモと本文の結び付きを意識できるようにする。

第2時 モデルメモA・Bを比較し、よりよいメモの取り方を考える。

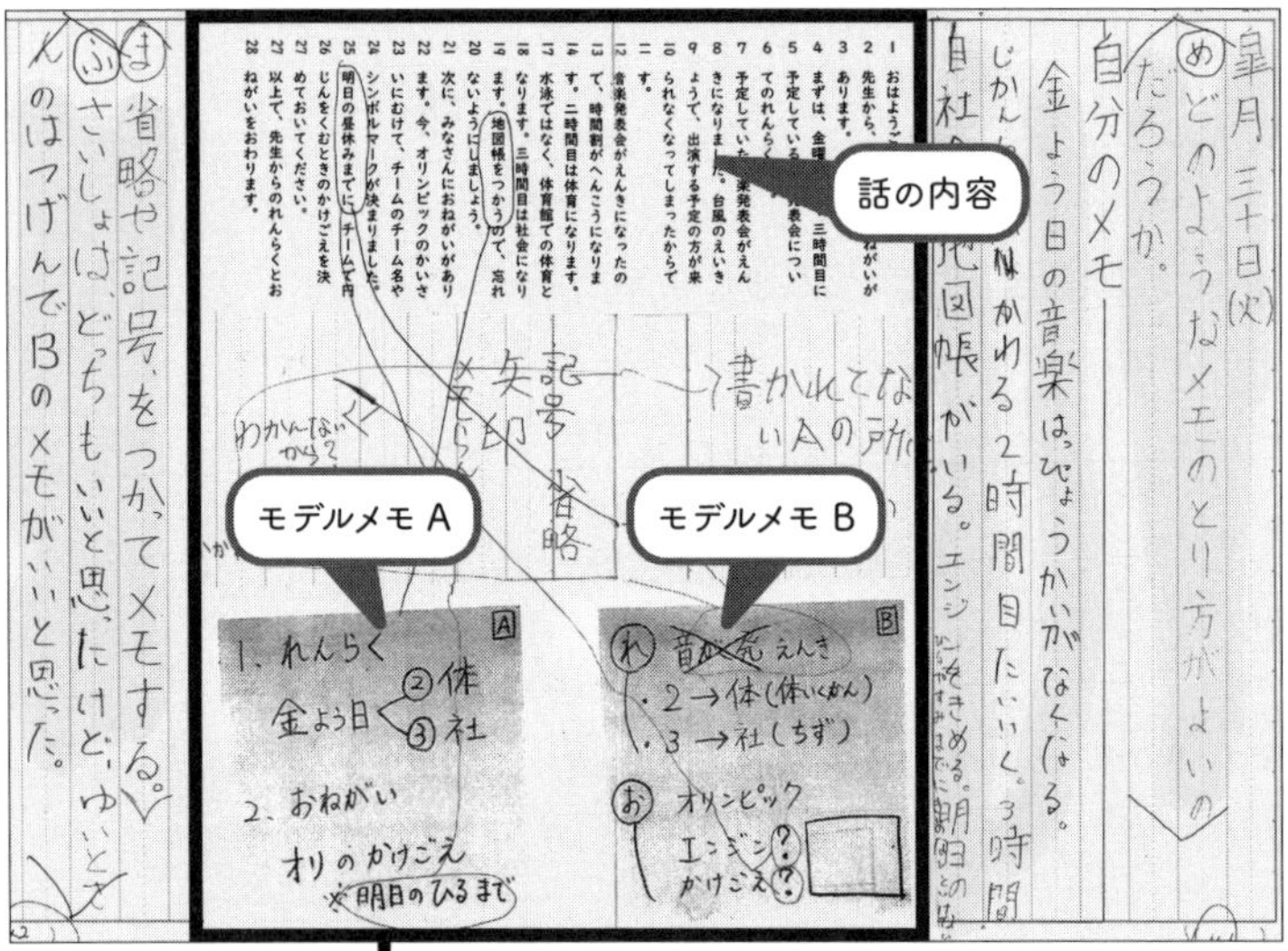

子供たちは、「どのようなメモの取り方がよいのだろうか」という学習課題を設定していった。

この学習課題を解決するために、本時では、実際に教師が口頭で伝えた「話の内容」を文字化した資料を配付した（ノートの上部）。

また、メモのモデルとして、教師が作成した「モデルメモ」を二つ（A・B）提示した。「省略」「ナンバリング」「矢印」等、子供たちは、「話の内容」とA・Bの二つの「モデルメモ」を結び付けながら、よりよいメモの取り方を発見していった（**本文との結び付き**）。なお、今回、教科書教材ではなく教師の自作教材を用いたのは、実際の子供たちの生活と関係する内容にすることでメモを取る「必然性」が生まれると考えたからである。

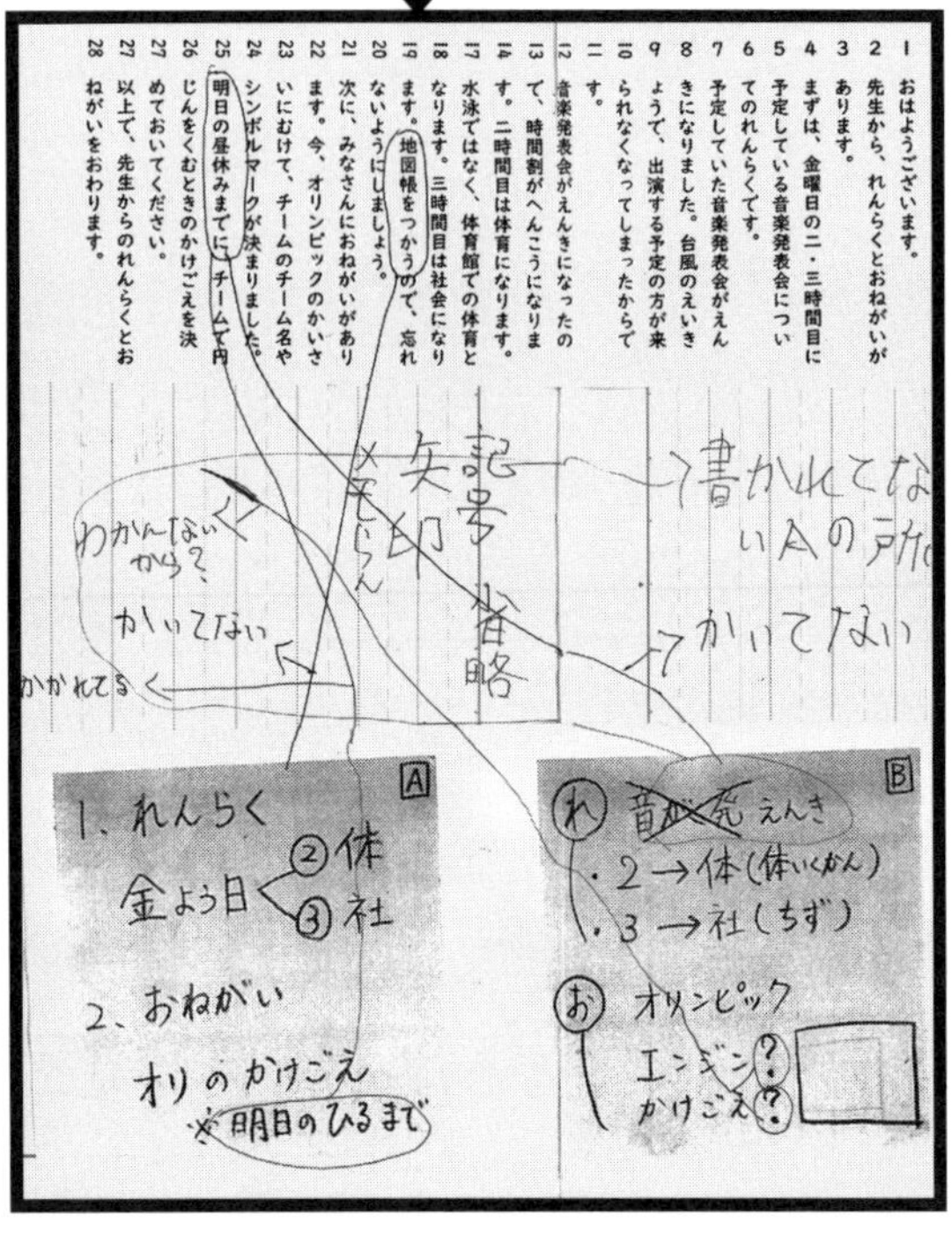

第3時　身に付けたメモの取り方が通用するかを試す。

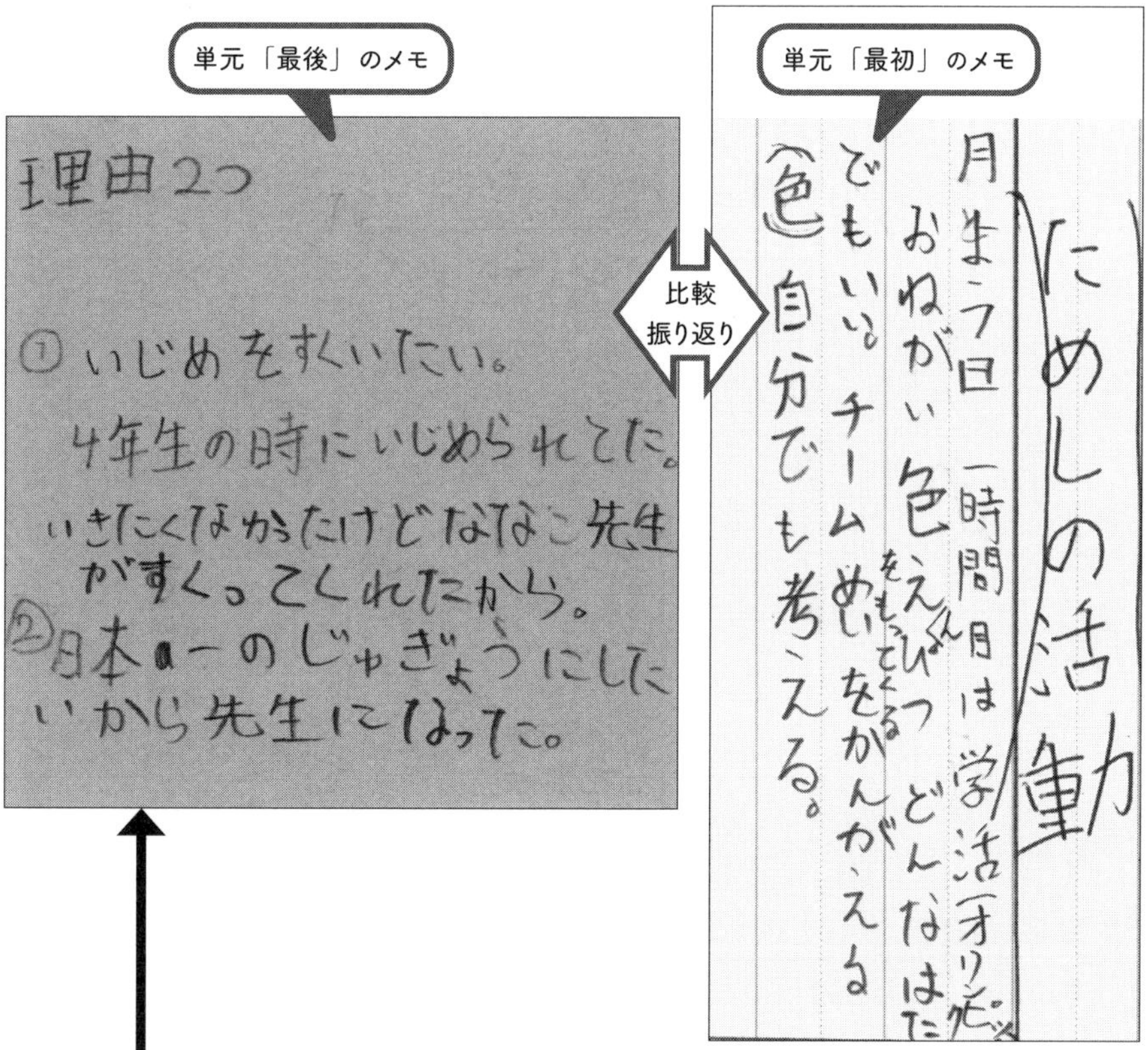

第3時では、身に付けた力を発揮しながら、実際にメモを取る活動を行った。

上の単元「最初」のメモは、文章で書こうとしている。しかし、単元「最後」のメモでは、「ナンバリング」や「省略」等を用いてメモを取ることができている。身に付けたメモの取り方が通用するかを試すことで、子供たちは「記号」や「省略」等の方略の有用性を自覚化していった。このことは、左の写真の「記号や省略が通用した」「(今回学習したメモの取り方は)おつかいやたのまれた時に使えそう」という子供自身の記述からも分かる。

また、単元の「最初」と「最後」のメモを比較しながら振り返ることで、子供たちは自身の成長を感じることができた(**振り返り**)。

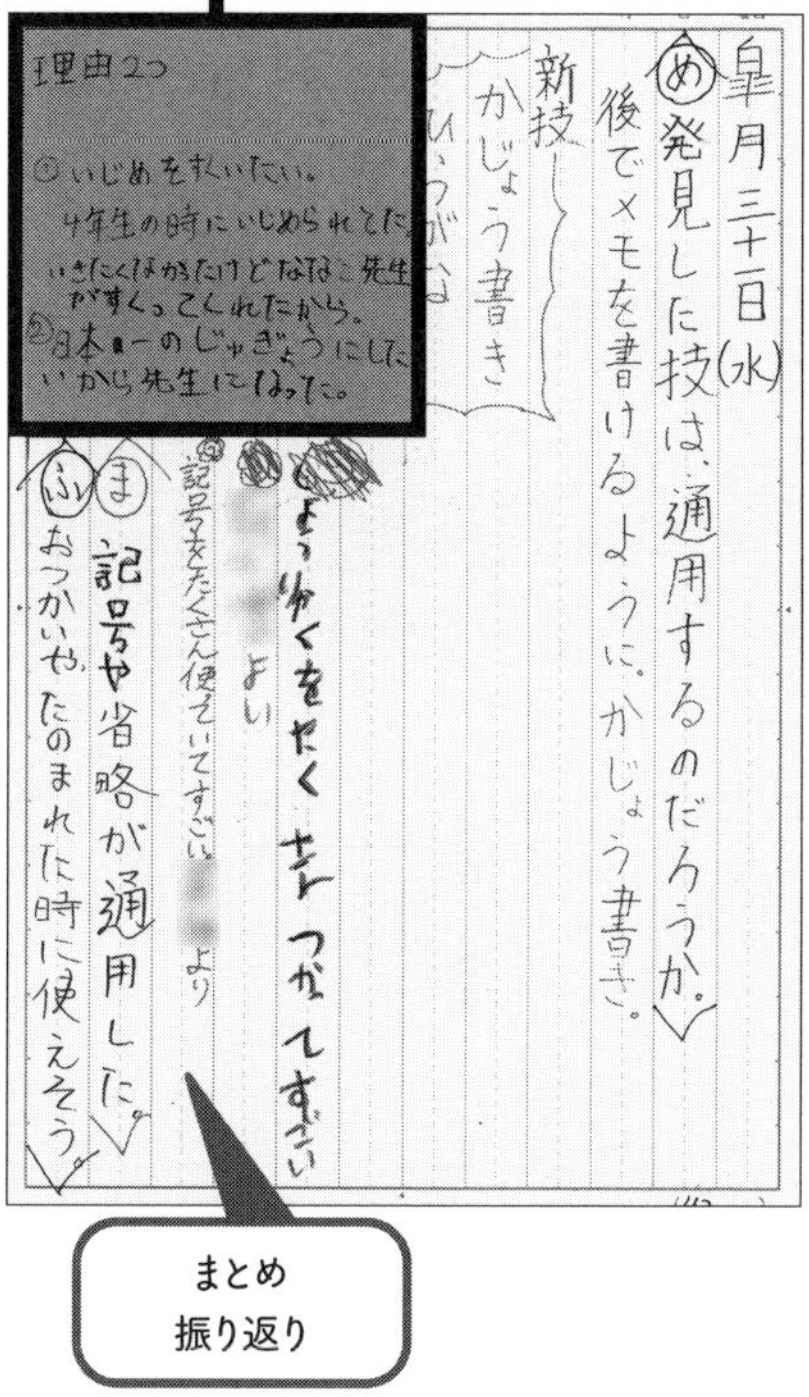

子供の変容

この単元後、帰りの会での連絡事項をメモに取り、忘れ物をゼロにしようと努める子供たちの姿が見られました。

丁寧に観察して記録しよう「かんさつ名人になろう」

単元の概要 ▶飼っている生き物や育てている植物を観察して記録する。

単元のポイント ▶書いた文章を互いに読み合い、感想を伝え合うことを通して、自分の文章のよさを見付ける。

指導のポイント ▶共有した観察文にコメントし合うことで、互いの文章のよさに気付き、自分の観察文に取り入れることができるようにする。

第2時　教科書のモデル文に書かれていることを読み取る。

教科書のモデル文を読み、どんなことが書いてあるのか読み取ることができました。教科書のモデル文と観察のポイントをつなげて記入させました。一年生で学習していた観察をするときのポイントを確かめることができました。

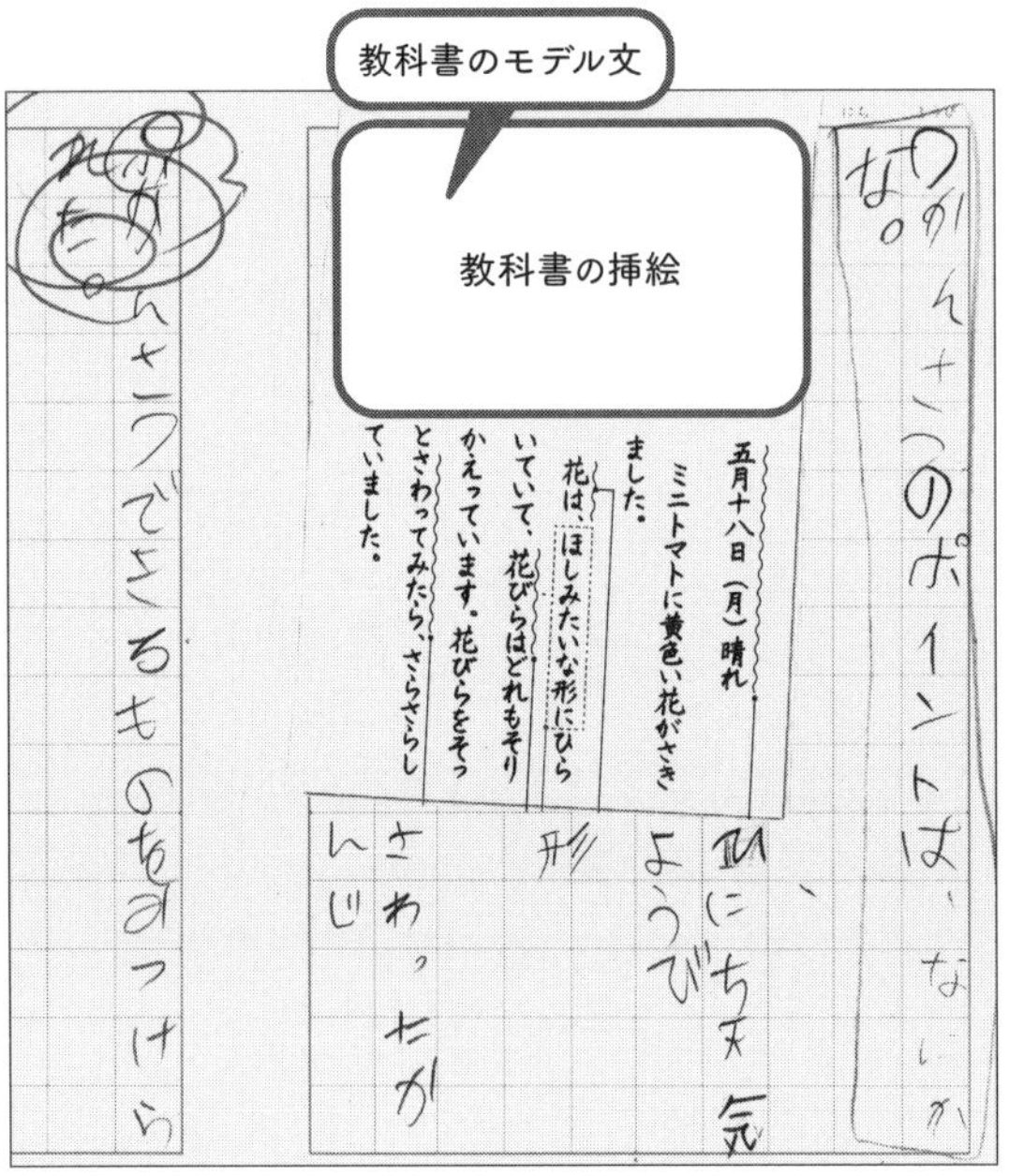

第3時　二つのモデル文を比較し、書き方を確かめる。

教科書のモデル文と教師の自作の文を比べ、よい書き方を確かめました。

大きさが変わらないもので比べることや、主語を書いたほうがよいこと、調べた方法についての記入をしたほうがよいことに気付きました。

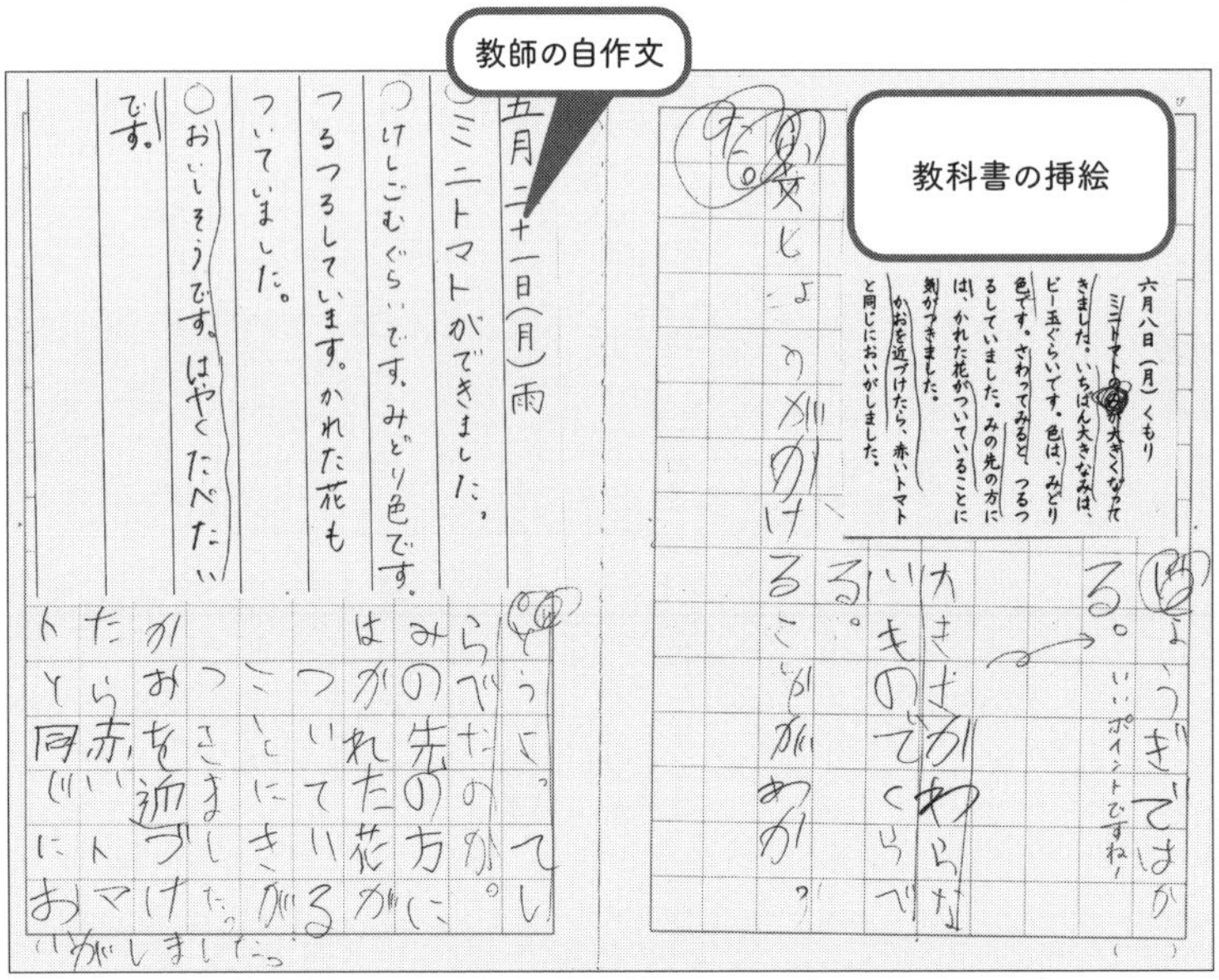

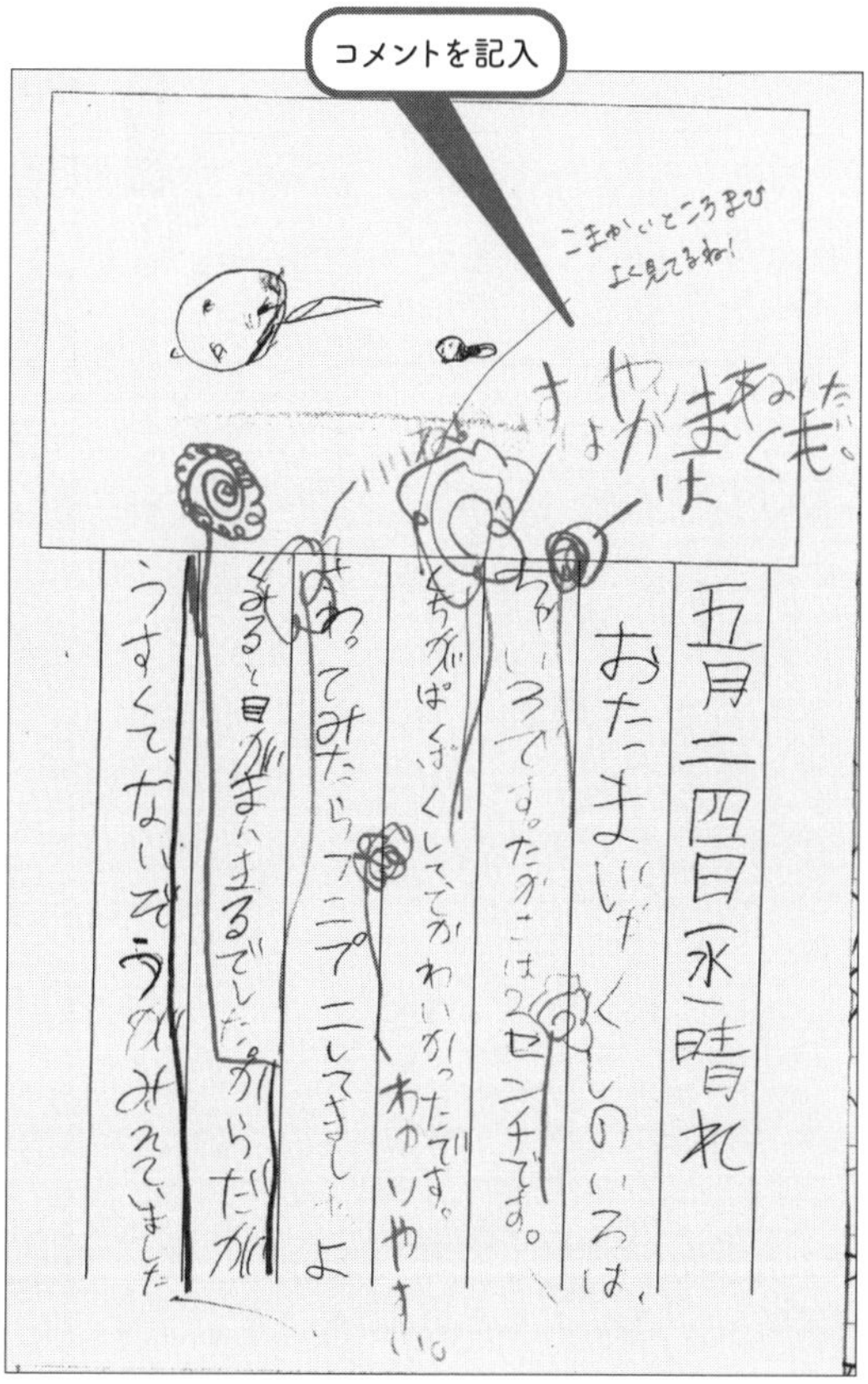

第5時　観察メモから観察文を書き、共有する。

第4時で記入した観察メモを基に、観察文を書きました。伝えたいことが伝わるように、記入する順番を決めさせ、観察文を作成することができました。

観察文を記入した後、友達と観察文を共有しました。友達のよいところや真似したいところに線を引き、コメントを書かせました。友達からのコメントを読み、自分の観察文のよさに気付くことができました。

第9時　観察文を書き、共有する。

二回目の観察文を書きました。友達と観察文を共有し、互いの観察文にコメントすることで、自分や友達の表現のよさを感じ、それらを取り入れた観察文を書くことができました。また、観察を書き続けることで生き物の成長を感じ、大きさ、数、色、触った感じ、形、においなどを観察文で伝えることができました。

五月三十日（火）くもり

うしろにあしがはえてきました。大きさは、おかあさんゆびぐらいです。あしの数は2つです。あしのいろは、ちゃいろです。さわったらぷにぷにしました。からだの色は、くろです。かたちは、りぼんみたいです。あたまが、ひらべったいです。おたまじゃくしは、においがしませんでした。水のにおいは、くさかったです。

子供の変容

複数のモデル文を読み取ることで、どんなことを書いたらよいのか観察のポイントを明確にできました。友達と観察文を共有することで、自他の表現のよさに気付き、自分の作品に取り入れることができました。

しょうかいして、感想をつたえ合おう「これがわたしのお気に入り」

単元の概要 ▼子供たちが自分のお気に入りのことについて、紹介文を書く活動をする。

単元のポイント ▼付箋やノートを活用しながら、文章に対する感想や意見をもらい、自分の文章のよいところを見付ける。

指導のポイント ▼単元内に友達とコメントを書き合うことで、共有する力を育成する。

第7時 下書きの共有を行う。

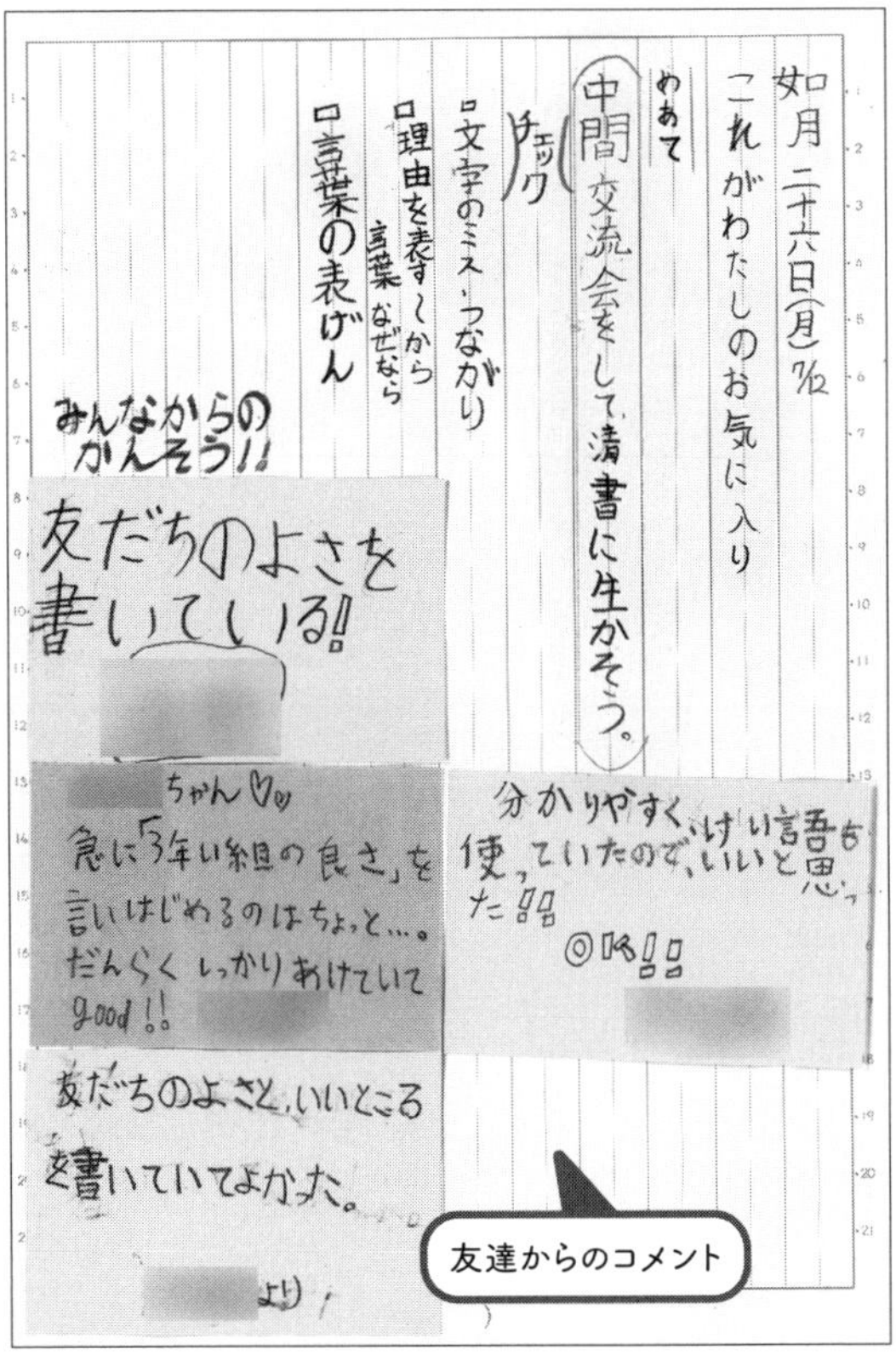

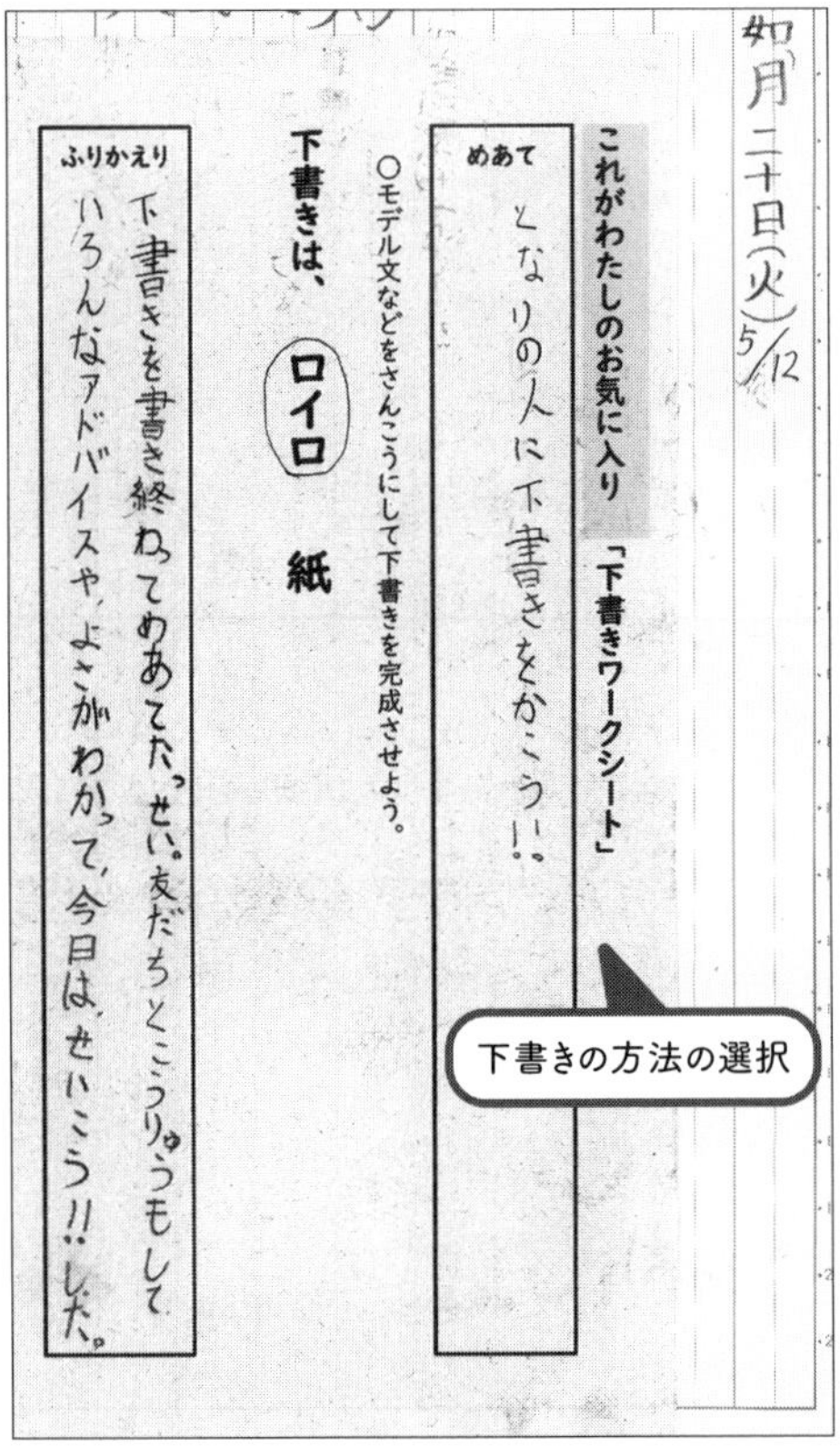

友達からのコメントを見返しやすくするためにノートを使用しました。清書に入る前に、付箋を用いて互いの途中経過の作品の共有を行いました（**共有の工夫**）。

手書きのコメントをもらった子供たちは、清書に向けて意欲を高めるとともに、共有の時間でもらったアドバイスを清書に生かすことができました。

第12時　単元の振り返りを行う。

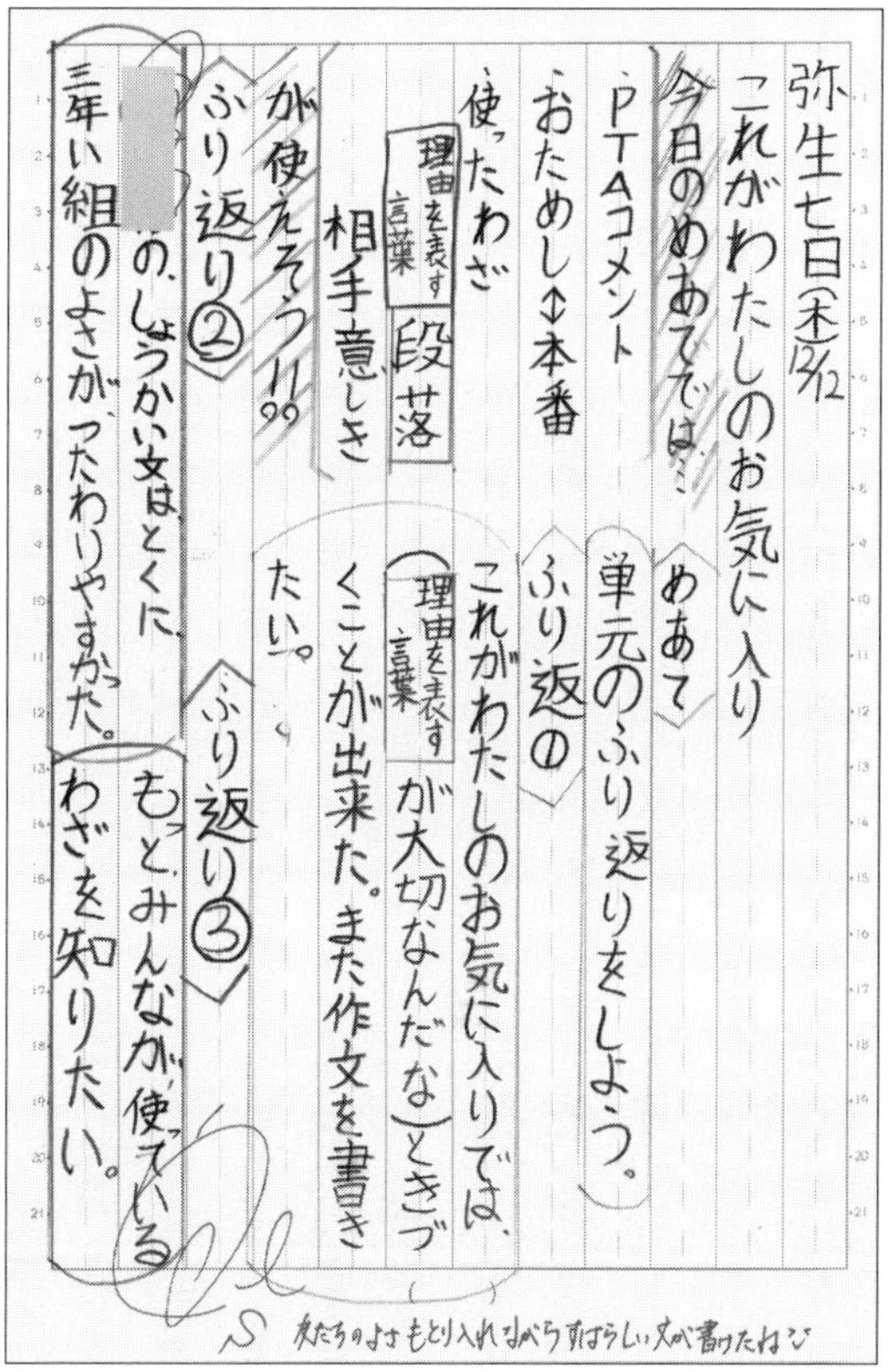

弥生七日(木)2/12
これがわたしのお気に入り
今日のめあてでは…
・PTAコメント
おためし⇔本番
使ったわざ
理由を表す言葉
段落
相手意しき
が使えそう!!
ふり返り②
の、しょうかい文はとくに、
三年い組のよさがつたわりやすかった。
めあて
単元のふり返りをしよう。
ふり返①
これがわたしのお気に入りでは、
理由を表す言葉
が大切なんだな）ときづくことが出来た。また作文を書きたい。
ふり返り③
もっとみんなが使っているわざを知りたい。
友だちのよさもとり入れながらすばらしい文が書けたね

四つの視点（ダイヤモンド・サイクル）を基に振り返りを行いました。学習語彙や学習方法に関する振り返りを価値付けし、広げていくことで、「理由」や「段落」などの学習語彙を使って振り返りを行うことができました。

三年い組のよさ

〇〇くんのお母さん、こんにちは。私は三年い組の△△です。よろしくおねがいします。

とつぜんですが、三年い組の「よさ」を知っていますか。これから、わたしの心にのこった「三年い組のよさ」をしょうかいします。

それは、きょう力です。

きょう力をしょうかいしたい理由は二つあります。

一つ目は、チームワークが深まったからです。

運動会や公開研究会などもみんなできょう力してのりきったからです。

二つ目は、友だちのがんばっているすがたを見ることが出来たからです。

きょう力すればみんながえ顔になって取り組むことが出来ていたからです。そんなみんなは、かがやいているようにみえました。

特に〇〇くんは、みんなに声かけをしていてかっこよかったです。

子供の変容

成果物だけでなく学習過程をノートに書きためることで、工夫した点や苦労した点などの書いているときの思いなども相手と共有することで、充実した共有の時間につながりました。

考えたことを書き、読み合おう「もしものときにそなえよう」

単元の概要▼いつ起こるか分からない自然災害にどう備えたらよいのかを調べ、自分の考えを書く学習をする。

単元のポイント▼相手を意識して、「どのように書くと伝わりやすくなるか」を考えながら意見文を書く。

指導のポイント▼文章の構成や書き方の工夫を見付け、考えと根拠や事例・理由のつながりを明確にさせることができるようにする。

第4時　**伝わりやすい文章の構成や書き方の工夫を見付ける。**

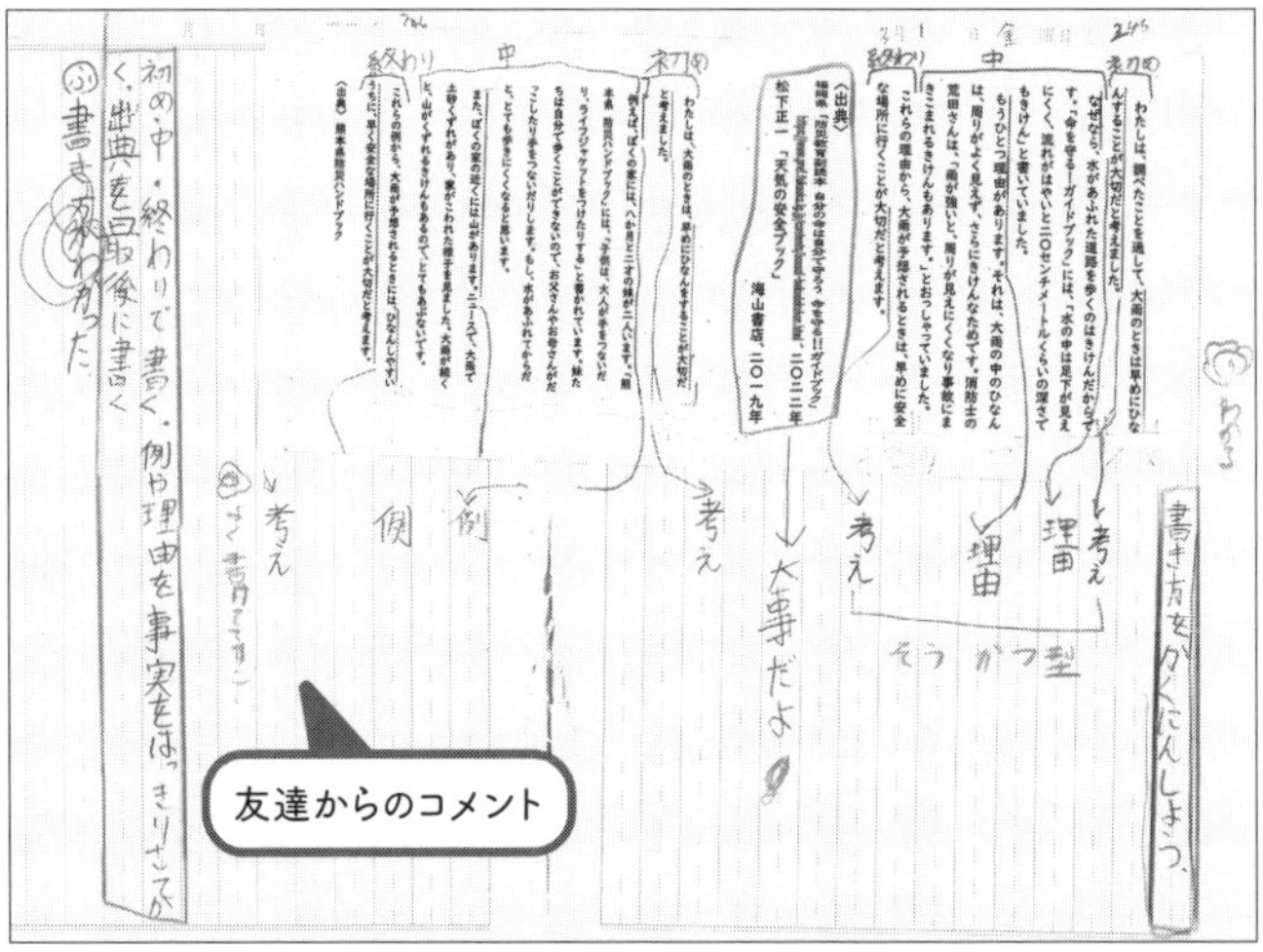
友達からのコメント

二つのモデル文を読んで、どのような文章の構成になっているか、どのような書き方かを自分で考えました（**本文との結び付き**）。

初め・中・終わりの構成になっていること、考え・理由・例などが書かれていることに気付き、そのことを書き込んでいました。友達の考えを自分のノートに書き込む姿も見られ、友達からのコメントをもらうことで、自己肯定感が高まりました。

第5〜7時　**調べたことを三角ロジックを使って整理する。**

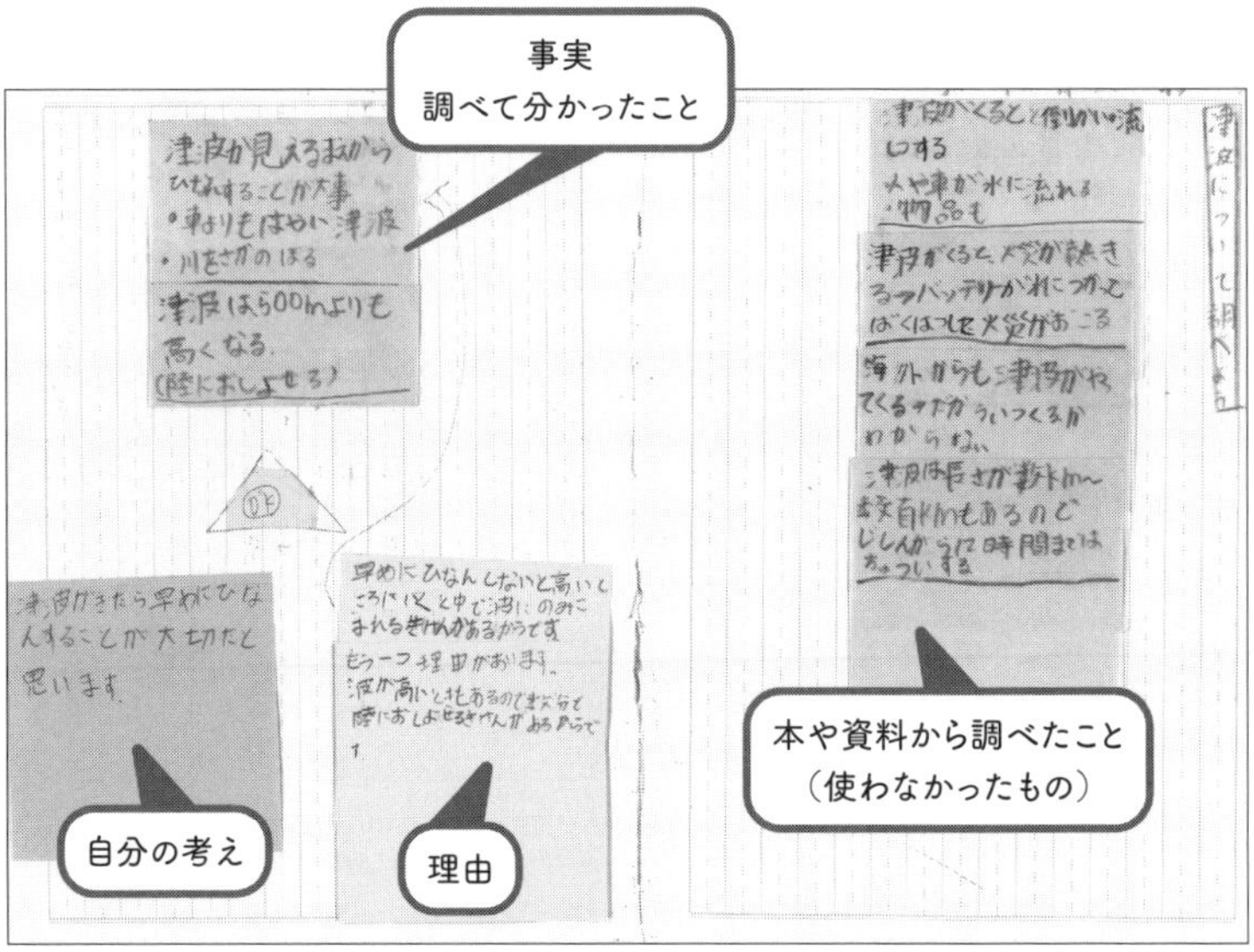
事実
調べて分かったこと
本や資料から調べたこと
（使わなかったもの）
自分の考え
理由

本などを使って、自分の考えに合う情報をたくさん書き出し、その中から二つ選んで理由も考え、**三角ロジック**を完成させました（**思考ツールの活用**）。

調べた情報の中から、より自分の考えに合うものを選んでいました。理由がうまく書けないときには選び直す姿もありました。

第12時　単元の最初と最後を比べて、振り返りをする。

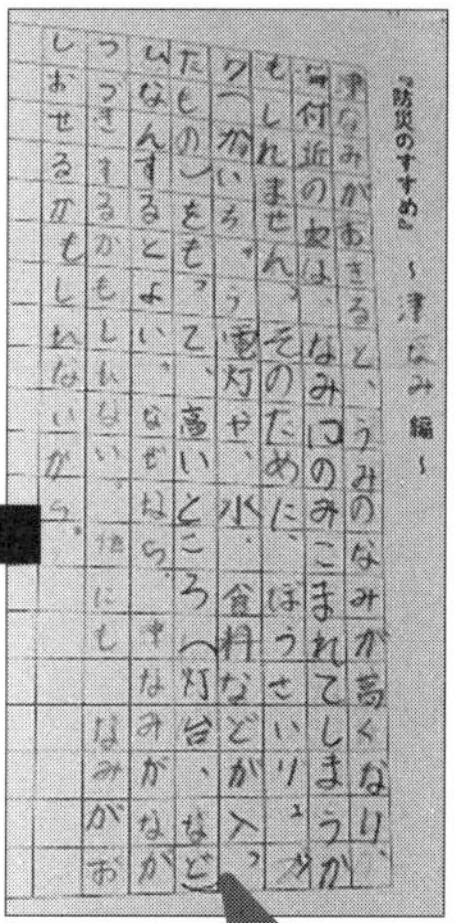
『防災のすすめ』～津なみ編～
津なみがおきると、うみのなみが高くなり、海付近の家は、なみにのみこまれてしまうかもしれません。そのために、ぼうさいリュック（かいちゅう電灯や、水、食料などが入ったもの）をもって、高いところ（灯台、など）にいなんするとよい。なぜなら、すなみがなかつきするかもしれない。はにもなみがおしおせるかもしれないから。

単元の最初の文章

『防災のすすめ』～津波　編～

私は、津波がきたら、早めにひなんをすることが大切だと思います。

なぜなら、早めにひなんしないと高いところに行くとちゅうで波にのみこまれるきけんがあるからです。「命を守るガイドブック」には「津波が見えるまえからひなんすることが大事。津波は車よりはやいスピードでおしよせる。」と書いてあります。

もう一つ理由があります。波が高いときもあるので自分で陸に波がくるきけんがあります。「命を守るガイドマップ」には「津波は五百メートルよりも高くなり車よりはやいスピードで陸におしよせるので、走ってにげることはできません。」と書いています。

これらの理由から、私は津波がきたら、早めにひなんすることが大切だと思いました。

わたしたちがすむ喜界町には、ぼうさいしょくいくセンターがあります。もし津波がきたら、そこに、ひなんしてみるのもいいですね。

〈出典〉

「命を守るガイドブック子ども向け防災啓発ー福岡県防災ホームページ～津波編～」

「喜界町防災マップ」

単元の最後の文章

単元の最初に書いた試しの文章は、読み手を意識せず、自分の知っている知識だけで書いていました。そのため、伝わりにくい文章になっていました。

単元の最後の文章では、本や資料で調べたことも含め、伝わりやすい構成を考えたり、根拠や事例・理由と自分の考えのつながりを明確にし、学んだことを生かして書いているので、読み手に分かりやすく書けたことに気付きました（**振り返り**）。

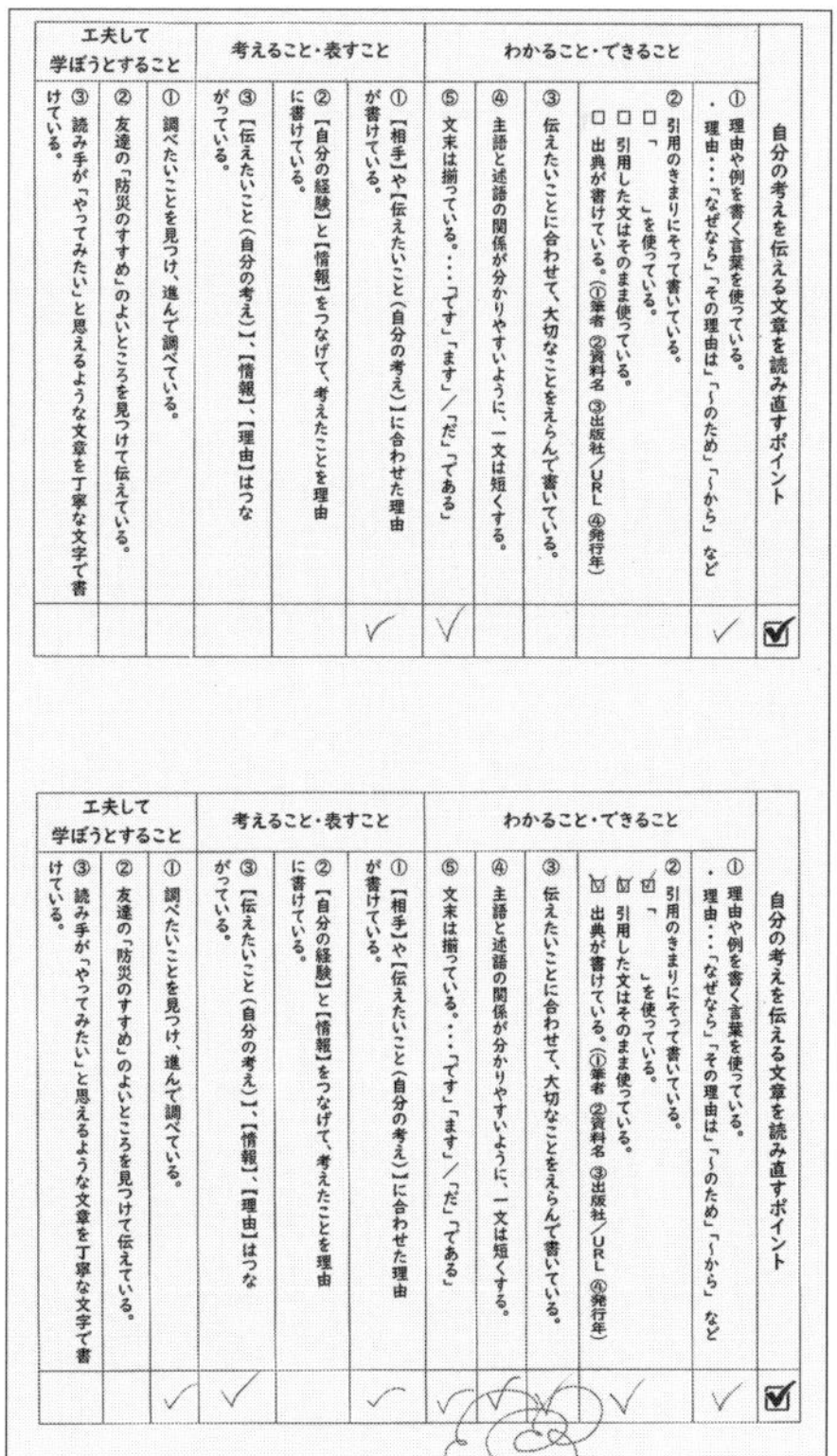

	自分の考えを伝える文章を読み直すポイント	☑
わかること・できること	①理由や例を書く言葉を使っている。・理由…「なぜなら」「その理由は」「～のため」「～から」など	✓
	②引用のきまりにそって書いている。□「　」を使っている。□引用した文はそのまま使っている。□出典が書けている。（①筆者 ②資料名 ③出版社／URL ④発行年）	
	③伝えたいことに合わせて、大切なことをえらんで書いている。	
	④主語と述語の関係が分かりやすいように、一文は短くする。	
	⑤文末は揃っている。…「です」「ます」／「だ」「である」	✓
考えること・表すこと	①【相手】や【伝えたいこと（自分の考え）】に合わせた理由が書けている。	✓
	②【自分の経験】と【情報】をつなげて、考えたことを理由に書けている。	
	③【伝えたいこと（自分の考え）】、【情報】、【理由】はつながっている。	
工夫して学ぼうとすること	①調べたいことを見つけ、進んで調べている。	
	②友達の「防災のすすめ」のよいところを見つけて伝えている。	
	③読み手が「やってみたい」と思えるような文章を丁寧な文字で書けている。	

	自分の考えを伝える文章を読み直すポイント	☑
わかること・できること	①理由や例を書く言葉を使っている。・理由…「なぜなら」「その理由は」「～のため」「～から」など	✓
	②引用のきまりにそって書いている。☑「　」を使っている。☑引用した文はそのまま使っている。☑出典が書けている。（①筆者 ②資料名 ③出版社／URL ④発行年）	✓
	③伝えたいことに合わせて、大切なことをえらんで書いている。	✓
	④主語と述語の関係が分かりやすいように、一文は短くする。	✓
	⑤文末は揃っている。…「です」「ます」／「だ」「である」	✓
考えること・表すこと	①【相手】や【伝えたいこと（自分の考え）】に合わせた理由が書けている。	✓
	②【自分の経験】と【情報】をつなげて、考えたことを理由に書けている。	
	③【伝えたいこと（自分の考え）】、【情報】、【理由】はつながっている。	✓
工夫して学ぼうとすること	①調べたいことを見つけ、進んで調べている。	✓
	②友達の「防災のすすめ」のよいところを見つけて伝えている。	
	③読み手が「やってみたい」と思えるような文章を丁寧な文字で書けている。	

振り返りチェックシートを使ったことで、最初の文章を書いたときと最後に書いたときの振り返りを比べ、この学習を通して学んだことや身に付いたことを意識することができました。

子供の変容

学習していく中で、文章の構成や書き方の工夫を考えたことで、相手に伝わりやすい文章の書き方を理解して、自分の文章にも生かすことができました。

資料を用いた文章の効果を考え、それをいかして書こう

「固有種が教えてくれること」

単元の概要 ▼表やグラフなどの資料を効果的に活用した文章を書くために、教材文を読み、資料を活用する方法を学習する。

単元のポイント ▼引用したり、図表やグラフなどを用いたりして、自分の考えが伝わるように書き表し方を工夫する。

指導のポイント ▼単元のゴールを見据えて学習させるために、「書くこと」を意識させながら「読むこと」の学習をすることができるようにする。

第1時　初発の感想をもつ。

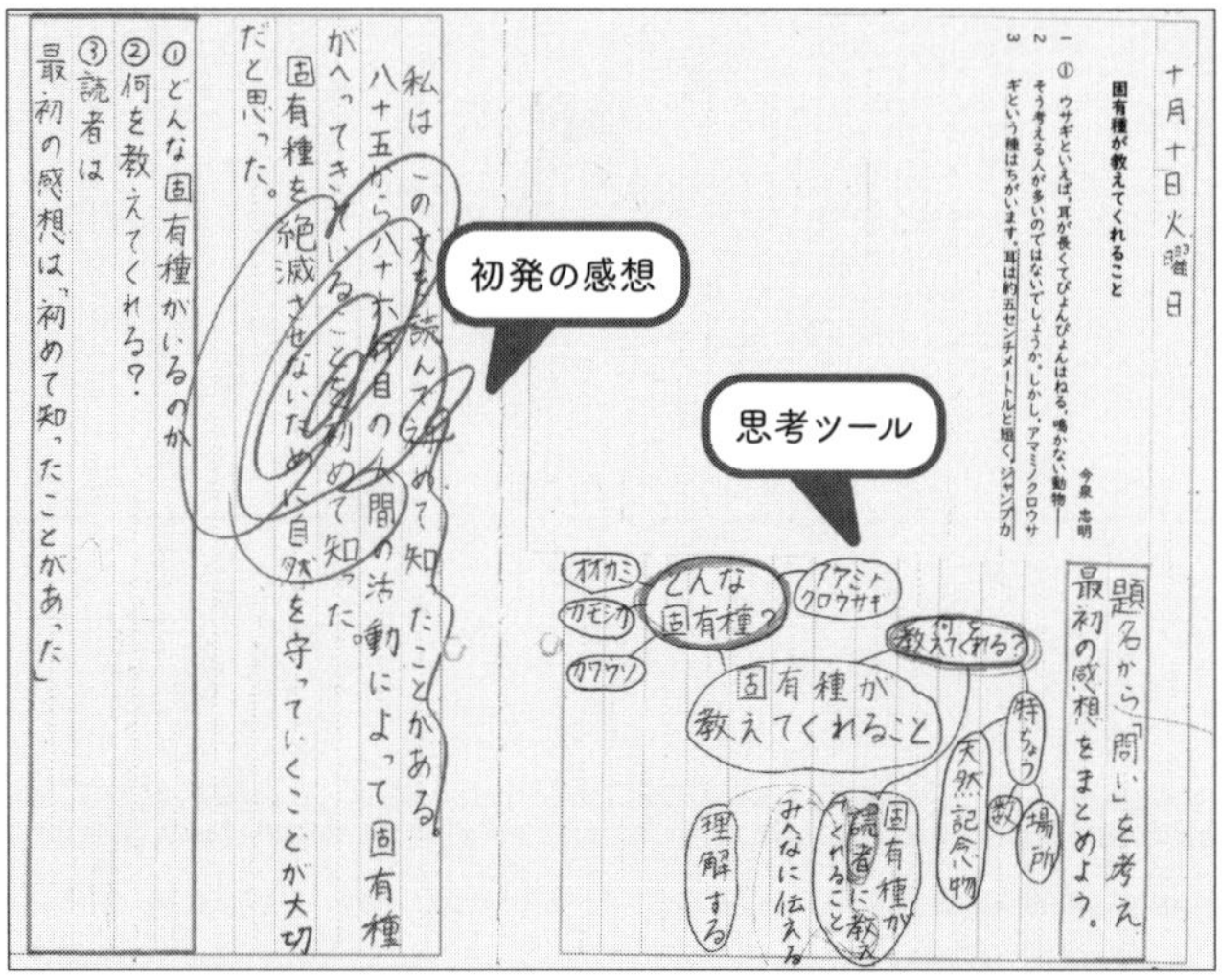

最初の範読を聞くときに、ノートに教材文を貼り付けて、疑問に思ったことや詳しく知りたいと思ったところに線を引かせました。その後、線を引いたところを**思考ツール**にまとめ、整理しました。可視化・整理することで、子供が言葉をつなぎながら問いをもち、初発の感想につなげることができました。

第3時　文章と資料との関係性を捉える。

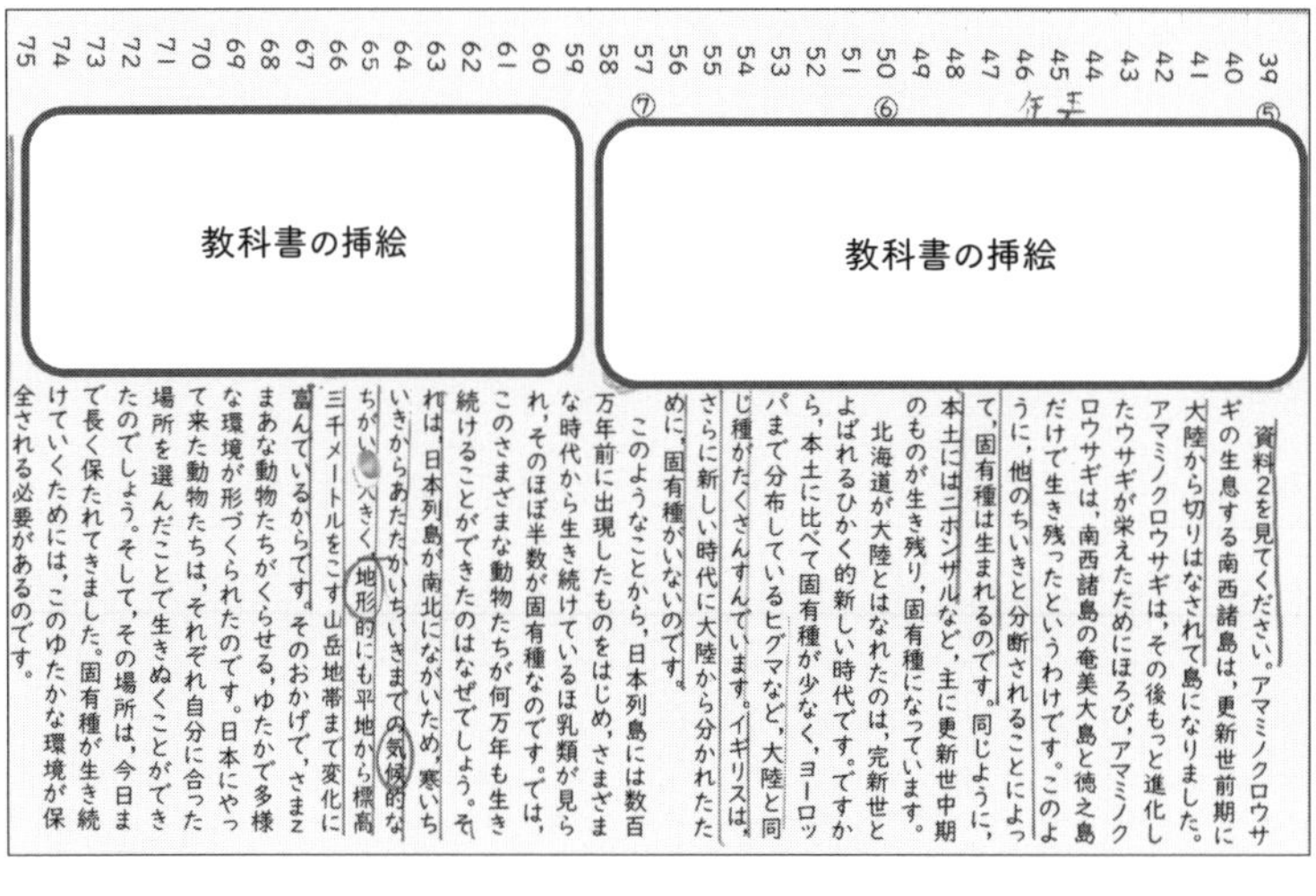

資料の表題や図中の言葉、数字等に注目させ、関係している言葉等を文章の中から探させ、線を引かせました。その後、文章と資料を結び付けさせ、読み取りを行いました。ある子供は、資料ごとに色を分けて線を引き、より視覚的に捉えやすいノートをつくることができていました。

第6時「書くこと」と「読むこと」をつなげる。

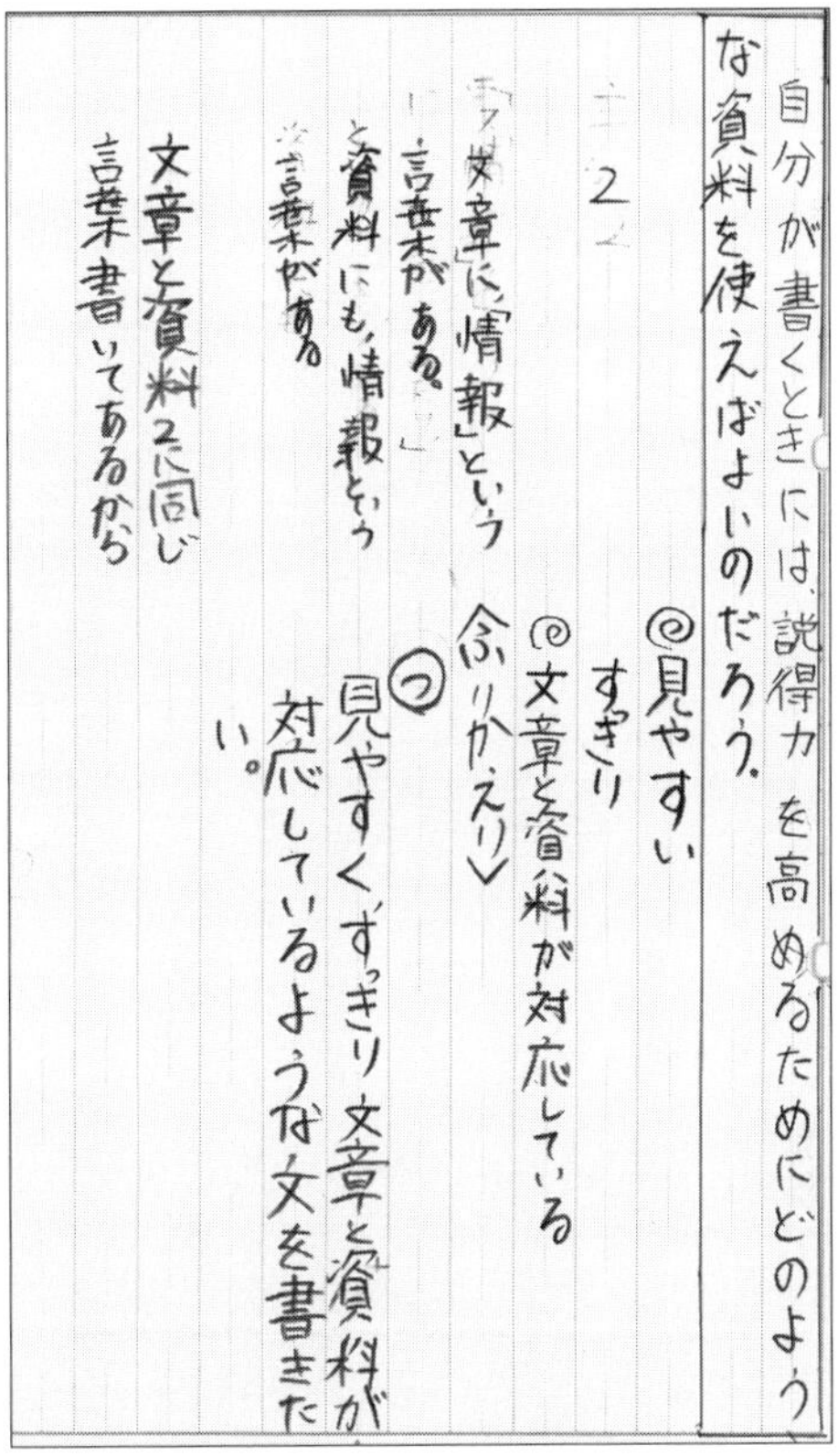
自分が書くときには、説得力を高めるためにどのような資料を使えばよいのだろう。
文章に「情報」という言葉がある。
資料にも、情報という言葉がある
文章と資料に同じ言葉書いてあるから
◎見やすい
すっきり
◎文章と資料が対応している
見やすく、すっきり文章と資料が対応しているような文を書きたい。

第6時では、資料と文章との関係に着目し、効果的な資料の使い方について考え、資料の必要性や資料の種類による効果の違いを見付けて、そのことをノートにメモしながら考えをまとめていくことができました。また、振り返りに書かれたことを見てみると、資料の使い方を読み取るだけでなく、自分が書くときに「どのように資料を使うと効果的か」ということを考えており、「読むこと」から「書くこと」への意識転換ができていました。

第9時「三角ロジック」を使って、自分の考えをまとめる。

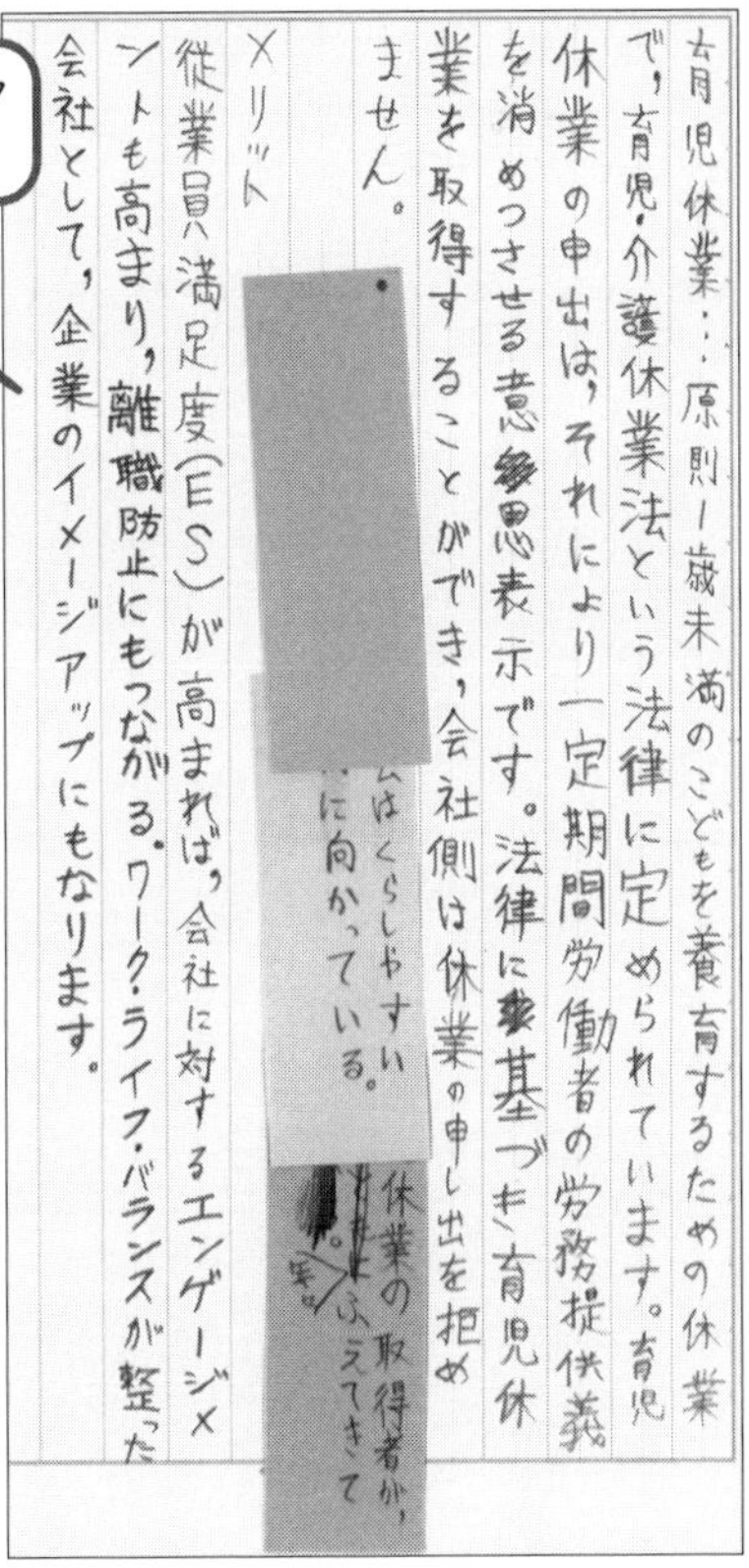
育児休業：：原則1歳未満のこどもを養育するための休業で、育児・介護休業法という法律に定められています。育児休業の申出は、それにより一定期間労働者の労務提供義務を消めっさせる意思表示です。法律に基づき育児休業を取得することができ、会社側は休業の申し出を拒めません。
メリット
従業員満足度(ES)が高まれば、会社に対するエンゲージメントも高まり、離職防止にもつながる。ワーク・ライフ・バランスが整った会社として、企業のイメージアップにもなります。

「黄色：主張」「赤色：事実」として、三角ロジックを使って考えを整理する。

資料を使った意見文を書くために、三角ロジックを使って考えをまとめ、意見文を書きました。このとき、資料から分かることと自分の考えを区別することを意識して書きました。付箋を使うことで、考えを短い言葉で整理してまとめることができていました。ノートと付箋を組み合わせることで、考えを整理しながら意見文を書くことができました。

また、書く際には、「読むこと」で学んだことがノートに書かれているため、既習事項を確認しながら書くことができました。

子供の変容

「書くこと」のゴールを先に示しておくことで、説明的文章を必要感をもって読むことができました。子供が「学んだことを使って意見文を書くんだ」という意識をもち続けて単元の学習を行うことができたので、「書くこと」への抵抗感を大きく減らして意見文を書くことができていました。

せつめいする 文しょうを よもう「じどう車くらべ」

単元の概要▼自動車について説明する文章を読んで考えたことを友達と伝え合ったり、自動車カードを作成したりする。

単元のポイント▼説明的文章の中の重要な語や文を考えて選び出したり、内容の大体を捉えたりしながら読む能力を高める。

指導のポイント▼ノートに自分の考えを書かせ、一単位時間内や単元における自分の考えの深化や変容を実感できるようにする。

第3時　バスや乗用車の文章の中の重要な語や文について話し合う。

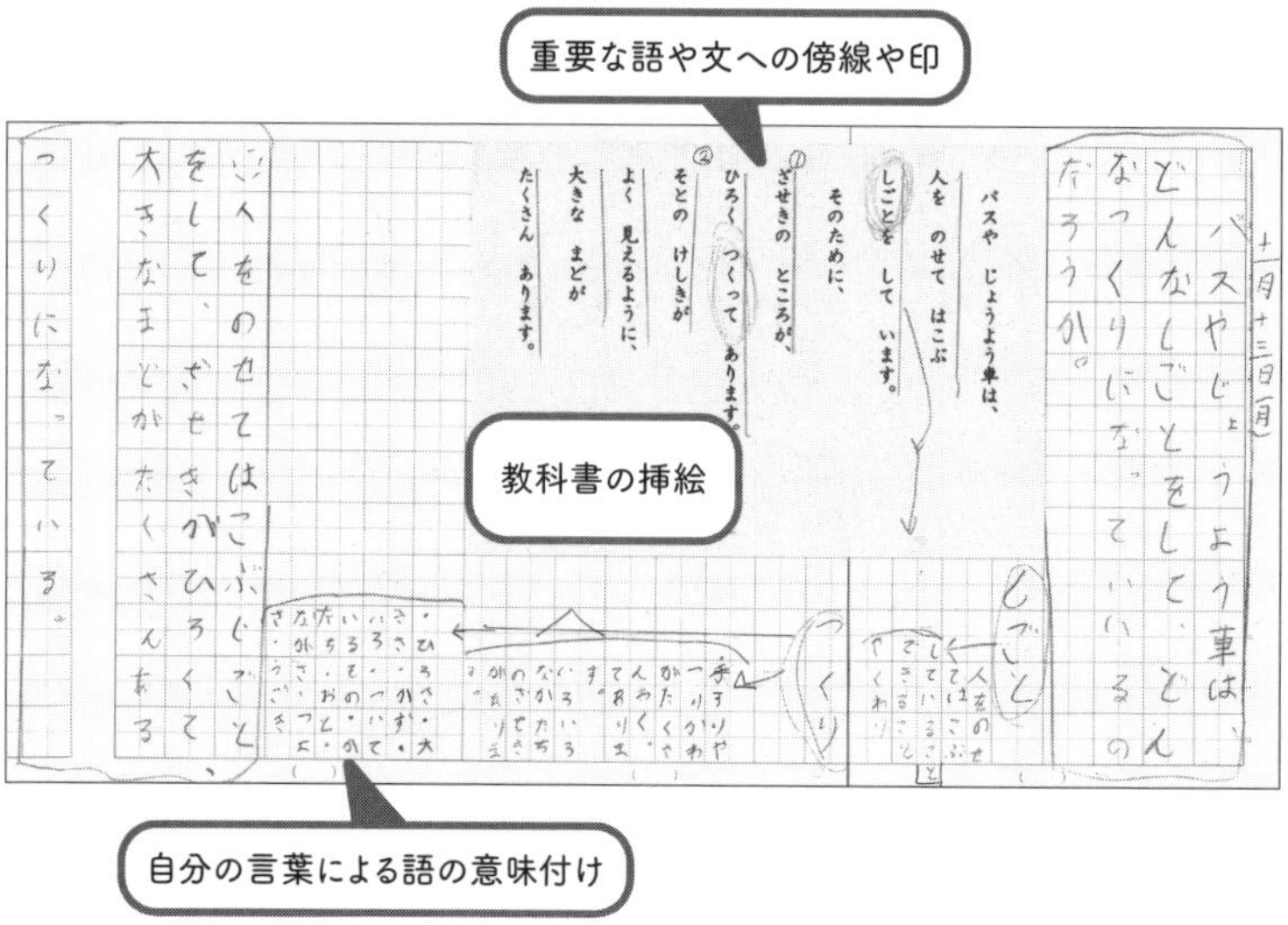
重要な語や文への傍線や印
教科書の挿絵
自分の言葉による語の意味付け

教材文を読み、学習課題を考える上で重要な語や文に傍線を引いたり、丸印で囲ったりさせました。また、それらの語や文を意味付けし、自分の言葉で書かせています。そして、自分の考えが書かれたノートを基に様々な友達と考えを共有させています。

例えば、本時では「つくり」を「ひろさ・大きさ……（以下省略）」などに言い換えました。

第4時　トラックの文章の内容について話し合う。

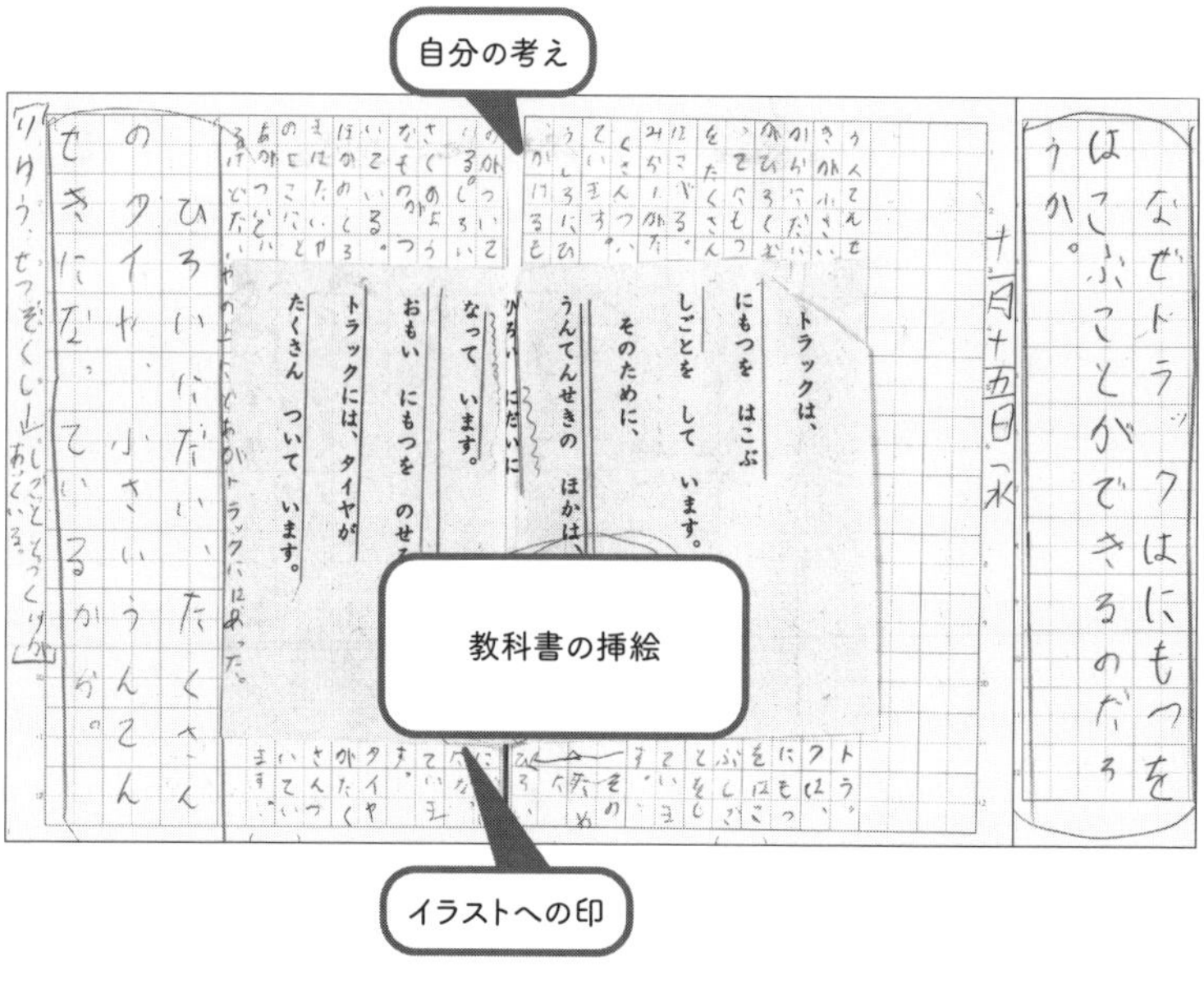
自分の考え
教科書の挿絵
イラストへの印

学習課題について考える上で重要な語や文だけでなく、イラスト（非連続型テキスト）にも着目させ、印を付けながら自分の考えを書かせました。例えば、「うんてんせきがせまい」「にだいがひろい」「うしろにかけるひもがついている」など、自分の考えを形成し、書くことができました。

第5時 クレーン車の文章の順序についての自分の考えを説明する。

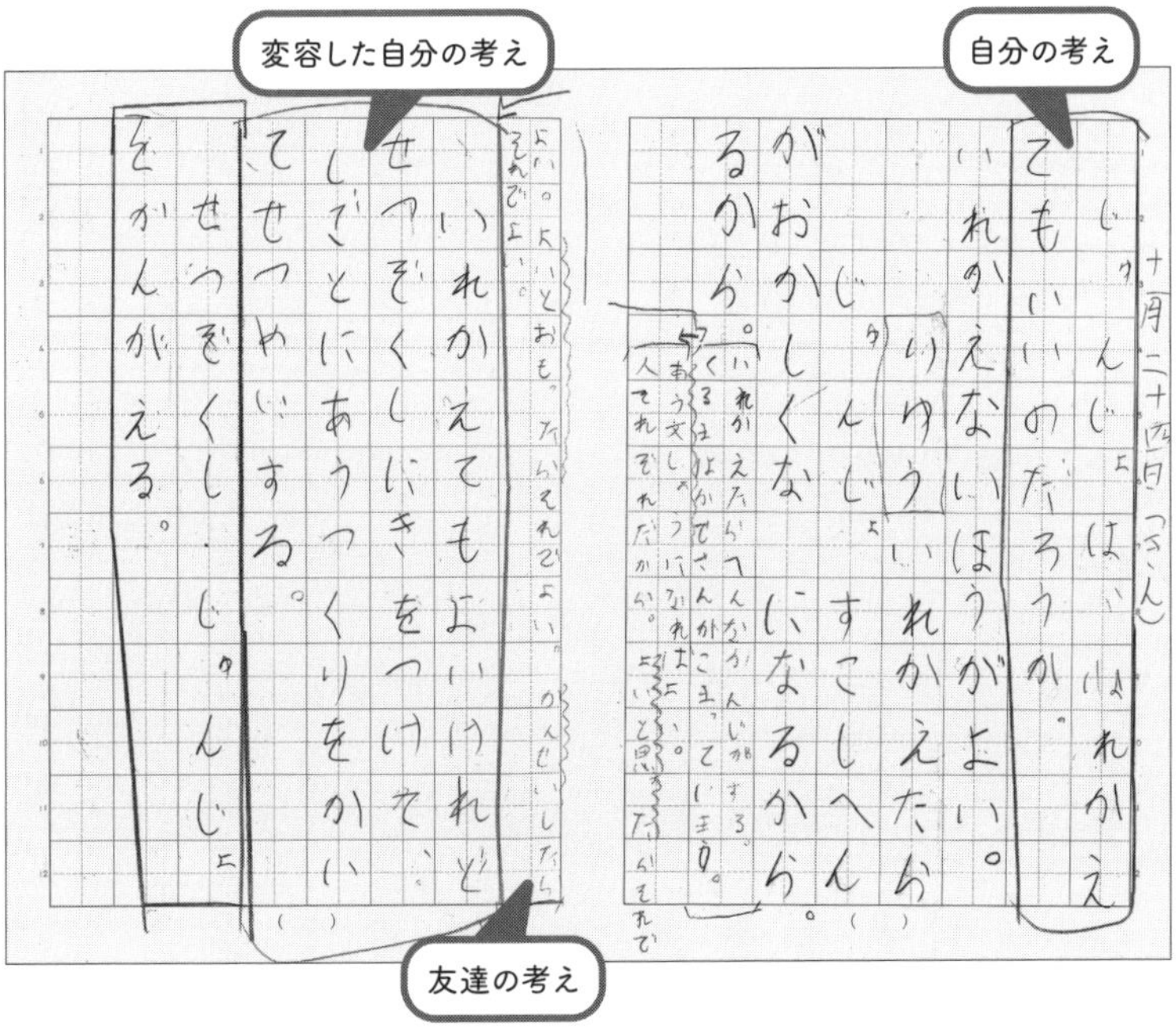
自分の考え
変容した自分の考え
友達の考え

まず、教材における文章の順序について自分の考えを書かせます。次に、自分の考えが書かれたノートを基に様々な友達と考えを共有させます。その際、友達の考えを書いてもよいこととします。そして、考えの共有を通して深まったり変わったりした自分の考えを再度書かせました。

第7時 本単元で深めた読み方を振り返る。

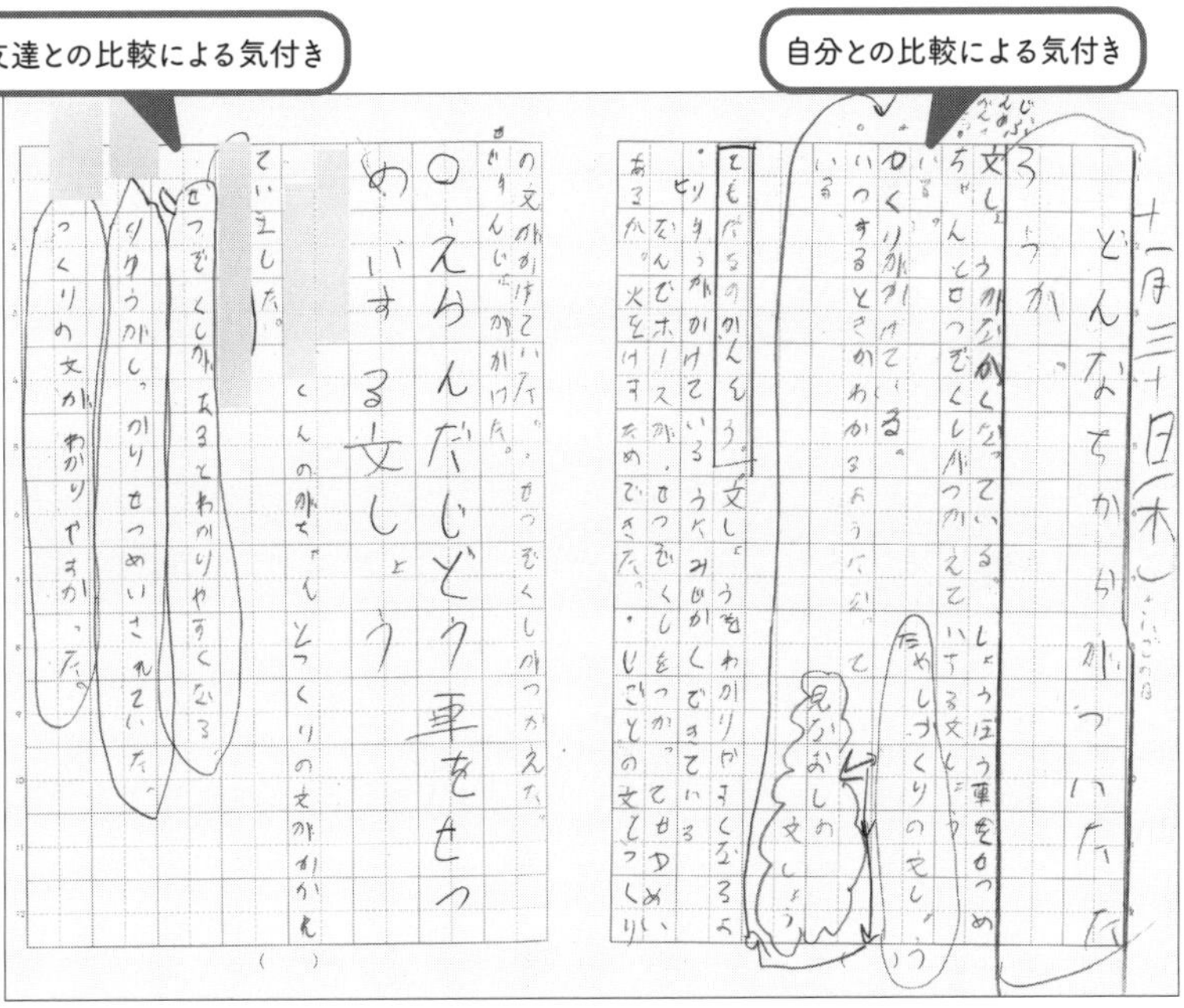
自分との比較による気付き
友達との比較による気付き

単元の言語活動として作成した自動車カードを、単元導入時に自分が作成したカードや友達が作成したカードと比較しながら単元の学習を振り返らせ、書かせます。その際、これまでのノートを基に、なぜ、どのような力が、どのように身に付いたのかを明確にしながら振り返らせます。

子供の変容

自分の考えをノートに書き、それを基に友達と考えを共有したり、自分の考えと自分の考えとを比較したりしながら学習を進めていく中で、自分の考えへの明確な理由付けへとつなげることができ、自分の考えを堂々と述べる姿が見られました。

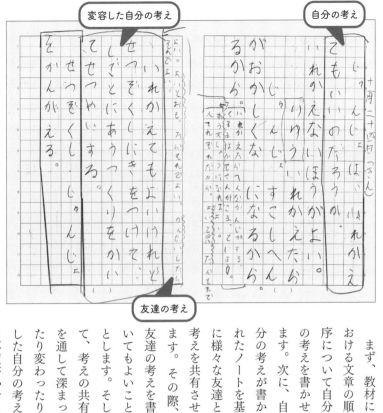

れいの書き方に気をつけて読み、それをいかして書こう

「すがたをかえる大豆」

単元の概要 ▼段落相互の関係に着目して読み進めながら、筆者の表現の工夫について捉える学習をする。

単元のポイント ▼中心となる語や文を見付け、教材の内容について自分の考えをもち、一人一人の感じ方などに違いがあることに気付く。

指導のポイント ▼ノートに教材文を貼り、線を引いたり矢印でつないだりすることで考えをまとめていくことができるようにする。

第2・4時　筆者の事例の意図について考える。

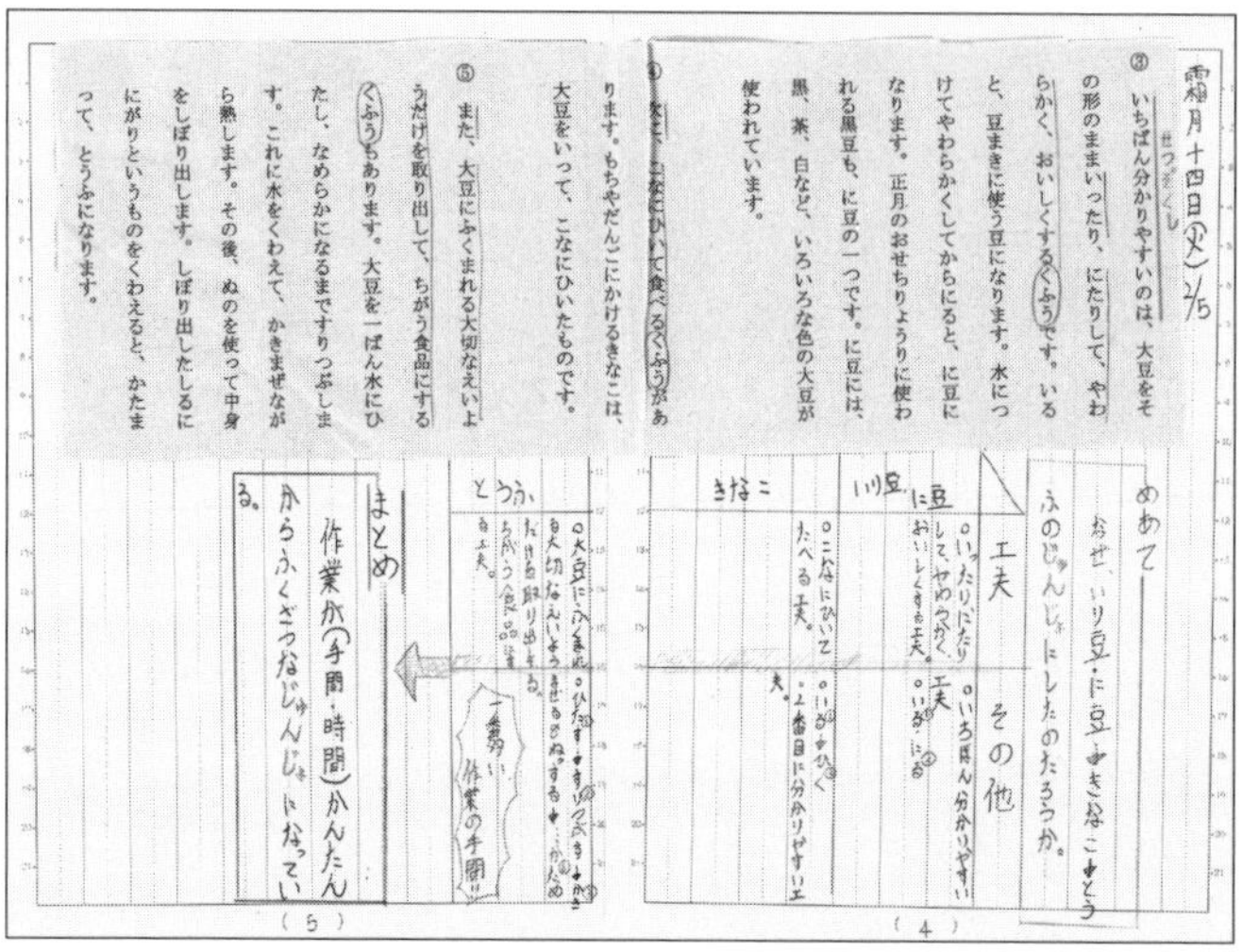

叙述を基に考えることができるようにするために、ノート上部には教材文を貼らせました。接続詞や筆者の主張（**本文との結び付き**）から、段落相互の関係を捉えさせました。教材文に線を引いたり、矢印を書いたりする姿を価値付けしていきました。叙述を手がかりにしながら子供たちは学習課題を解決することができました。

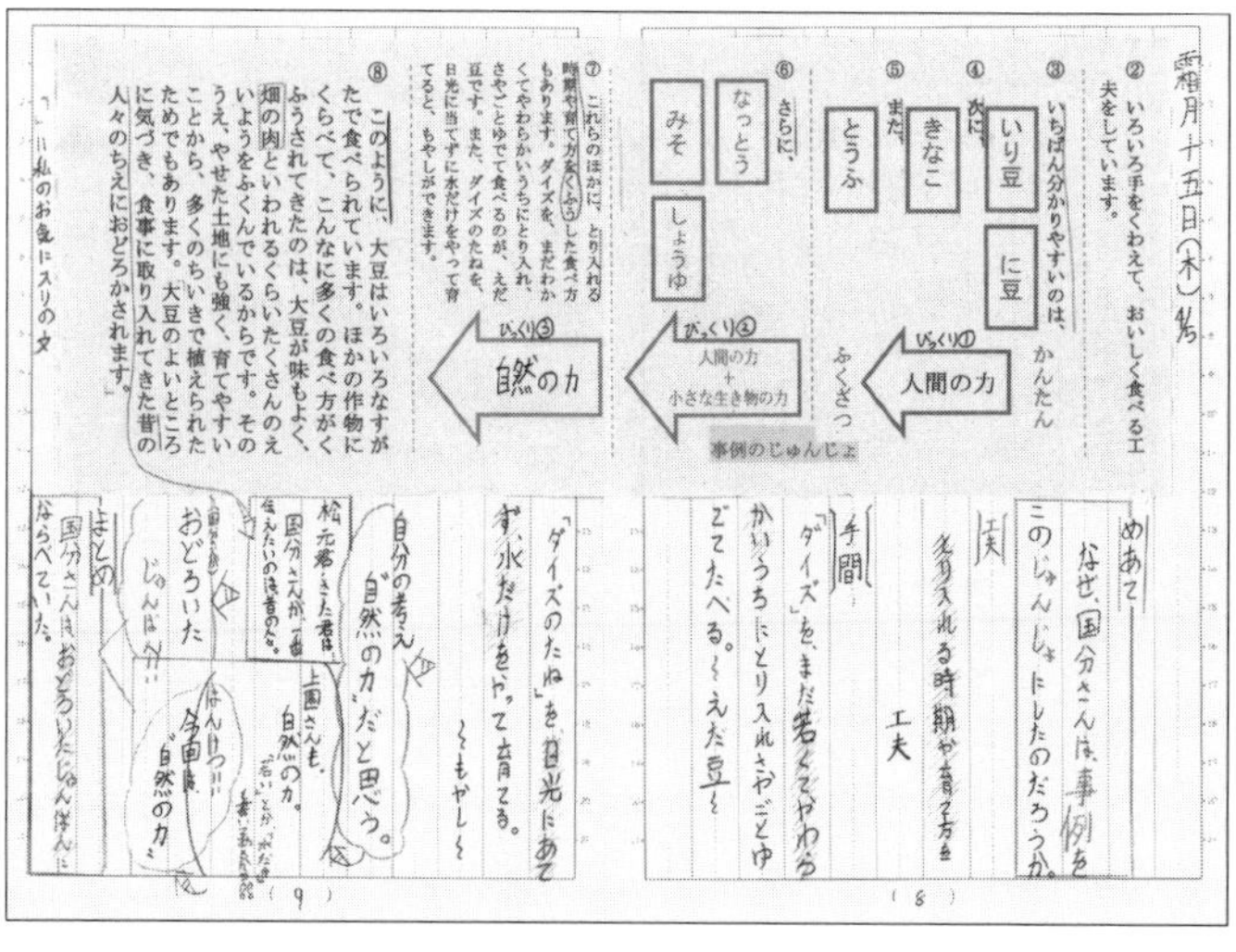

本時に至るまでに積み上げてきた気付きを手がかりにしながら学習を進めました。その中で、何度も出てきた「事例」や「段落相互の関係」などの**学習語彙**を捉えながら、読むことのよさを意識させながら授業を行いました。そうすることで、子供たちが学習語彙を意識化することにつながりました。

第5時　思考ツールの四つの観点で振り返りを行う。

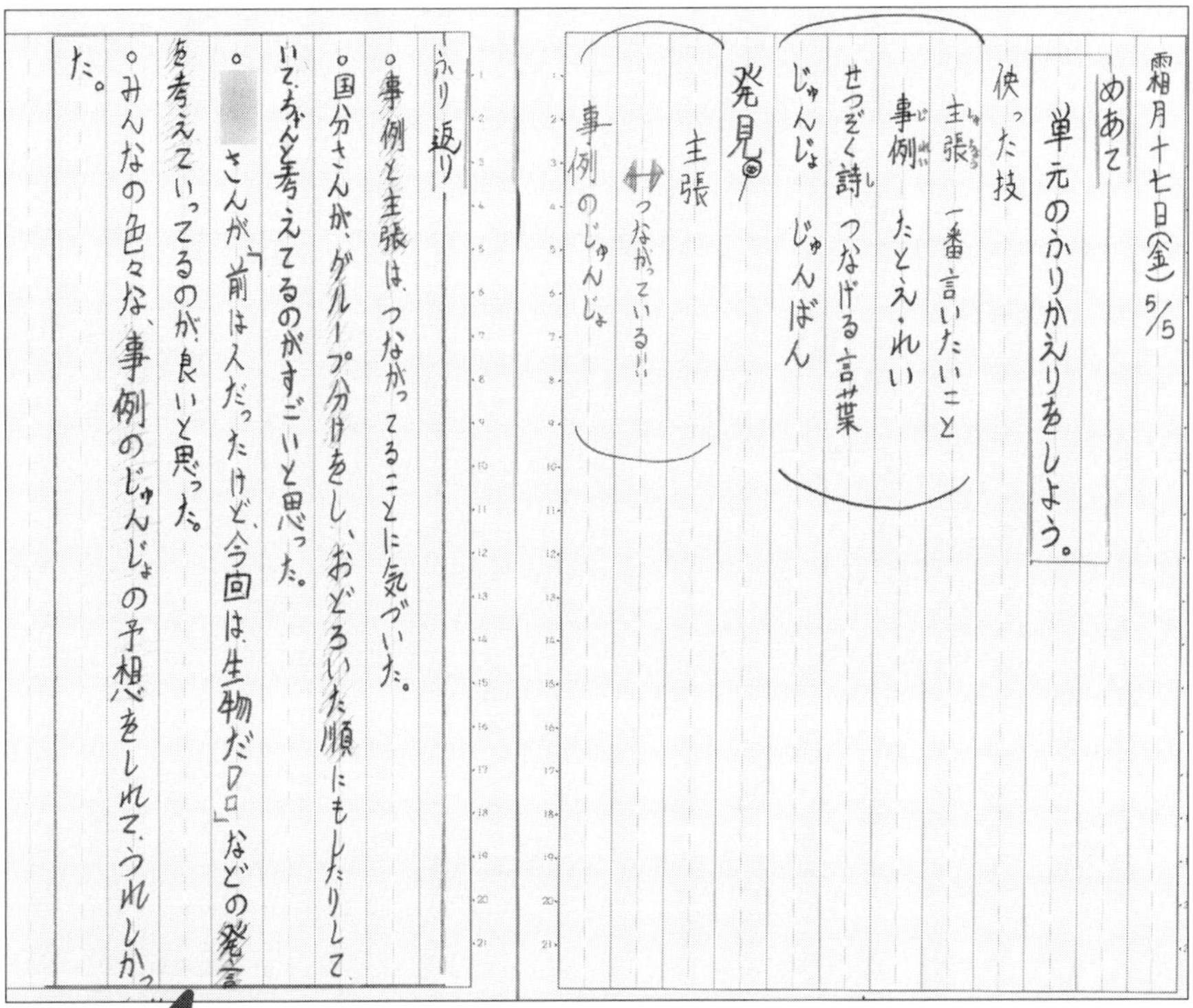
霜月十七日(金) 5/5
めあて
単元のふりかえりをしよう。
使った技
主張《しゅちょう》　一番言いたいこと
事例《じれい》　たとえ・れい
せつぞく詩《し》　つなげる言葉
じゅんじょ　じゅんばん
発見◎
主張
⇔つながっている!!
事例のじゅんじょ

ふり返り
。事例と主張は、つながってることに気づいた。
。国分さんが、グループ分けをし、おどろいた順にもしたりしていて、ちゃんと考えてるのがすごいと思った。
。　さんが、「前は人だったけど、今回は生物だロ」などの発言を考えていってるのが良いと思った。
。みんなの色々な、事例のじゅんじょの予想をしれて、うれしかった。

振り返りの内容

ダイヤモンド・サイクル（**思考ツール**）の観点を使って単元全体の振り返りを行いました。前単元の振り返りを見返す時間を取ることで自身の成長を振り返ったり、自覚化したりすることにつながりました。

注目したい点として、「使った技」と「発見」したことが併記されていることです。子供たちは、資質・能力の三本柱である「知識及び技能」の要素である「使った技・接続詞」に着目することで、「事例の順序」を読み取ることができ、ひいては「筆者の主張」にたどり着けることを「発見」しています。

なぜ、三年生がこの点に気付いたのでしょうか。様々な理由が考えられますが、やはり前述のように、「学習記録を取ること」「記録したことを基に振り返ること」が大きな要因であったように思われます。加えて、自分自身の学びだけでなく、友達の発言を取り上げ、「（読み手が）驚いた順にグループ分けをしたことがすごいと思った」と記しています。ここに、ダイヤモンド・サイクルを使用した効果を見ることができます。友達のよさについても振り返り、ノートに記録・累積していくことで、協働的に学ぶことの意味を実感することができました。

子供の変容

文章の内容だけではなく理解したことに基づいて、自分の考えを形成する姿が見られるようになりました。また、構造的にノートに記述されているため、**共有する**際、同じ文章を読んでも、どこに着目して、どのように考えたのか見やすく、友達との感じ方の違いに気付きやすくなりました。

「世界にほこる和紙」

中心となる語や文を見つけて要約し、調べたことを書こう

単元の概要 ▼子供たちが説明文を読み、中心となる語や文を見付けて要約し、調べたことをリーフレットに書く活動をする。

単元のポイント ▼「世界にほこる和紙」と既習の説明文の書きぶりを、ノートを見返し比べることで、筆者の説明の工夫を捉える。

指導のポイント ▼モデル文の分析を通して、単元の見通しをもたせることで、子供たちが時間管理をしながら学ぶことができるようにする。

第3時 教師のモデル文を分析する。

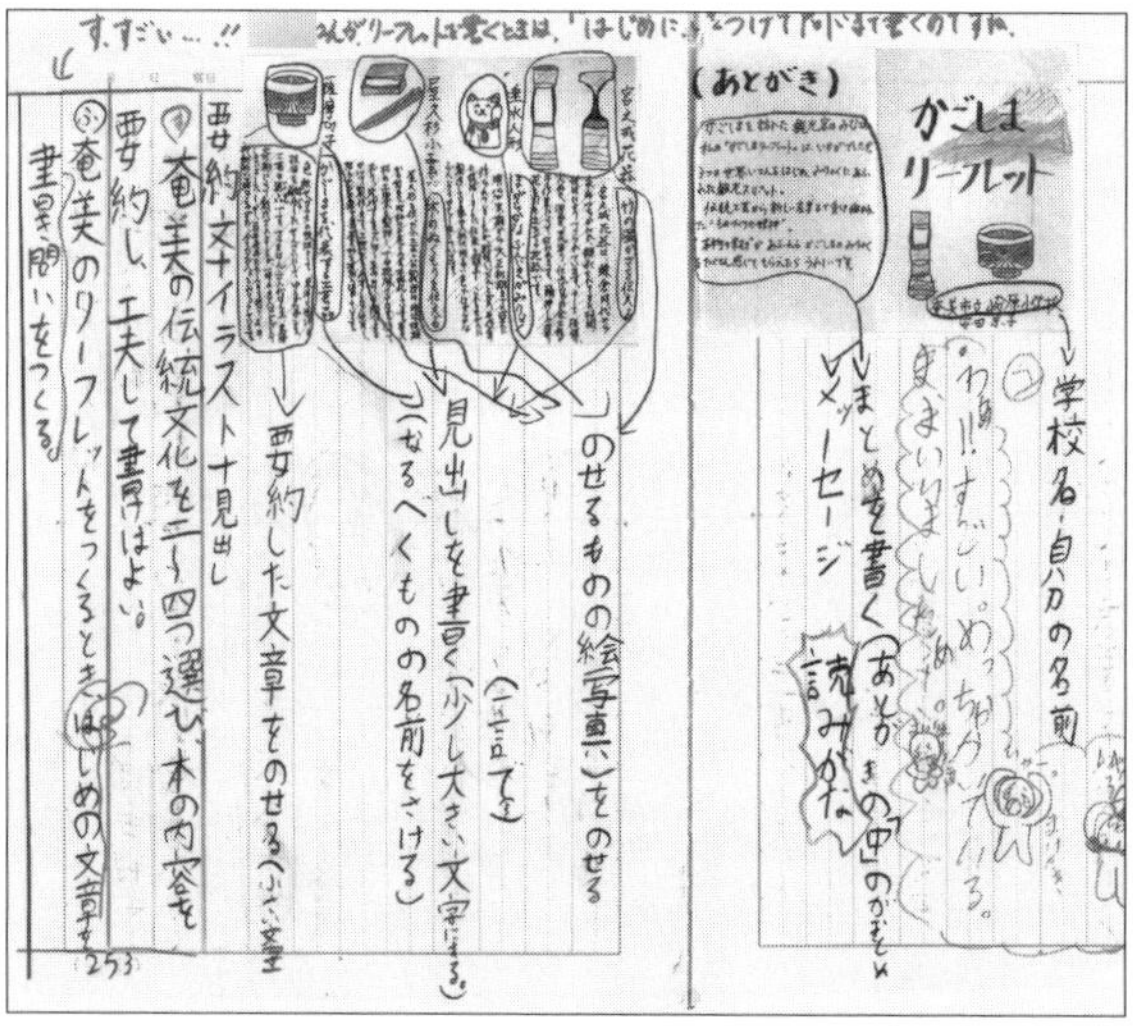

教師のモデル文を分析する活動を設定し、単元の見通しをもたせることで、一六時間という長い時間を子供自らマネジメントすることができるようにしました（**時間管理**）。

どの活動にどれぐらいの時間がかかりそうかを考えながら、自分で単元の学習計画を立てることにつなげていきました。

第4時 どのような文章構成で書かれているのかを捉える。

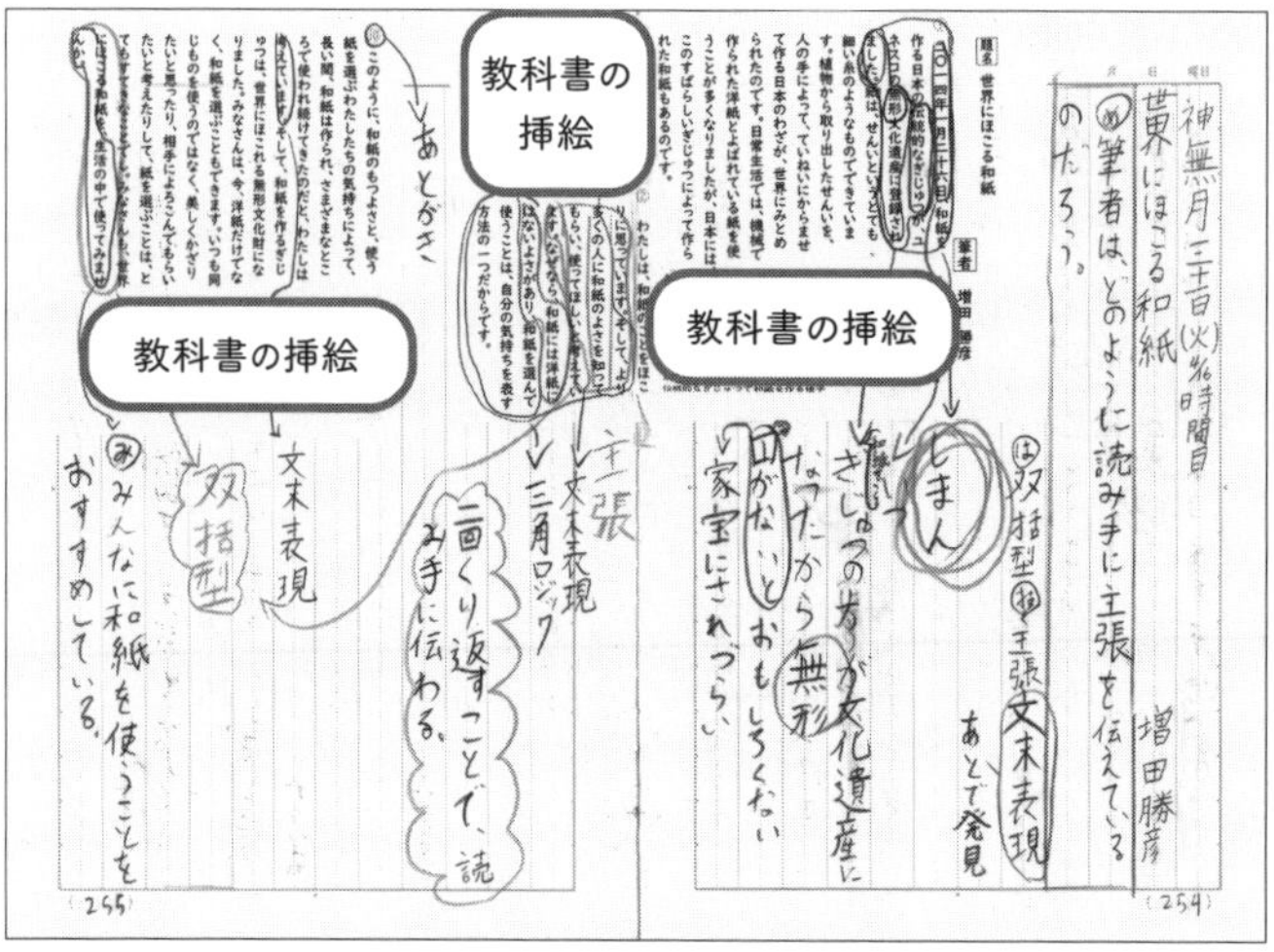

「世界にほこる和紙」の特徴を「双括型」「主張」などの**学習語彙**を用いてまとめさせました。ノートを活用することで、本文に傍線を引いたり、矢印でつないだりすることが容易にできるよさを生かし、似ている文や表現を見付けて線でつなぎながら、双括型の文章であることにすぐに気付くことができるようにしました。また、初めと終わりで主張を繰り返していることの効果やよさについても、書き綴らせました。

第8時 筆者の説明の工夫を捉える。

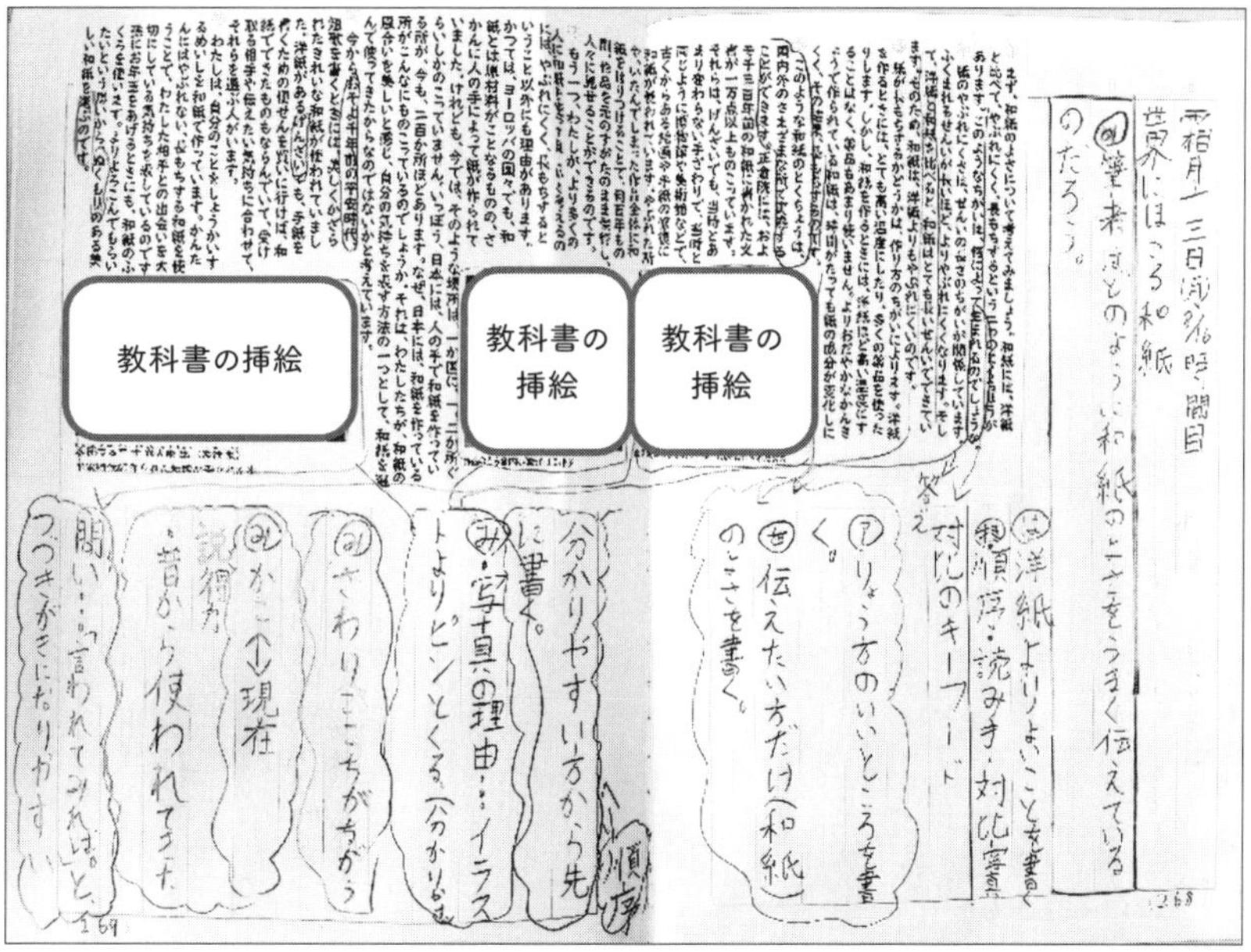

筆者の説明の工夫を捉える際には、既習の学習を**振り返る**ことで、本時の学びに生かせるようにしました。そうすることで、既習の説明文のノートを見返して、筆者の書きぶりを比べながら、主張と事例の関係を捉えることができるようにしました。

第16時 単元全体を振り返り、身に付けた力を確かめる。

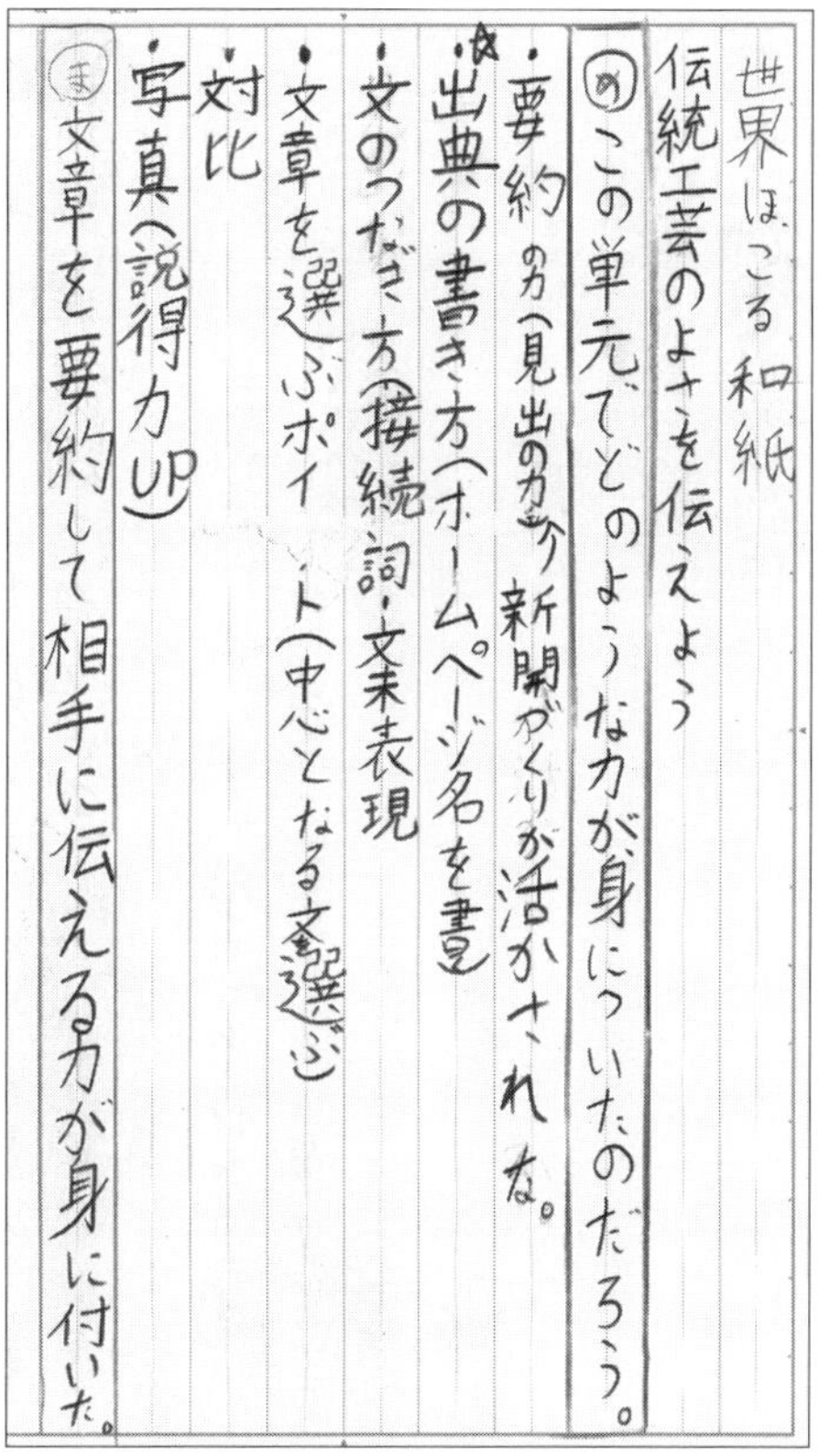

単元終末では、全体を**振り返る**活動を設定し、言葉の力の高まりを実感できるようにしました。この単元で、どんな力が身に付いたのかを**振り返る**ことで、自分の学びを自覚し、次の読みへつなげることができるようにしました。

子供の変容

どの言葉や表現に着目すれば、筆者の伝えたいことや考えの理由が分かるのかが、自分のノートに全て記されてあることで、スムーズに要約することができました。リーフレットづくりでも、**文と文の結び付き**に着目しながら、的確に本の内容を要約していました。

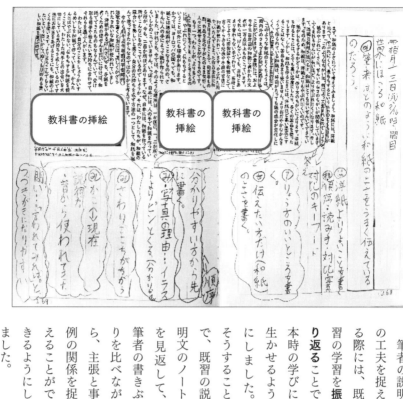

「まいごのかぎ」

登場人物のへんかに気をつけて読み、感想を書こう

単元の概要 ▼子供たちが物語を読み、感想文を書いて友達と伝え合う学習をする。

単元のポイント ▼「まいごのかぎ」を読んで、自分の考えを、思考ツール（ダブルマップ）を使ってノートにまとめる。

指導のポイント ▼叙述と挿絵を結び付けて読み、即時に、容易に自分の考えを形成することができるようにする。

第2時　登場人物の性格を捉える。

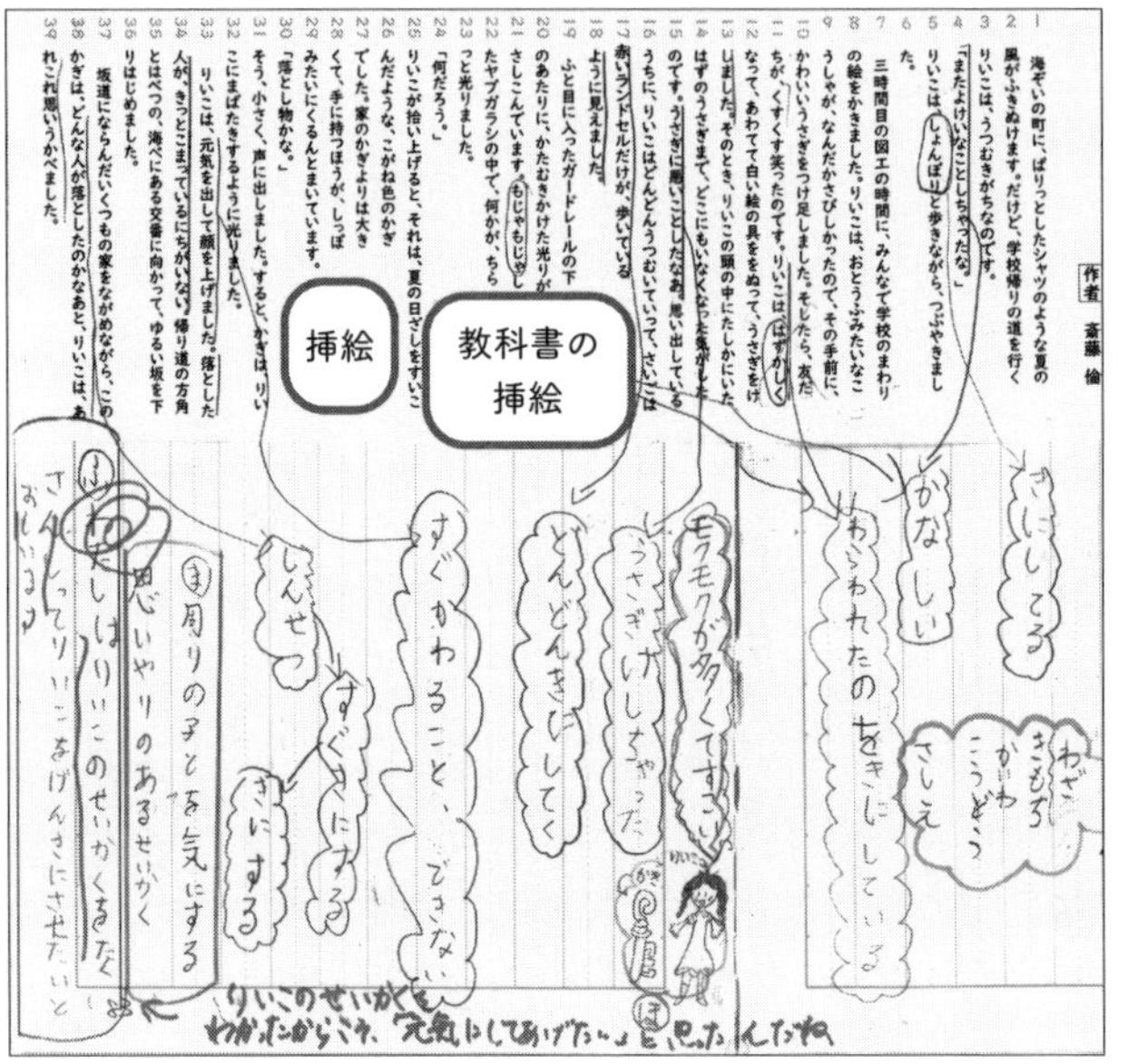

会話、行動、気持ちに関わる言葉（**文と文の結び付き**）に着目させ、人物像を捉えられるようにしました。叙述と挿絵を結び付けて読むことが容易にできるノートのよさを生かすことで、より具体的に「りいこ」の性格を思い描くことができるようにしました。

第4時　登場人物の心情の変化を捉える。

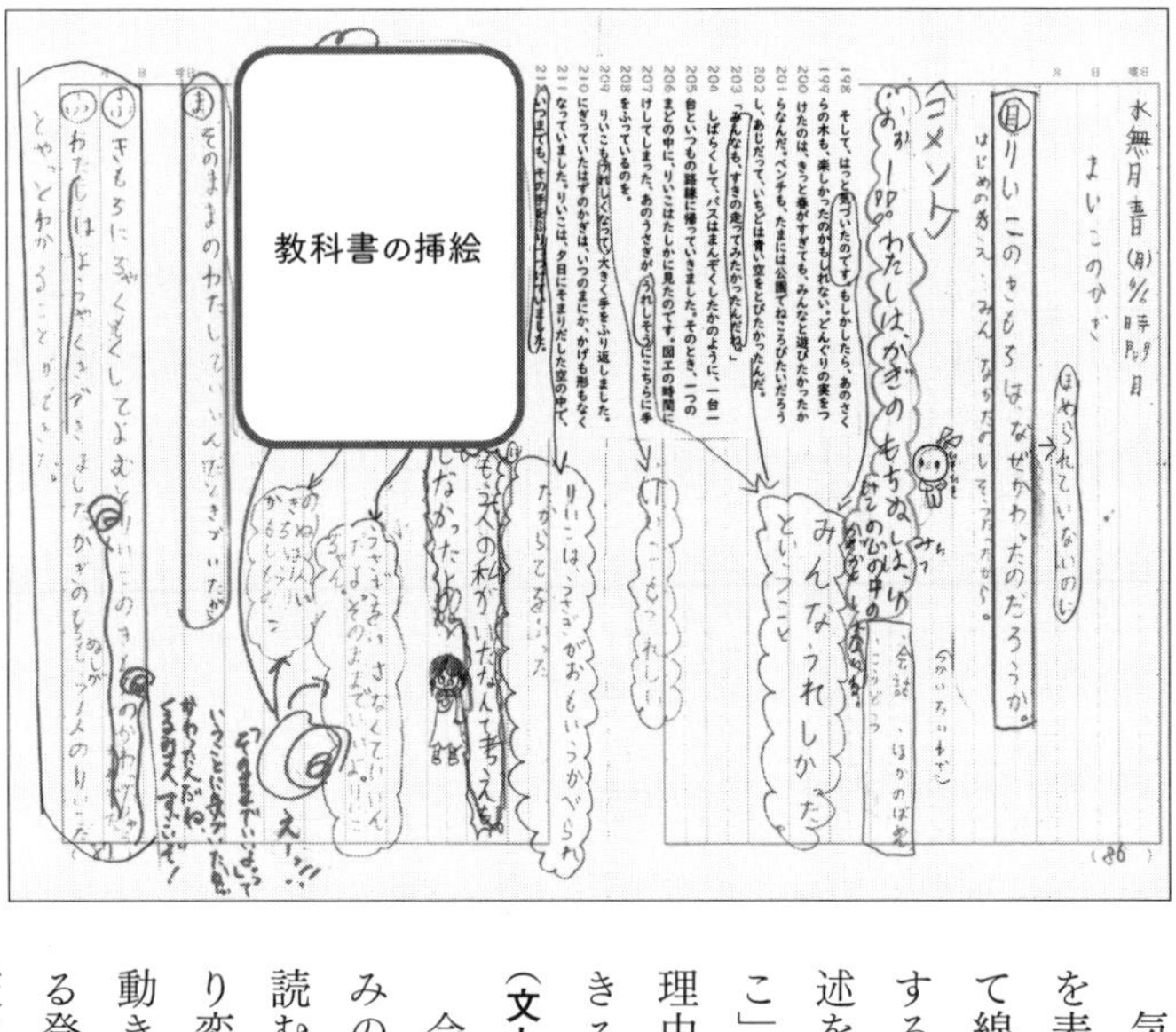

気持ちの変化の契機を表す言葉を複数探して線を引く活動を設定することで、複数の叙述を結び付けて「りいこ」の気持ちの変化の理由を捉えることができるようにしました（**文と文の結び付き**）。

会話や行動等の「読みの視点」に着目して読むことで、場面の移り変わりとともに揺れ動きながら描かれている登場人物の気持ちの変化を読み取ることができるようにしました。

第5時 **思考ツールを使って、考えをよりよく整理する。**

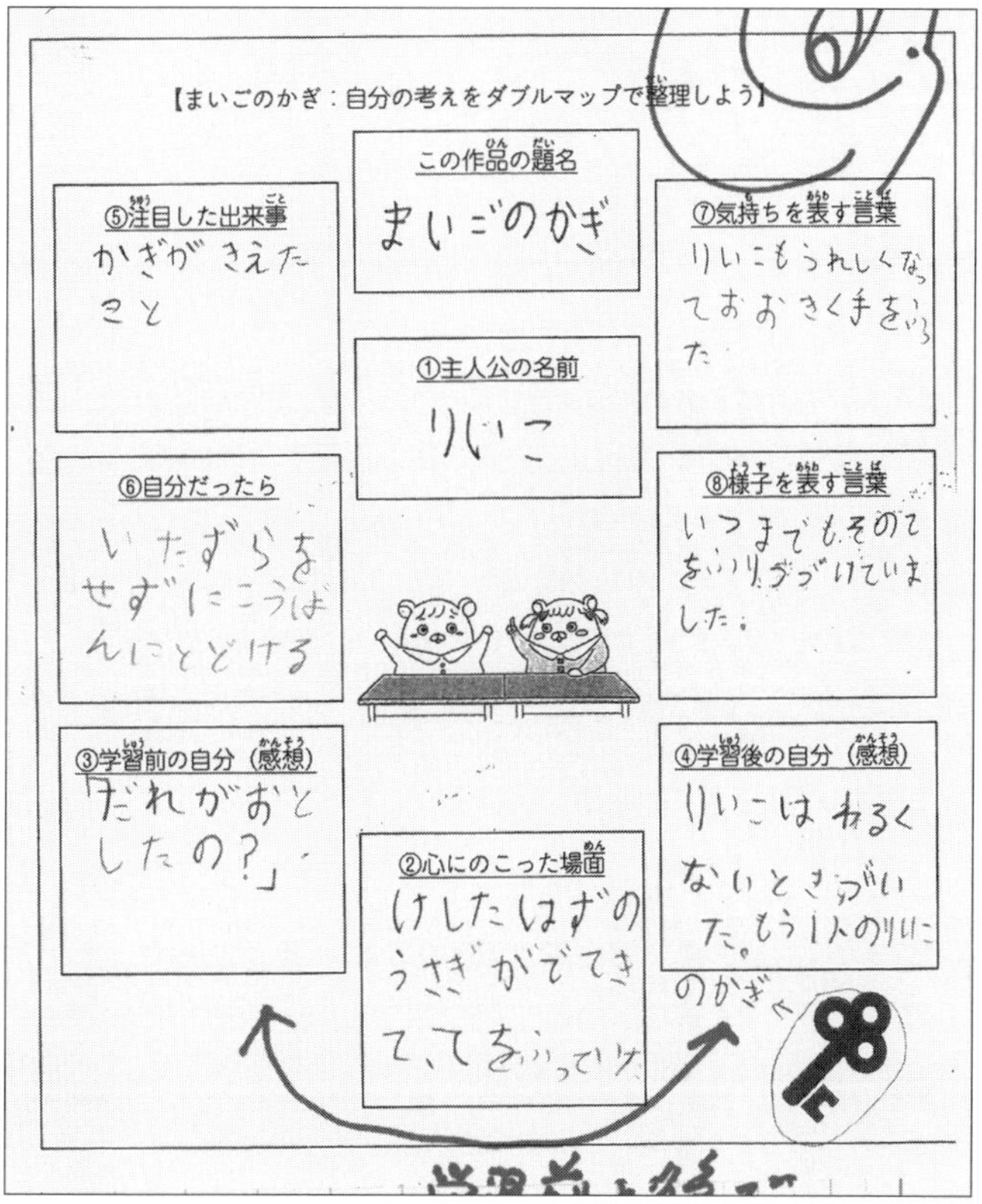

思考ツールの一つである「ダブルマップ」を用いて考えを整理させることで、学習を通して、自分の考えがどのように変化したかを捉えることができるようにしました。その際には、これまでの自分のノートを見返しながら考えを整理させていきました。

第6時 **感想文を書く。**

物語を読んだ感想をまとめ、付箋を用いて、互いの考えを**共有**する場を設定しました。その際には、自分の考えと比較しながら読むことを意識させました。そうすることで、自他の感じ方の違いやよさを実感できるようにしました。


【子供がノートに書いた感想】

わたしは、「まいごのかぎ」をはじめてよんだとき、だれがおとしたんだろうと気になりました。

理由は、いきなりかぎがあらわれたからです。

でも、学習後は、かぎのもちぬしはもう一人のりいこだと分かりました。

理由は、りいこが「そのままの自分でいいんだ」と気づいたときに、消したはずのうさぎが出てきたからです。

わたしも、りいこみたいに、そのままのわたしを大切にしたいです。

子供の変容

自分が文章をどのように捉え、理解したのかが、これまでのノートに全て記されているため、ノートを見返して文と自分を結びつけながら、主体的に感想をまとめることができました。

「ごんぎつね」

気持ちの変化に着目して読み、人物紹介カードを書き、感想を伝え合おう

単元の概要 ▼「ごんぎつね」や、心情の変化が見られる他の本を読んで人物紹介カードを書く活動をする。

単元のポイント ▼心情曲線、「ごん日記」等のノートを書き、見返すことを通して、本文との結び付き、学習語彙の活用、振り返りの充実を図る。

指導のポイント ▼教材文に線を引いたり矢印でつないだりしながら考えをまとめさせ、考えの根拠を明確にして読むことができるようにする。

第2時　試しの人物紹介カードを書く。

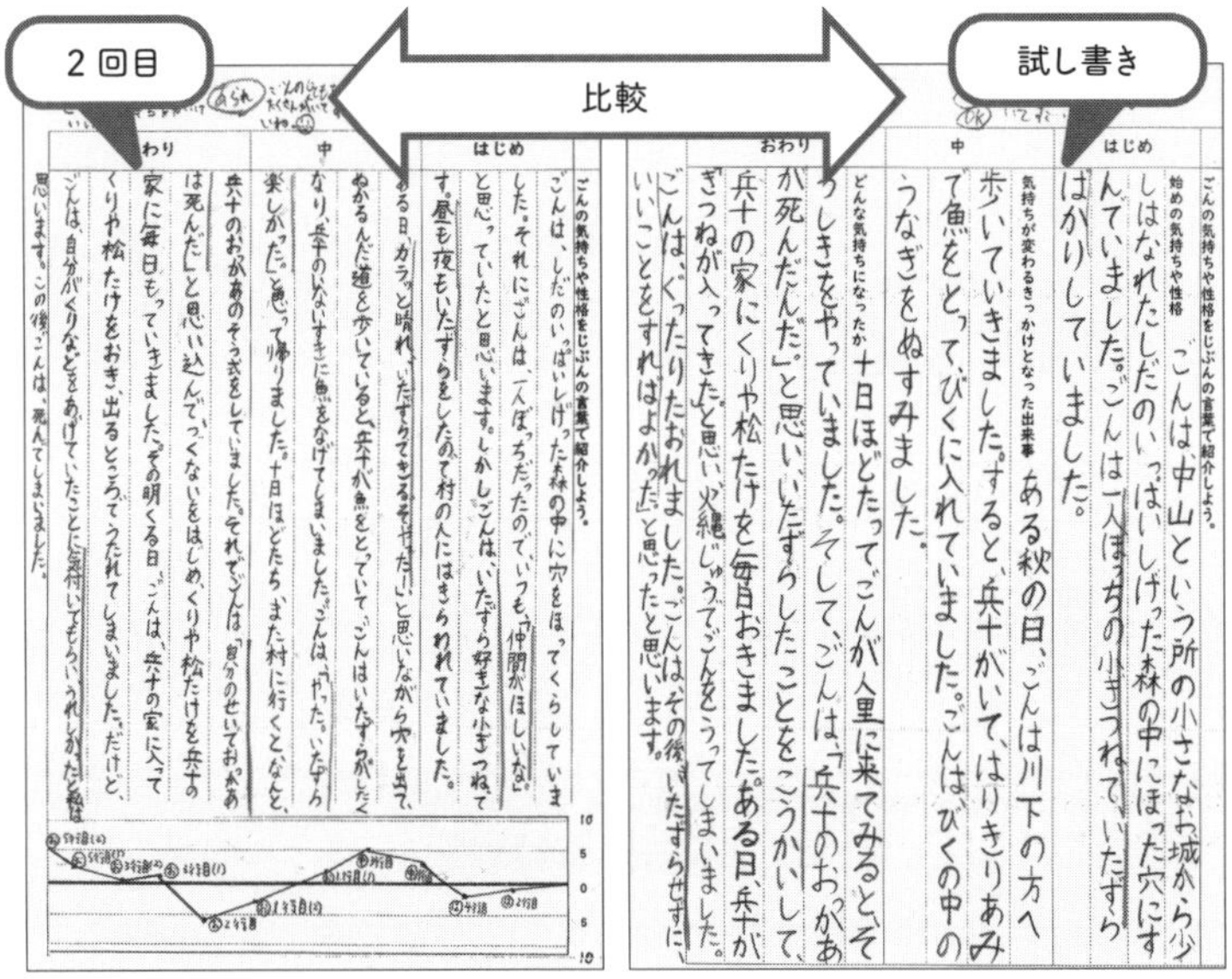
試し書き
比較
2回目

試しの人物紹介を書く中で、単元の見通しをもち、**時間管理**ができるようにしました。子供たちは、単元のゴールまで課題意識をもって取り組むことができ、また、単元の終末に試し書きと比較することで自分の読みの深まりや変容に気付くことができました。

第8時　心情曲線を使って考えを可視化する。

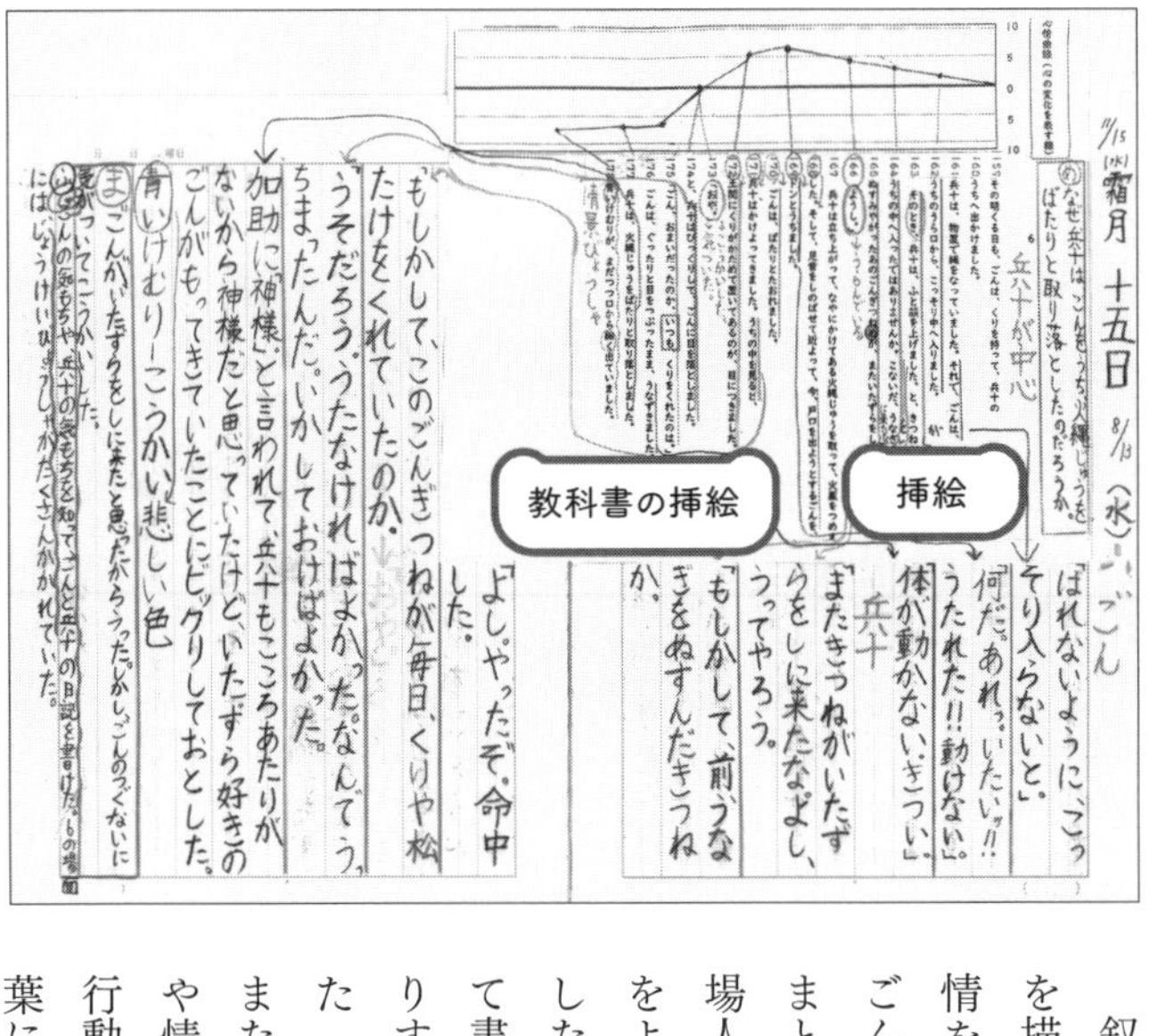
挿絵
教科書の挿絵

叙述を基に心情曲線を描かせることで、心情を可視化しながら、ごんの行動や気持ちをまとめさせました。登場人物の気持ちの変化をより分かりやすく表したり、叙述に基づいて書いたり話し合ったりすることができました（**本文との結び付き**）。また、兵十の視点移動や情景描写（**学習語彙**）、行動や気持ちを表す言葉に着目させることで、兵十の気持ちに気付かせました。

毎時間 **「ごん日記」を書く。**

毎時間「ごん日記」を書かせることで、物語の世界へ子供たちが自然と入りこむことができ、表現の幅が広がり、ごんや兵十の気持ちに寄り添うことができました。

また、前の段落と関連付けて読むことで、心情の変化や情景描写を生かして「ごん日記」を書いていることが分かりました。叙述に基づいて読む力や、表現豊かに書く力を高めることができました（**振り返りの充実**）。

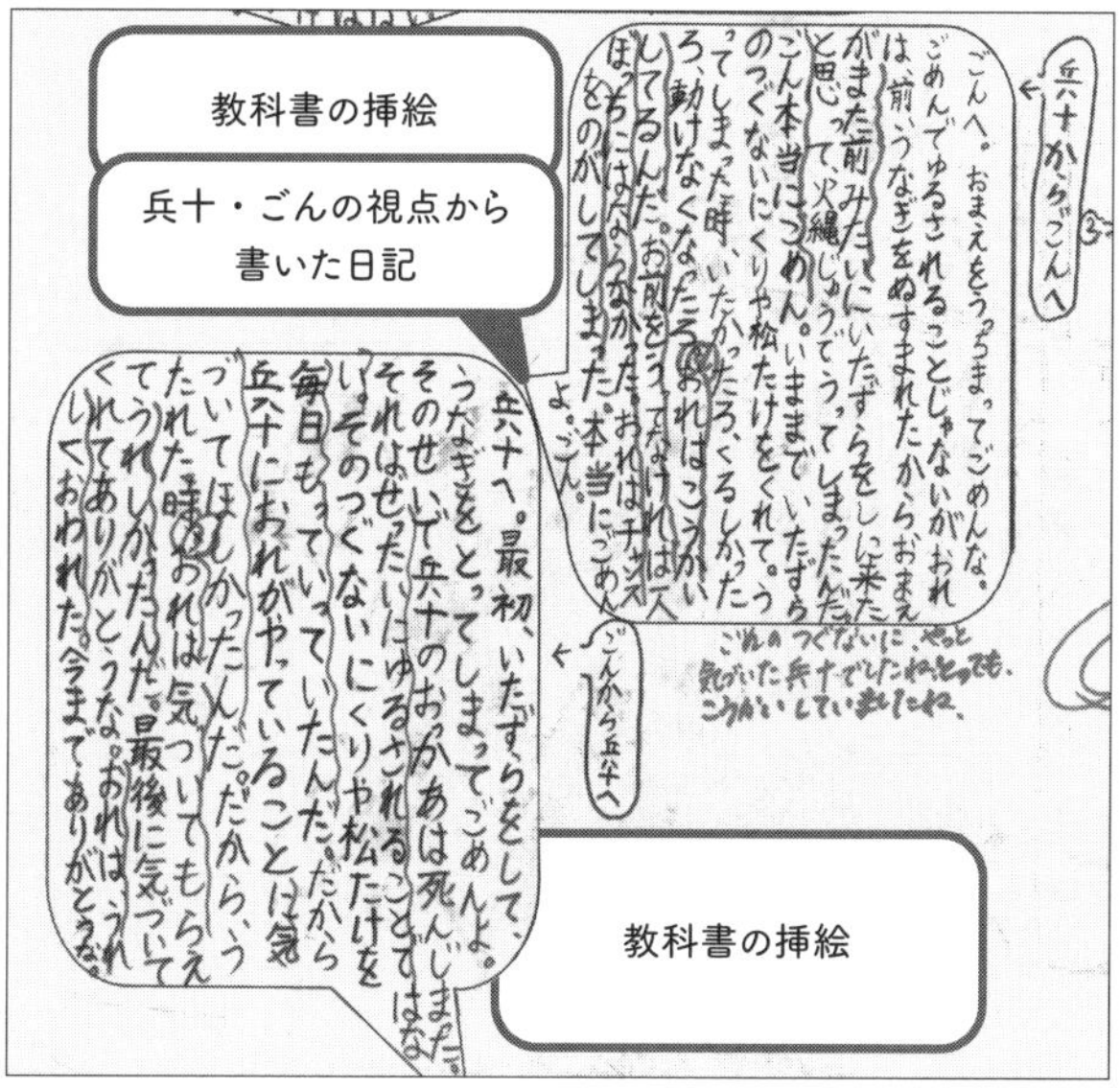

第13時 **本単元で身に付けた力を意識し、振り返りを行う。**

本単元で身に付けた力を意識し、次の学習に生かせるよう、分かったこと、できるようになったことなどの観点をもって**振り返り**を行いました。読みの技や**学習語彙**を習得することができました。

また、「ごん日記」や人物紹介カードを友達と互いに読み合うことで、自他のよさに気付くことができました。更に、自他との対話を通して、考えが深まっていくことを実感していました。

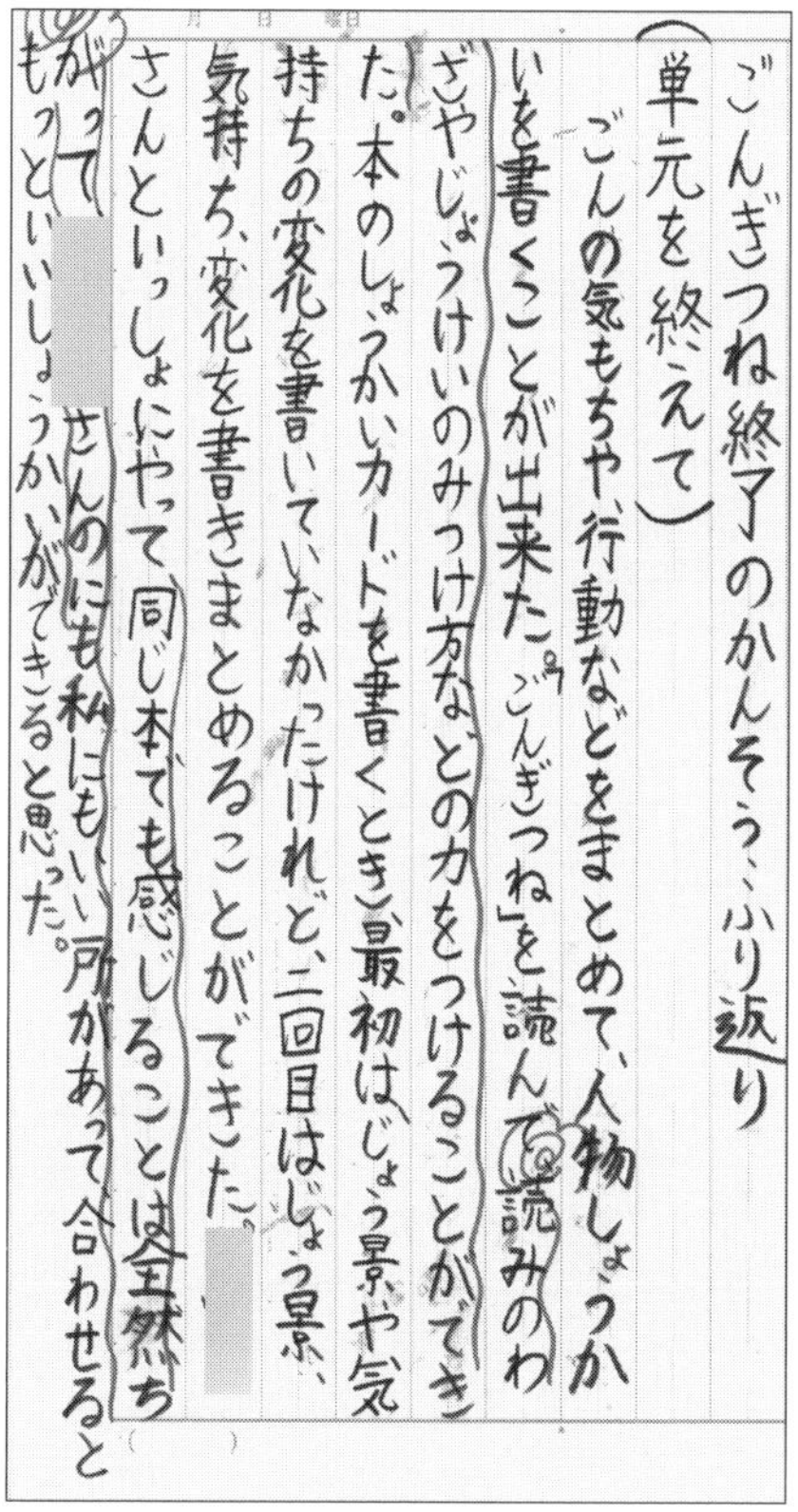
ごんぎつね終了のかんそう、ふり返り
（単元を終えて）
ごんの気もちや、行動などをまとめて、人物しょうかいを書くことが出来た。「ごんぎつね」を読んで読みのわざやじょうけいのみつけ方などの力をつけることができた。本のしょうかいカードを書くとき最初は、じょう景や気持ちの変化を書いていなかったけれど、二回目はじょう景、気持ち、変化を書きまとめることができた。さんといっしょにやって同じ本でも感じることは全然ちがってさんのにも私にもいい所があって合わせるともっといいしょうかいができると思った。

子供の変容

この単元を通して、試し書きでは、あらすじを列挙したり想像で書いていたりした子供たちも、心情曲線を用いて登場人物の気持ちの変化を分かりやすく表現したり、叙述に基づいて話し合ったりすることで、読みの技を獲得し、自分の読みの深まりに気付くことができていました。

物語の全体をとらえ、ラジオドラマで伝え合おう「たずねびと」

単元の概要▼「たずねびと」の全体像を捉え、作品に対する自分の考えを形成し、ラジオドラマで伝え合う活動をする。

単元のポイント▼文章を読んで捉えた登場人物の心情やその変化、情景を基に、効果音や声量、声色を工夫したラジオドラマで表現し、伝え合う。

指導のポイント▼ノートの教材文に傍線を引き、自分の考えを文章としてまとめさせることで、考えの根拠を明確にすることができるようにする。

第2時 考えを形成し、伝え合う手段「ラジオドラマ」を理解する。

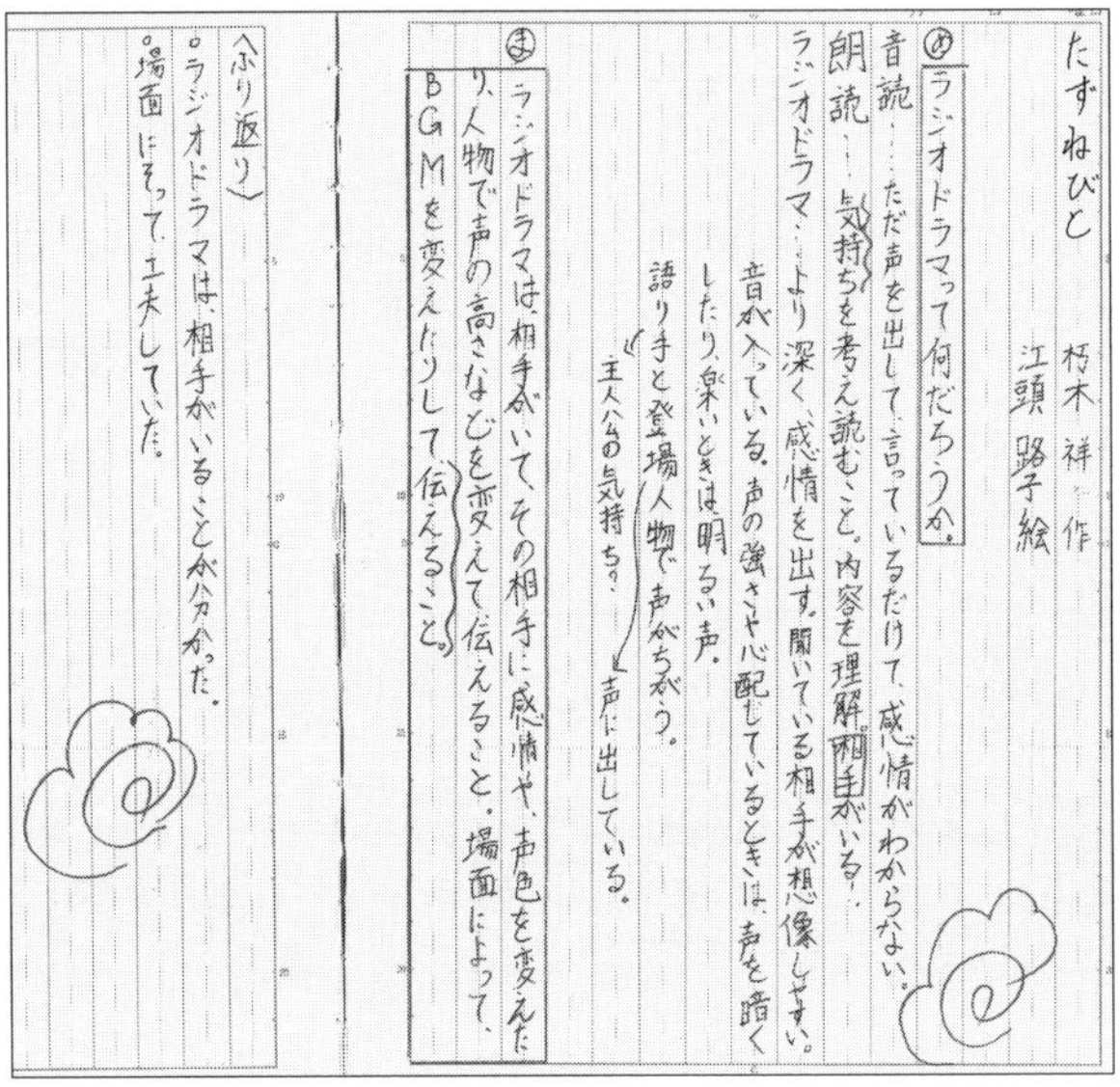

本時で子供たちは、音読と朗読の違いを確認した後、ラジオドラマのモデルを聞きながらノートにメモを残し、ラジオドラマと朗読の違いを明確に理解することができました。また、モデルを聞く中で、物語を深く読んで、自分たちもこんなふうにラジオドラマをつくってみたいと意欲も高めていました。

第3時 教材文を読解する（ラジオドラマでどう読むか、台本作成）。

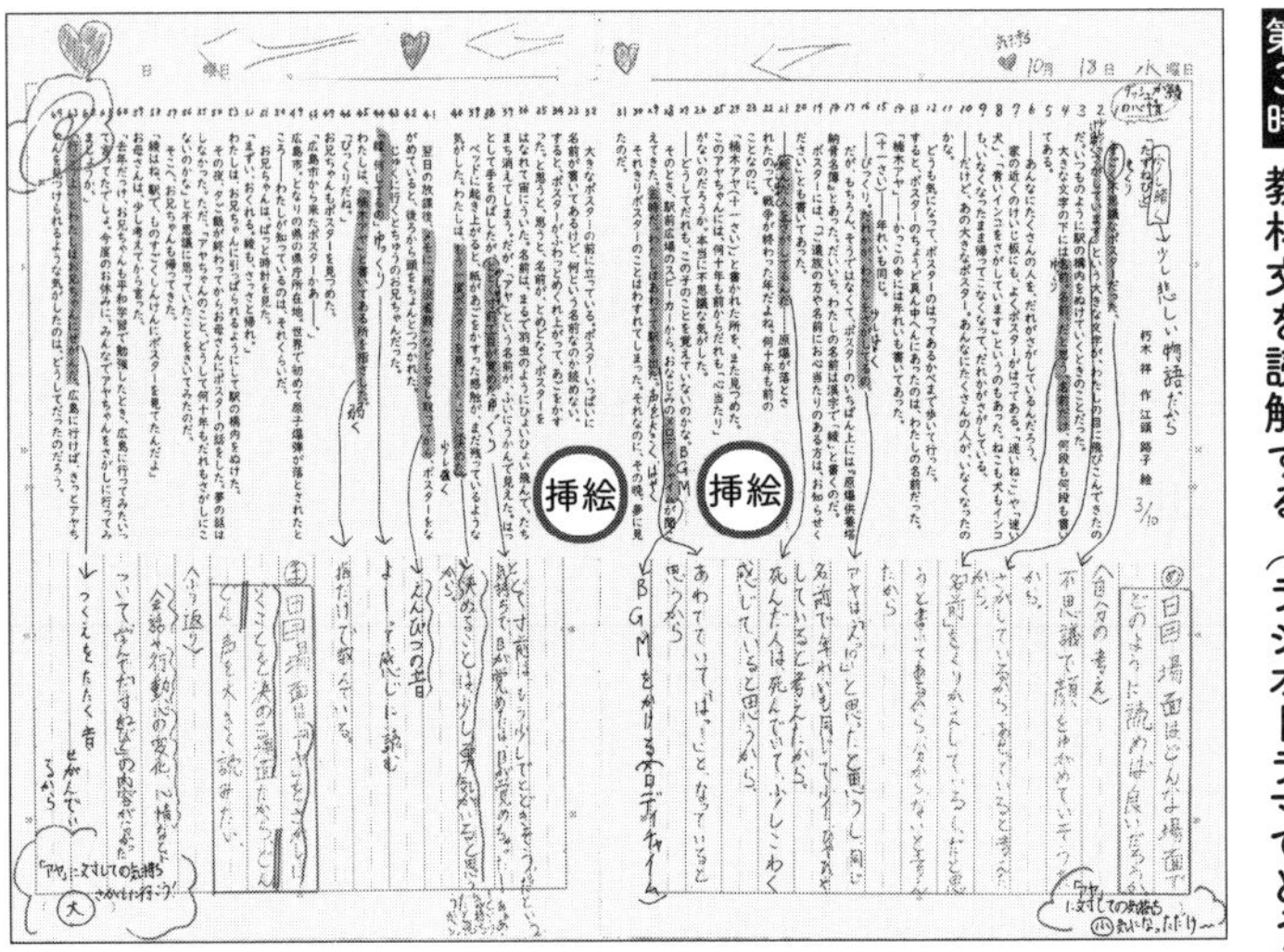

子供たちは、登場人物の行動や会話、心情の変化、情景や繰り返しの表現、ダッシュ記号などに着目しながら読み進めることで、どう読めばよいか考え、台本をつくっていきました（**学習語彙の活用**）。

一・二場面では、アヤに会いに行きたい綾の気持ちをハートの大きさで表現することで、登場人物の気持ちの高まりを捉えることができました。

第6時　教材文の読解をする（台本作成を通して、文と自分を重ねる）。

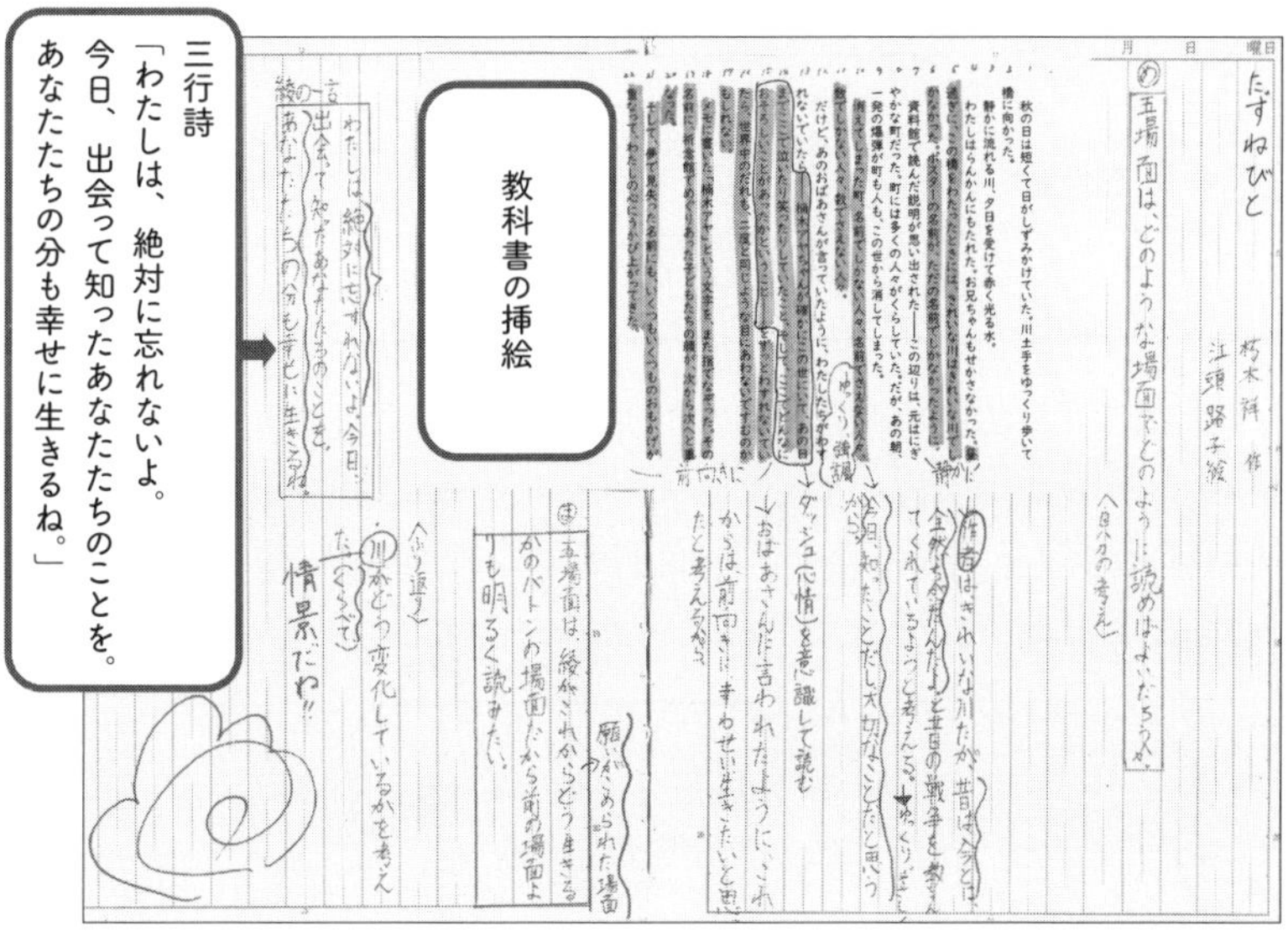
教科書の挿絵
三行詩
「わたしは、絶対に忘れないよ。
今日、出会って知ったあなたたちのことを。
あなたたちの分も幸せに生きるね。」

子供たちは、川の描写を他の場面の川の描写と比較することで、登場人物の心情の変化に気付きました（**場面の比較**）。

また、挿絵の綾が川を見て何を考えているか、三行詩で表現しました。

自分と同い年の綾の心情を読み取ることを通して、子供たち自身が、戦争を忘れずに、今を一生懸命にアヤの分まで生きたいと考えていました（**文と自分とのつながり**）。

第10時　ラジオドラマを鑑賞し、単元全体を振り返る。

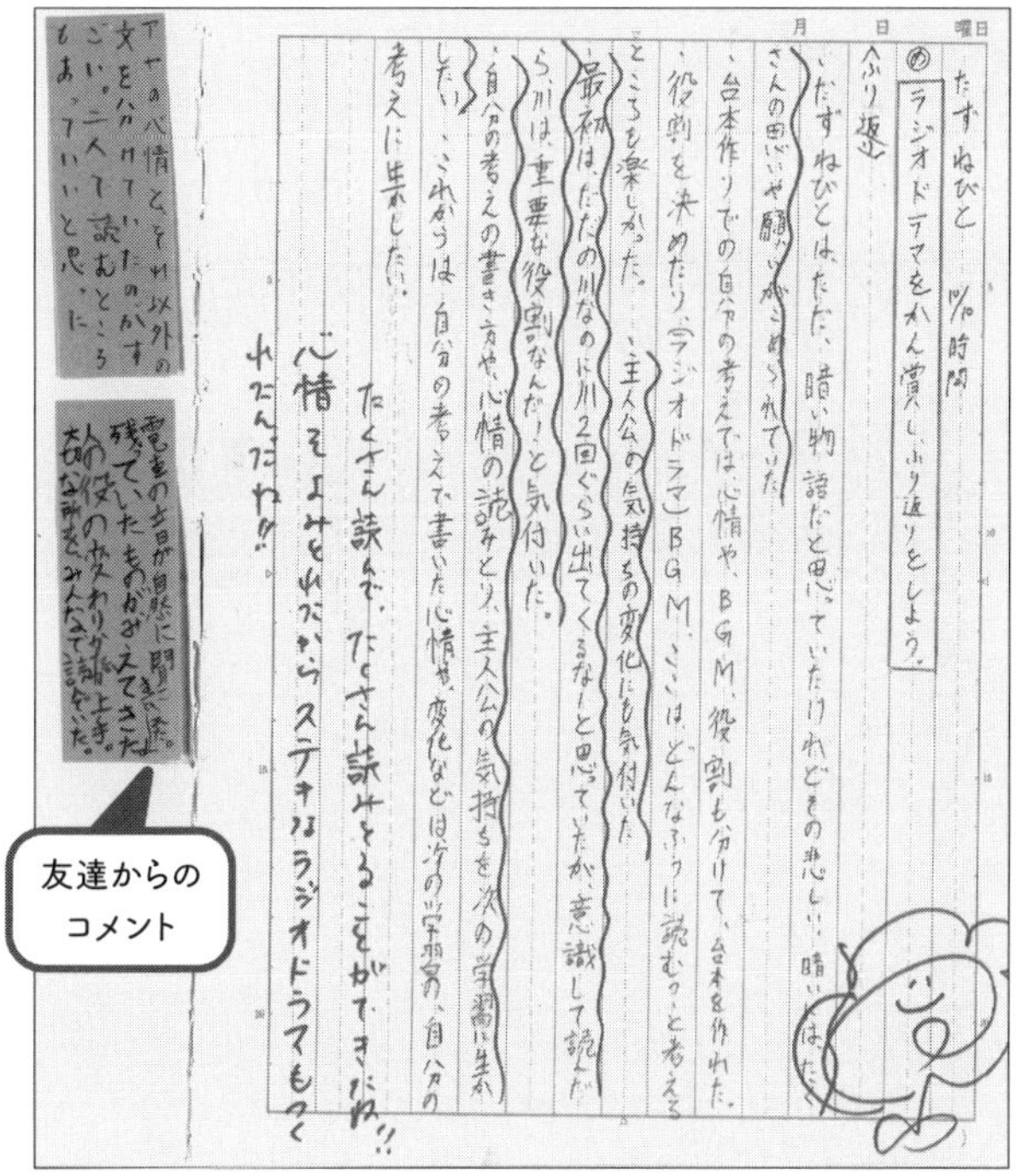
友達からのコメント

単元全体を振り返るために、「**ダイヤモンド・サイクル**」を提示しました。子供たちは、初発の感想と**振り返り**を比較したことで、自分の考えが成長したことを実感していました。

また、子供たちは、ラジオドラマの台本づくりと鑑賞会での他者からの評価を通して、自分の考えを形成することができたと振り返り、次の学習へつなげたいと、更なる意欲を高めました。

子供の変容

この単元を通して、叙述を根拠に自分の考えを形成したり、学習語彙を活用したりすることができるようになりました。また、ノートを書くことを通して、初発の感想の「戦争は怖い」から、「戦争を忘れずに、前向きに生きたい」と、読みが深まっている自分の変容に気付いていました。

作品の世界をとらえ、自分の考えを書こう「やまなし」

単元の概要▼作品に描かれた世界を、表現や構成から自分なりに捉え、自分の考えを友達に伝え合う学習をする。

単元のポイント▼独特の表現、「五月」と「十二月」との対比、題名、宮沢賢治の生き方等から、自分の考えを書けるような工夫を行う。

指導のポイント▼想像した情景を描き、思考ツールを使用して相互批正させることで、自分の考えを深めることができるようにする。

第3・4時 **情景描写やかにたちの会話から、「五月」と「十二月」の場面を想像する。**

叙述に基づき、各場面の様子を文章と絵で評価することができました。

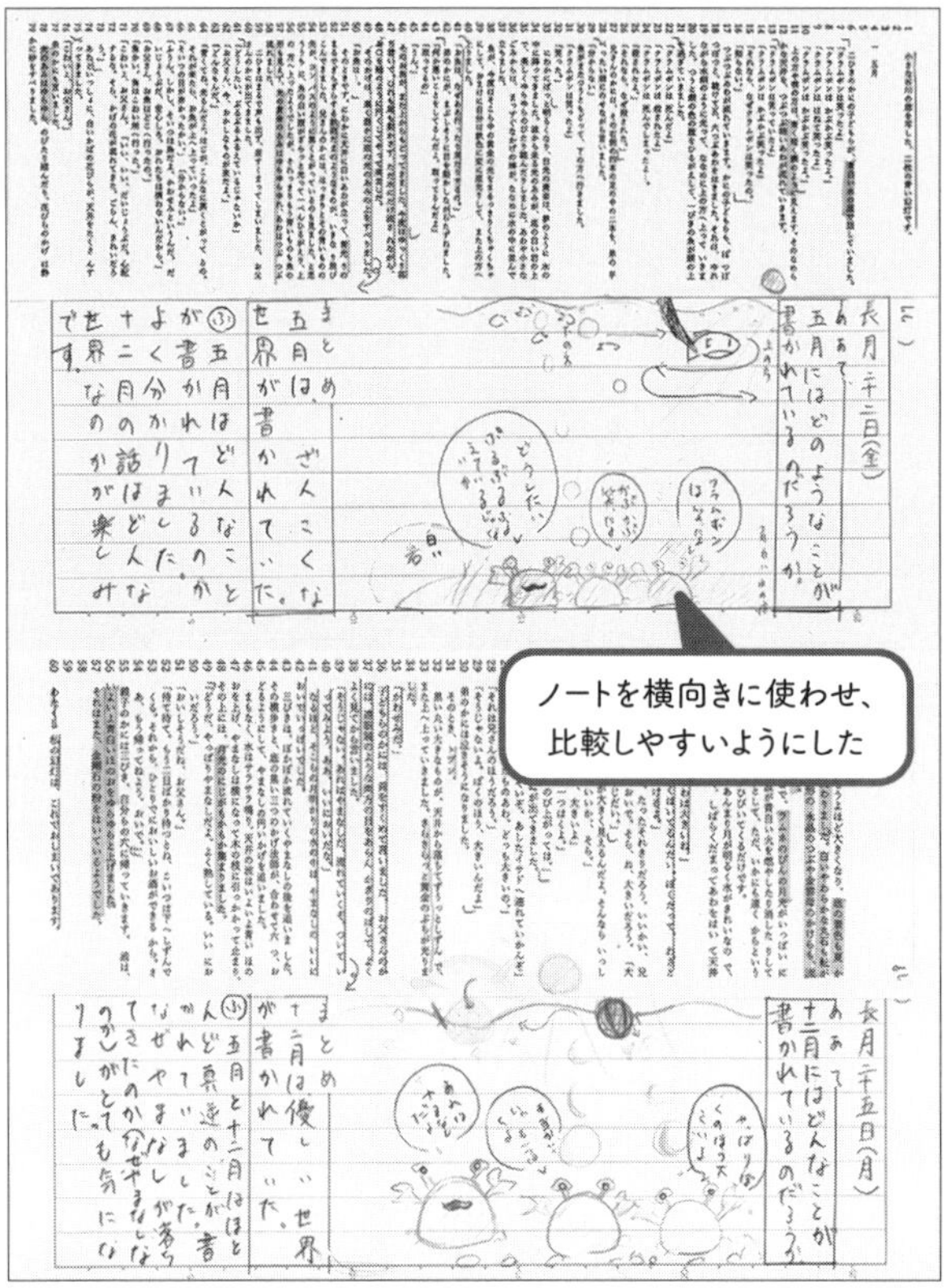
ノートを横向きに使わせ、
比較しやすいようにした

第7時 **三角ロジックを使って自分の考えを整理し、友達と考えを交流したり意見を書き合ったりする。**

一般的に思考ツールを使わせる場合、ワークシートを使用する場合もありますが、原国会式ノートでは付箋を使わせます。子供たちは、付箋を使えば「後から変更可能」という安心感をもって躊躇なく書き進めることができます。また、友達との交流の際は、主張・事実・理由という視点が同一のため、自他の意見を比較・考察していました。

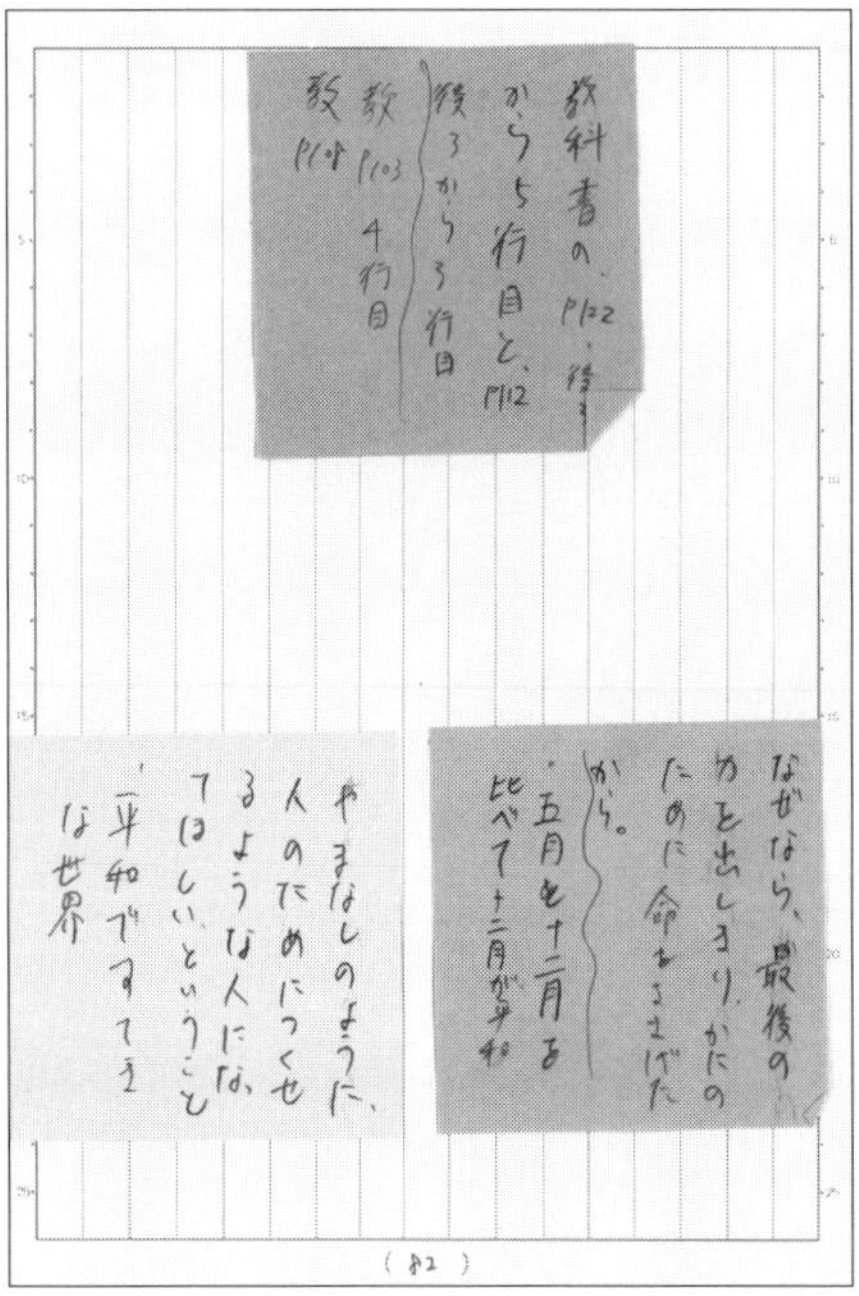

子供が書き綴ったノートと他者からの朱書きコメント

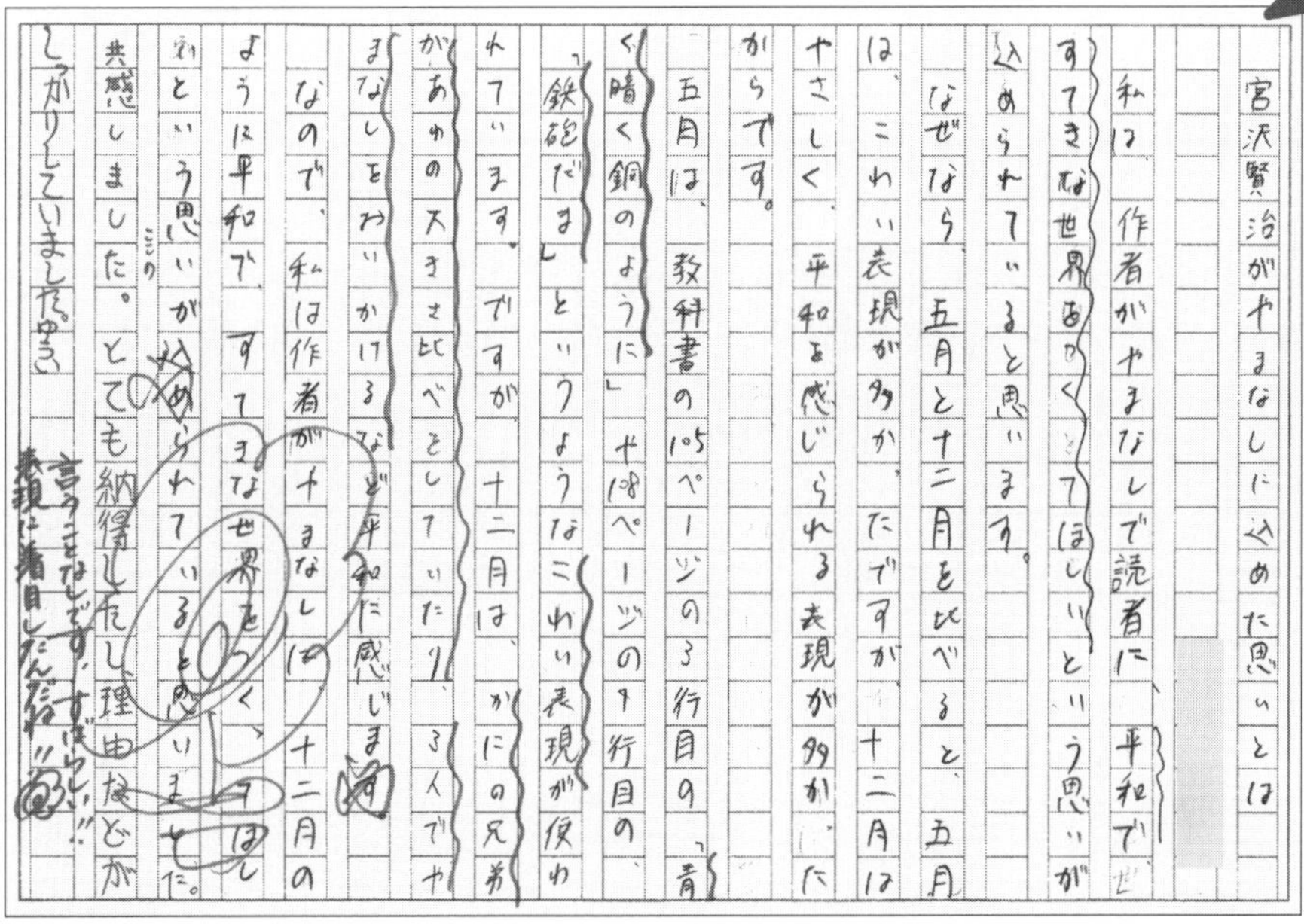
宮沢賢治がやまなしに込めた思いとは
私は作者がやまなしで読者に、平和でぜ
すてきな世界であってほしいという思いが
込められていると思います。
なぜなら、五月と十二月を比べると、五月
は、こわい表現が多かったですが、十二月は
やさしく、平和を感じられる表現が多かった
からです。
五月は、教科書の105ページの3行目の「青
く暗く鋼のように」P.108ページの9行目の
「鉄砲だま」というようなこわい表現が使わ
れています。ですが、十二月は、かにの兄弟
がかわせみの大きさ比べをしていたり、3人でや
まなしをおいかけるなど平和な感じがします。
なので、私は作者がやまなしは十二月の
ように平和ですてきな世界をつくってほし
いという思いが込められていると思いました。
共感しました。とても納得した理由などが
しっかりしていました。
言うことなしです。すばらしい!!
表現に着目したんだね!!

第8時 ダイヤモンド・サイクルの四つの観点を活用させ、単元全体を振り返る。

学習を通して、初発の感想を書いたときよりも読みが深まったことを実感していました。そこで、交流相手を校長先生にお願いし、直筆のコメントをもらうことで、子供たちのやる気が更に高まりました。小学校教材の中でも難易度が高いと言われる「やまなし」ですが、三角ロジックやダイヤモンド・サイクル（**思考ツール**）、他者評価がとても効果的でした（**振り返りの充実**）。

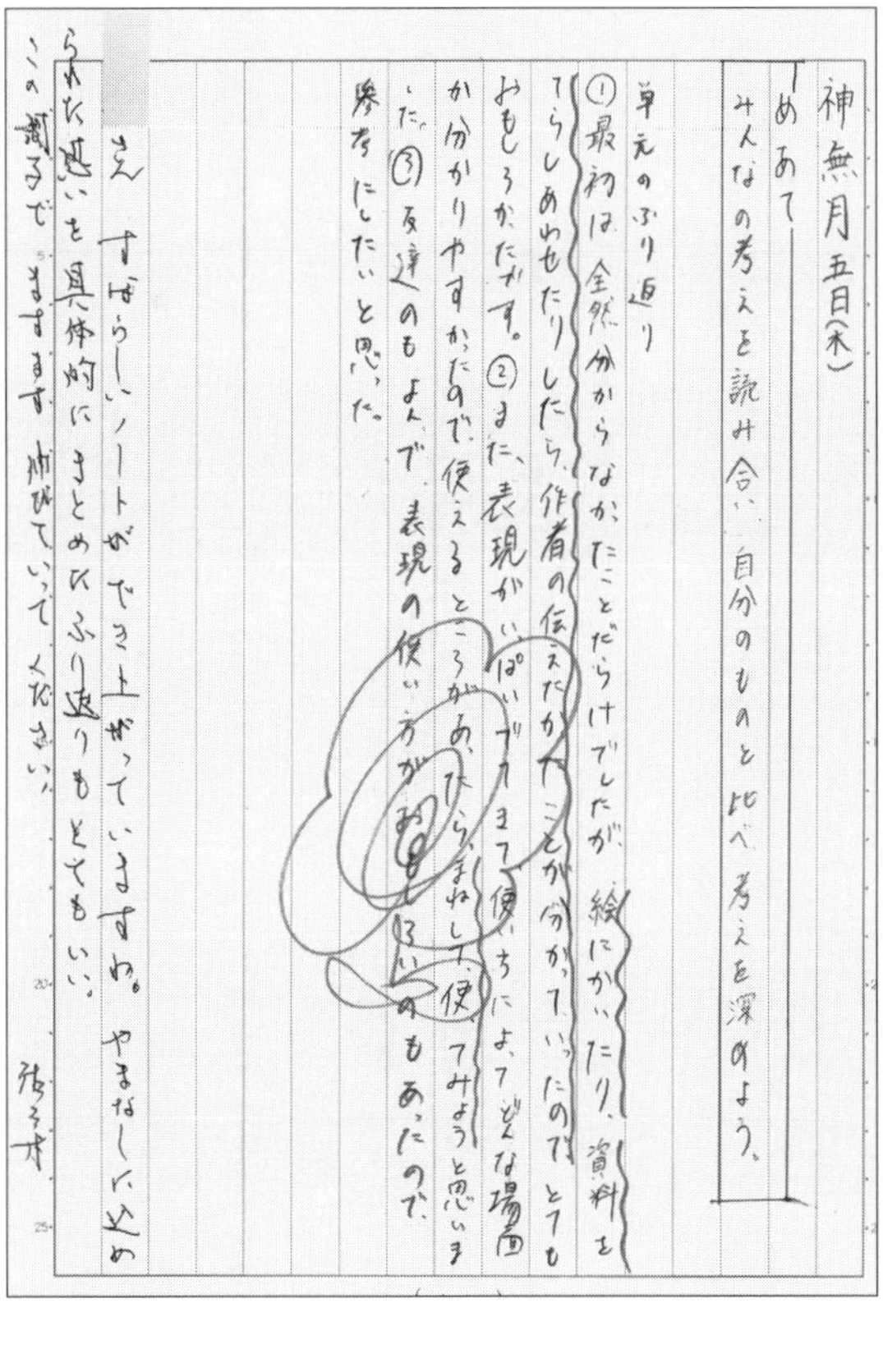
神無月五日(木)
めあて
みんなの考えを読み合い、自分のものと比べ考えを深めよう。
単元のふり返り
①最初は全然分からなかったことだらけでしたが、絵にかいたり、資料を
てらしあわせたりしたら、作者の伝えたかったことが分かっていったのでとても
おもしろかったです。②また、表現がいっぱいでてきて使い方によってどんな場面
か分かりやすかったので使えるところがあったらまねして使ってみようと思いま
した。③友達のもよんで表現の使い方が面白いのもあったので
参考にしたいと思った。
さん
すばらしいノートができ上がっていますね。やまなしに込め
られた思いを具体的にまとめふり返りもとてもいい。
この調子でますます伸びていってください。
校長

子供の変容

思考ツールを使用し、根拠を明確にした考えの形成を行うことで、自信をもって他者との相互評価に臨む姿が見られました。

登場人物の生き方について、考えたことを話し合おう「海の命」

単元の概要 ▼主人公の変容を、登場人物との関係性の変化から捉え、自分の生き方について考える活動をする。

単元のポイント ▼人物の考え方や生き方が表れている表現に着目して、人物の生き方について話し合い、自分の考えを広げる。

指導のポイント ▼ノートに本文を貼ることで、叙述を基に対話を行い、様々な考えをつなげて自分の考えを深めることができるようにする。

第1時 問いをもち、単元の計画を立てる。

人物関係を出発点としながら、作品の中の問いを出し合っていきます。その中で、主人公の取った行動がどうしてそうなったのかを子供たちは考えます。『瀬の主』を殺さなかったのは？」と多くの子供たちが行動について予想をもっていました。

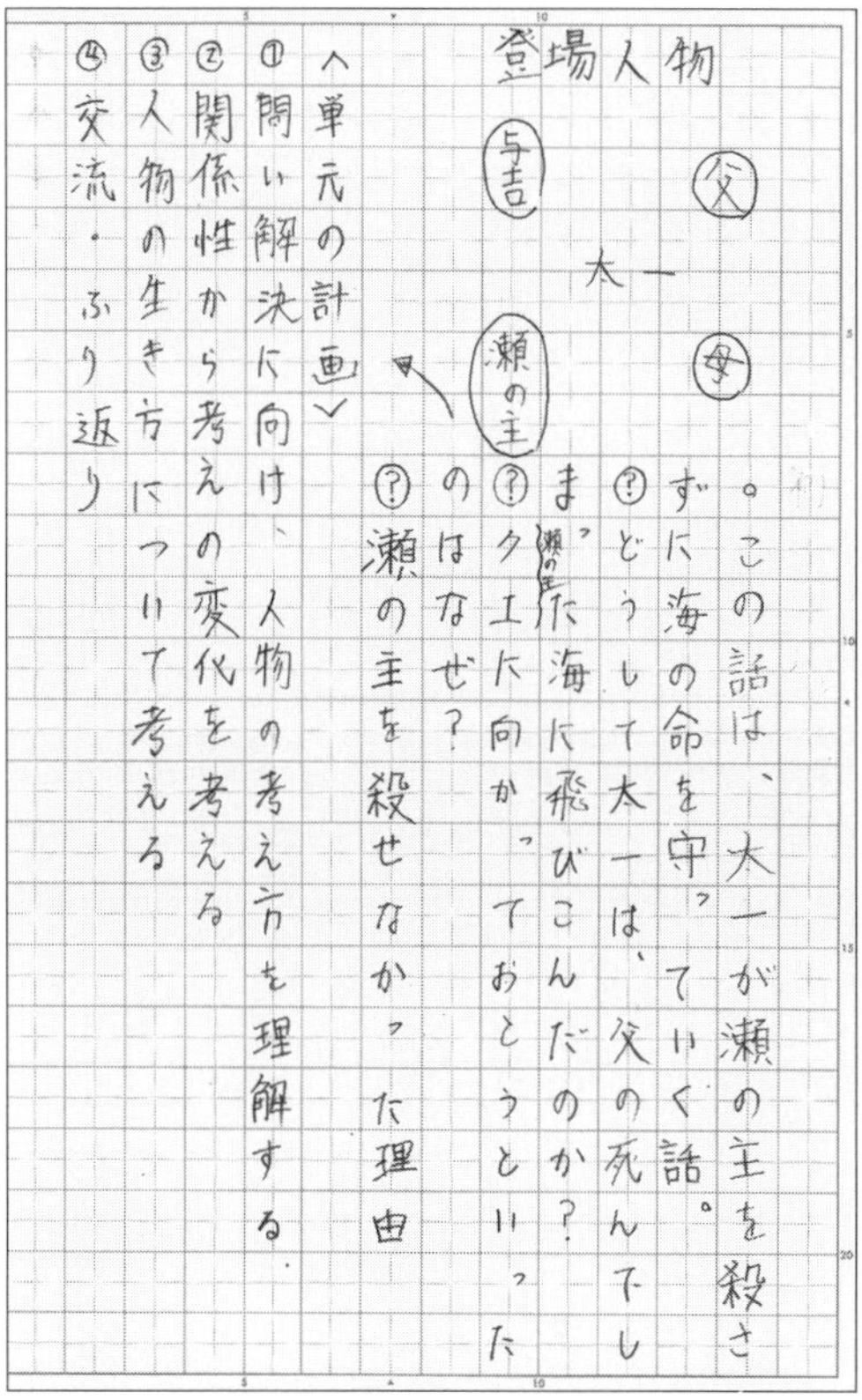

第2時 与吉じいさの考え方と関係性の変化から主人公の考えの変化を考える。

人物関係を出発点としながら、作品の中の問いを出し合っていきます。その中で、主人公の取った行動がどうしてそうなったのかを子供たちは考えます。『瀬の主』を殺さなかったのは？」と多くの子供たちが行動について予想をもっていました。

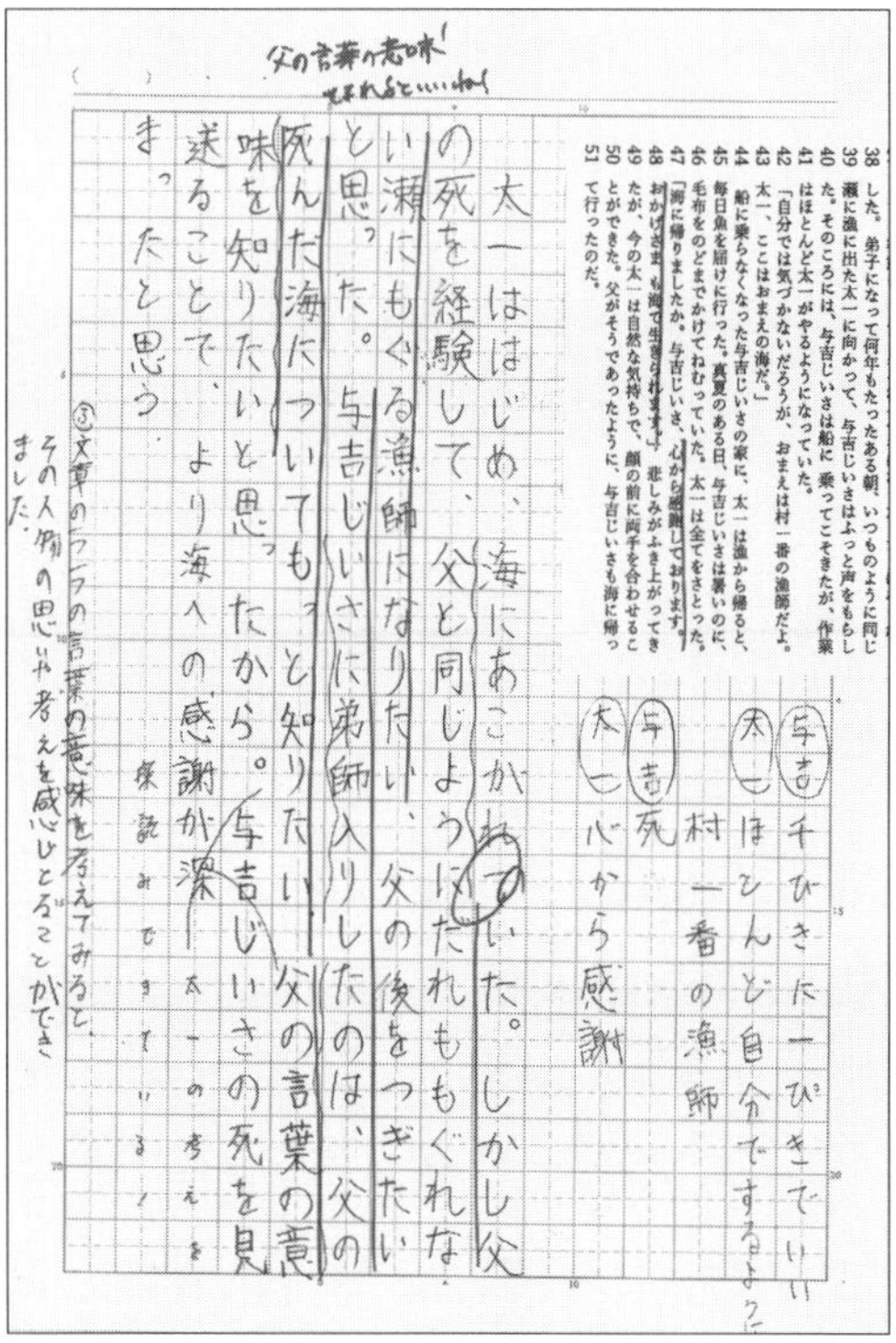

第3時　「父の死」「与吉じいさ」との関わりを経て、主人公が取った行動から考え方の変化を考える。

文章と対応させながら読むことで、子供たちの対話の内容に根拠が出てきます。「数限りなく殺してきた」という言葉に着目しながら主人公の葛藤の場面を話し合っていました。「泣きそうになった」など、心情の揺らぎを追いながら、振り返りには「やっていったことに線を引いていってみると、どうしてこんなことをしたんだろうと考えていくことができた」と行動の描写の重要性に気付き、どんどん深まっていきました。

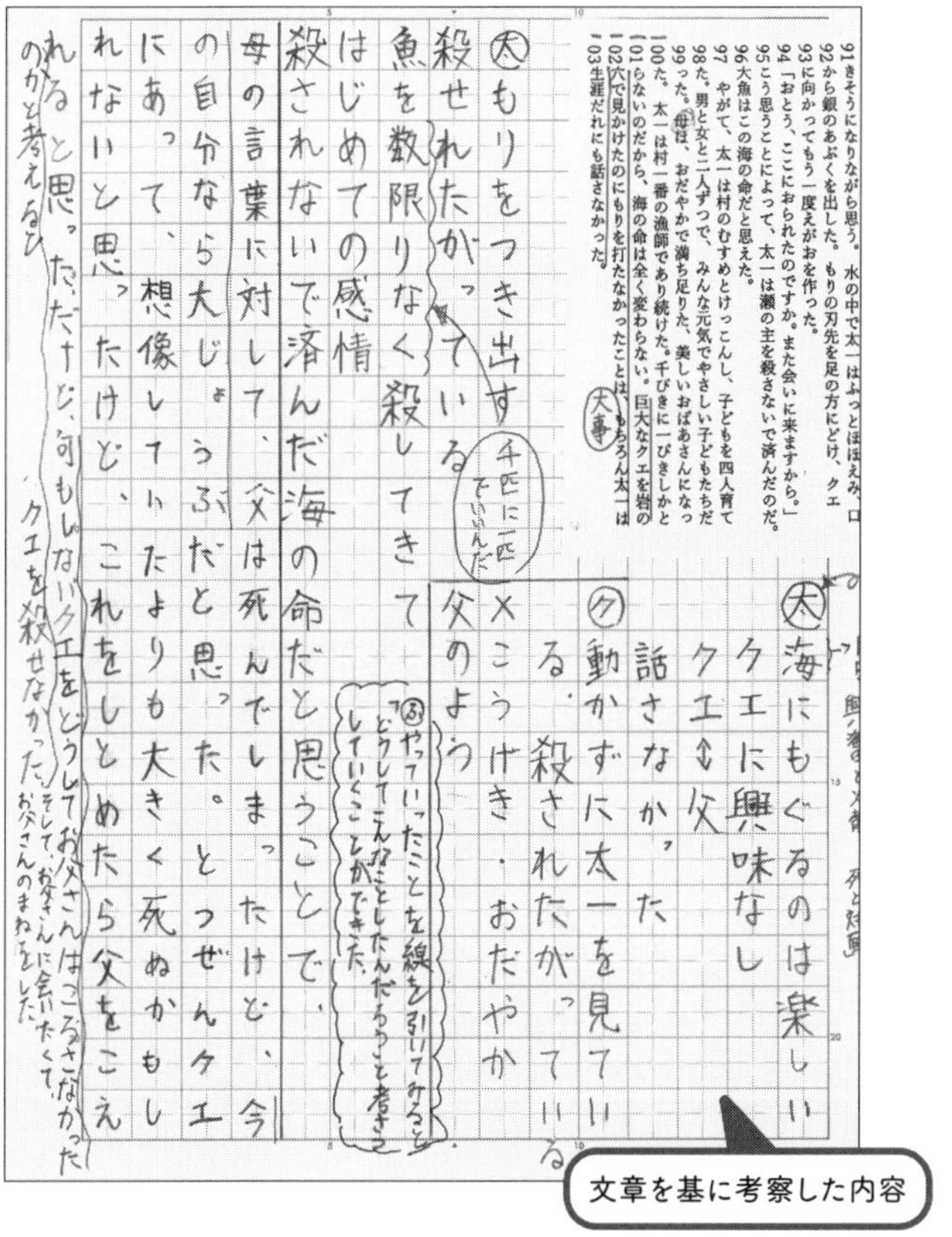

第4時　今までの主人公の変容を基にして、問いに対する答えを導き出す。

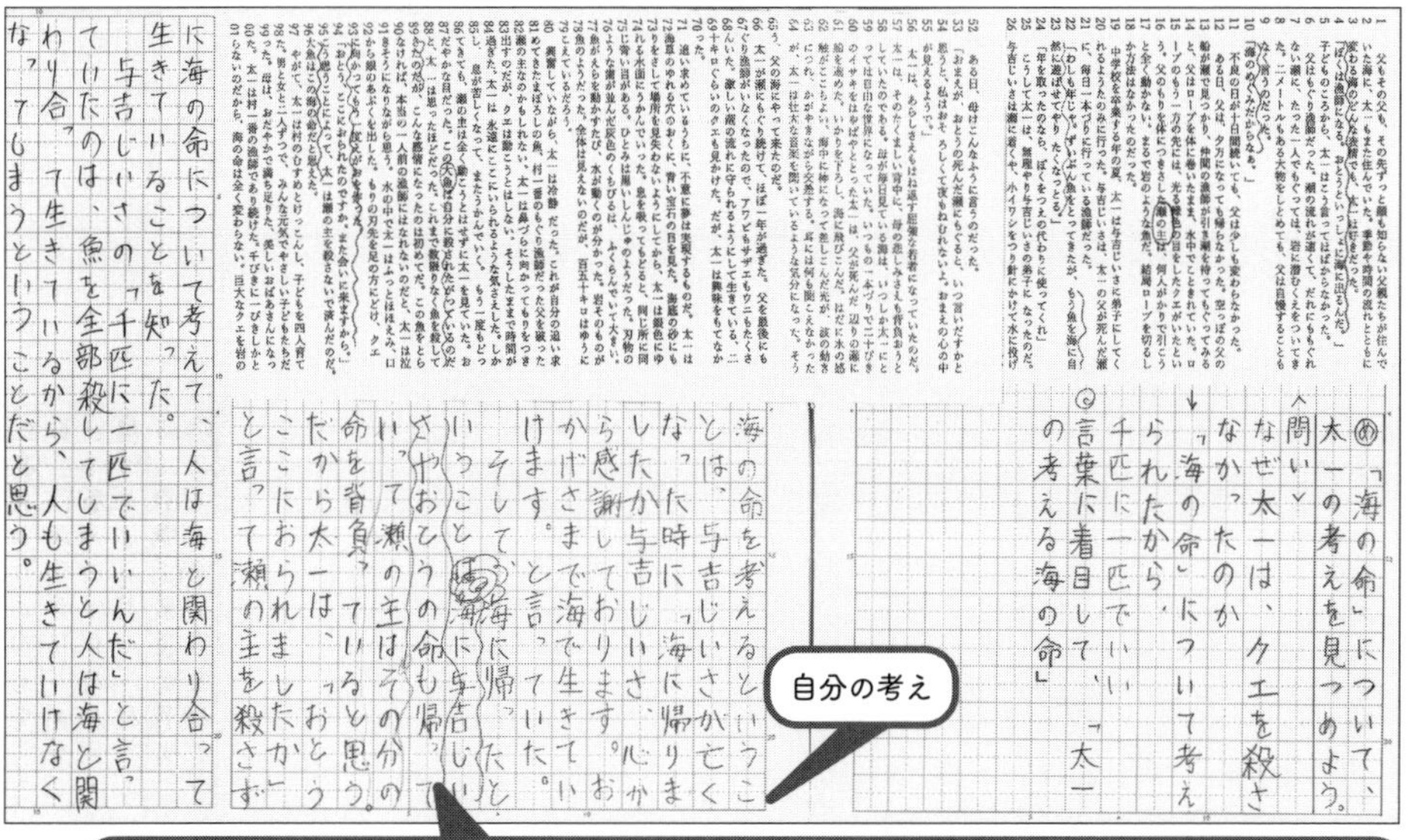

「海の命」を考えると言うことは、与吉じいさが亡くなった時に「海に帰りましたか与吉じいさ、心から感謝しております。おかげさまで海で生きていけます。」と言っていた。

そして、海に帰ったということは、海に与吉じいさやおとうの命も帰っていって瀬の主はその分の命を背負っていると思う。

だから太一は、「おとう、ここにおられましたか」と言って瀬の主を殺さずに海の命について考えて、人は海の命と関わり合って生きていることを知った。

与吉じいさの「千匹に一匹でいいんだ」と言っていたのは、魚を全部殺してしまうと人は海と関わり合って生きているから、人も生きていけなくなってしまうということだと思う。

第5時 学習を通して考えた生き方に関して考えをまとめる。

①作品のメッセージから考えたこと

②登場人物の役割と、自分にとっての〇〇さんの存在

今回は、言語活動二つの中から選択して考えさせました。子供が活動を選択することで、より意欲的に取り組む姿が見られます。また、異なる活動を選択している子供との交流・対話もやわらかな気持ちでアドバイスする様子が見られました。

作成するときは、三角ロジックで整理をしながら、考えの中心に当たる主張をしっかりともち、文章から根拠を考えることで読み手がより納得できる文章を作成することができました。

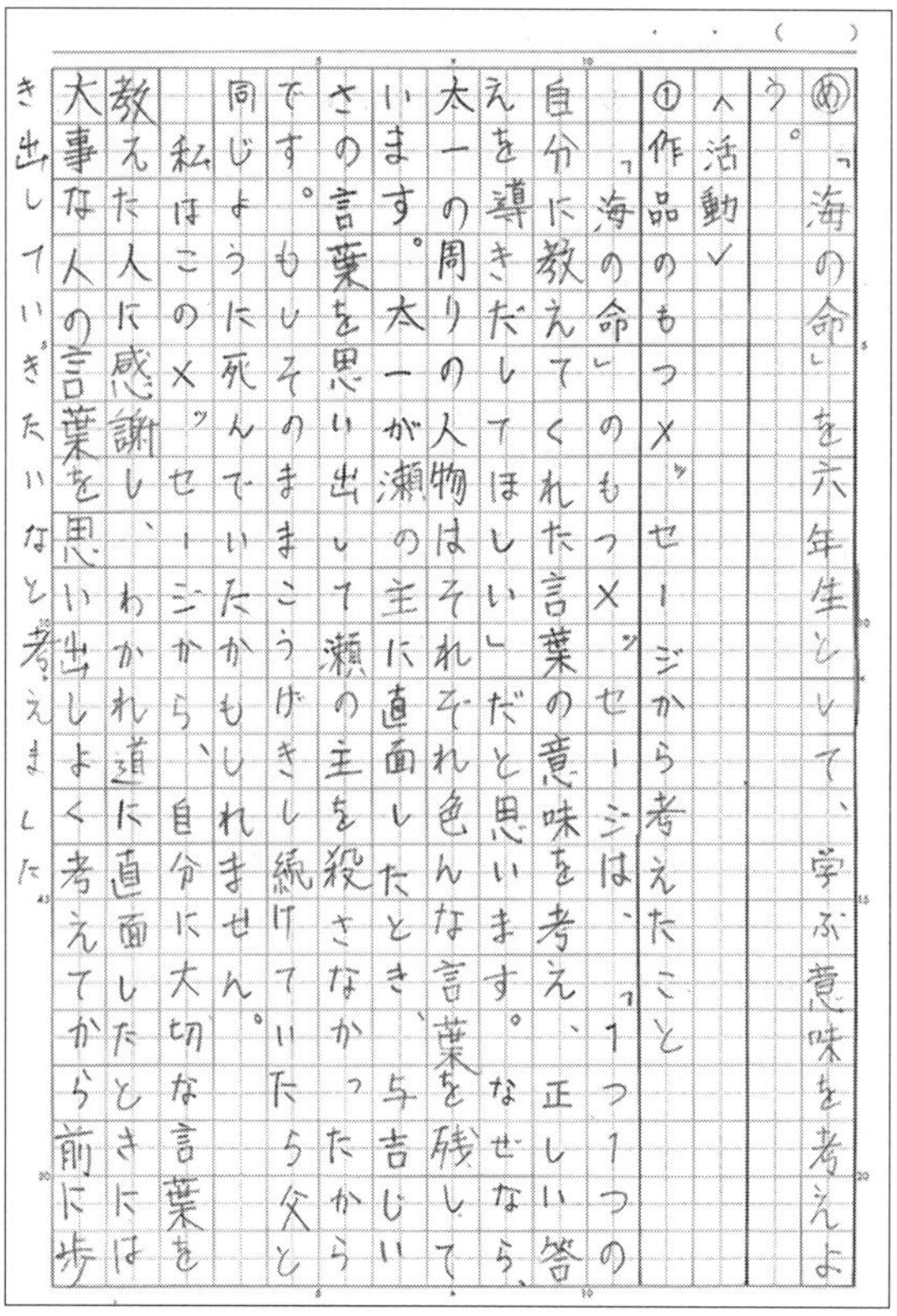
め「海の命」を六年生として、学ぶ意味を考えよう。
＜活動✓
①作品のもつメッセージから考えたこと
「海の命」のもつメッセージは、「１つ１つの自分に教えてくれた言葉の意味を考え、正しい答えを導きだしてほしい」だと思います。なぜなら、太一の周りの人物はそれぞれ色んな言葉を残しています。太一が瀬の主に直面したとき、与吉じいさの言葉を思い出して瀬の主を殺さなかったからです。もしそのままこうげきし続けていたら父と同じように死んでいたかもしれません。
私はこのメッセージから、自分に大切な言葉を教えた人に感謝し、わかれ道に直面したときには大事な人の言葉を思い出しよく考えてから前に歩き出していきたいなと考えました。

①を選択した子供の文章

「海の命」のもつメッセージは「一つ一つの自分に教えてくれた言葉の意味を考え、正しい言葉を導き出してほしい」だと思います。なぜなら、太一の周りの人物はそれぞれいろんな言葉を残しています。太一が瀬の主に直面したとき、与吉じいさの言葉を思い出して瀬の主を殺さなかったからです。もしそのまま攻撃していたら、父と同じように死んでいたかもしれません。

私はこのメッセージから、自分に大切な言葉を教えた人に感謝、分かれ道に直面したときには大事な人の言葉を思い出してよく考えてから前に歩き出していきたいなと考えました。

②を選択した子供の文章

この海の命を読んで太一にとって一番重要な存在は与吉じいさだと思います。なぜなら与吉じいさは太一に「千匹に一匹でいい」などの海で生きていくための大切なことを教えてくれた人物だからです。この与吉じいさとの関係を、自分と置き換えたとき、自分にとって母親だと思いました。

母は、自分の分からない社会の仕組みや問題などをいやな顔せず説明してくれます。照らし合わせると大切なことをいくつも教えてくれているという点が重なっています。

だから太一にとっての与吉じいさとの関係は、自分にとっての母親だと思いました。

第6時　学習の振り返りをし、学びを価値付ける。

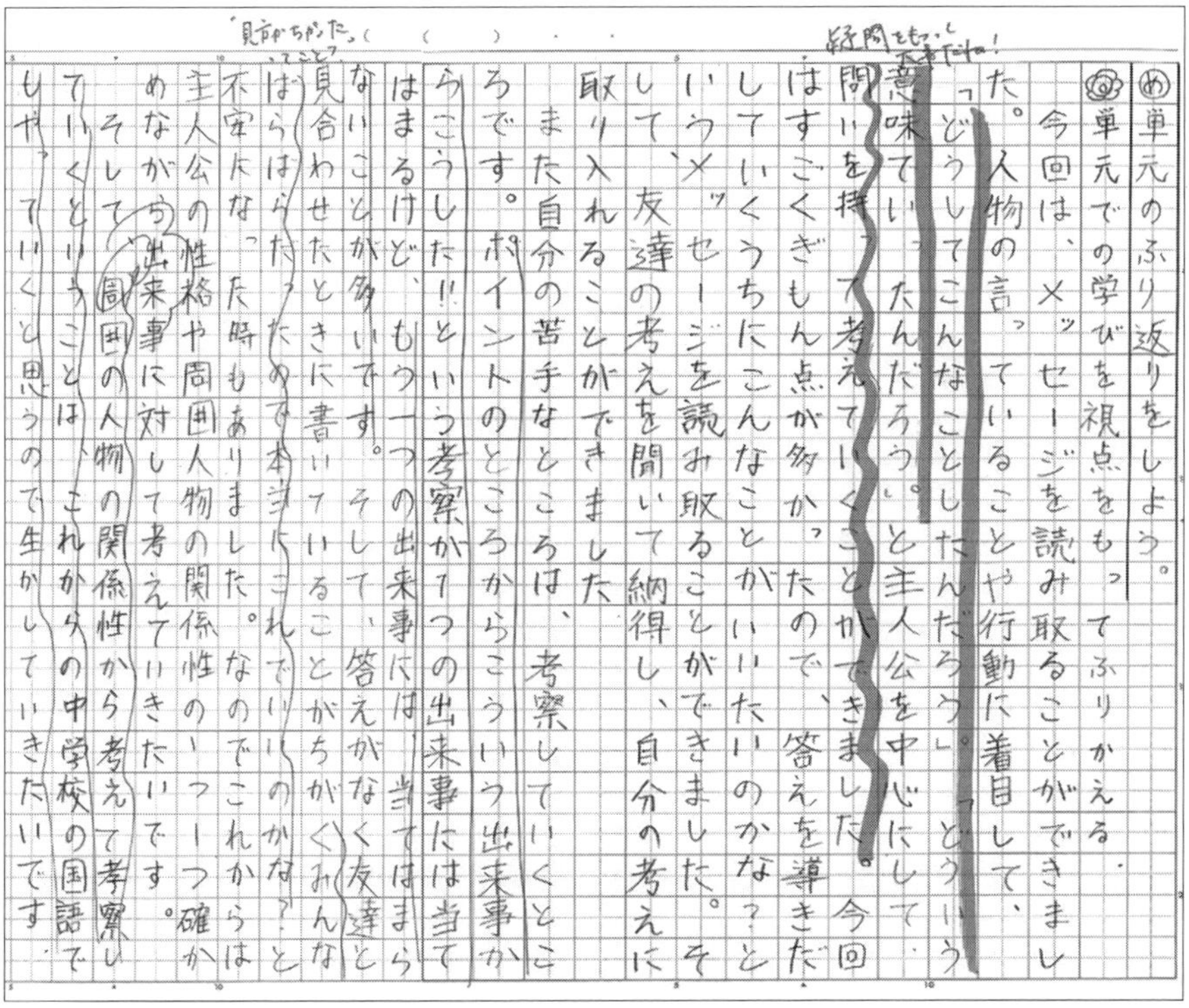

今回の振り返りは、思考ツールのダイヤモンド・サイクルを基盤として行っています。子供たちが、より活用できるように、学習語彙の使用について指示しました。このことから、上のノートにも記載されているように、「出来事」「登場人物の性格」「人物の関係性」など、物語教材を読解する上での視点を使って書けていることが分かります。

また、単元が、「これからの生き方を考える」というのもあり、子供によっては、中学校への活用も視野に入れた振り返りを書いています。「出来事」「関係性」という学習語彙を基に教材を考えることで深まったという経験が表れた振り返りができています。

教材で完結するのではなく、「物事に対応する視点」として国語での学びをつなげていこうとする思いが表れていました。

子供の変容

ノートを使うことで、「その文章からそのような考察ができるのか」という対話活動を行うことができました。自分一人では気付けなかったことを、ノートを共有する中で新たな考えを形成し、楽しく活動することができました。

第Ⅲ章

共有する力を育てる原国会式ノート

第Ⅲ章では、原国会式ノートが子供の「共有する力」を育てることを説明します。原国会では「共有する力」を、「他者との共通点・相違点を発見すること」と「自他のよさの認識」に大別し、学習指導要領と照らして「観点表」を作成し実践を展開しました。本章では、8実践を紹介します。

	他者との共通点・相違点の発見	自他のよさの認識
共有する力	【ポイントを説明するためのキーワード】 時間管理の工夫、学習語彙の活用、本文との結び付き（文と文、文と自分等）、思考ツールの活用（ペンタゴン・ロジック等）、共有の工夫（ノート自慢）、振り返りの充実	
低学年	①身近なことを表す語彙、音節、アクセントによる語の意味の違い	
低学年	[話聞] ②互いの話に関心をもち、話をつなげる	[話聞] ③自他のよさを理由を付けて認め合う
低学年	[書] ④文章を相互に読み返し、表記上・文法上の間違いを確かめる	[書] ⑤感想を伝え合い、文章の内容や表現のよいところを見付ける
低学年	[読] ⑥感じたことや分かったことを確かめる	[読] ⑦感じたことや分かったことを相互に認め合う
中学年	⑧心情語彙、指示語、修飾語、接続語の理解及び活用、抑揚、強弱、間の取り方	
中学年	[話聞] ⑨互いの話に関心をもち、共通点や相違点を見付ける	[話聞] ⑩自他のよさを具体的な事例や理由を付けて認め合う
中学年	[書] ⑪相手や目的を意識した表現になっているかを相互に確かめ、文や文章を整える	[書] ⑫書こうとしたことの明確性など。文章に対する感想や意見を伝え合い、自他の文章のよいところを見付ける
中学年	[読] ⑬感想や意見を比較し、感じ方の違いに気付く	[読] ⑭感想や意見を比較し、自他の感じ方の違いを認め合う
高学年	⑮思考語彙、係り受け、語順、構成、比喩、反復の理解及び活用、話し言葉の特徴	
高学年	[話聞] ⑯互いの立場や意図を明確にして考えを広げる	[話聞] ⑰自他のよさを具体的な事例や理由を付けて認め合い、今後の課題を明確にする
高学年	[書] ⑱文章全体の構成や表現技法に着目して読み合い、文章を整える	[書] ⑲文章全体の構成や展開の明確性など、感想や意見を伝え合い、自他の文章のよいところを見付ける
高学年	[読] ⑳作品に対する自他の感想や意見を表現し合い、考えを広げる	[読] ㉑自他の感想や意見のよさを認め合い、新たな考えへとつなげていく

ふたりで かんがえよう「これは、なんでしょう」

単元の概要 ▼子供たちがペアの友達と、学校で見付けたものから「学校クイズ」を考え、発表する。

単元のポイント ▼学校にあるものの、形・色・動き・仕事などの特徴に注目し、ペアと合意形成しながら話し合う。

指導のポイント ▼ノートに話し合った跡を残すことで、互いの考えを共有することができるようにする。

第2時 学校で見付けたものから「学校クイズ」をつくる。

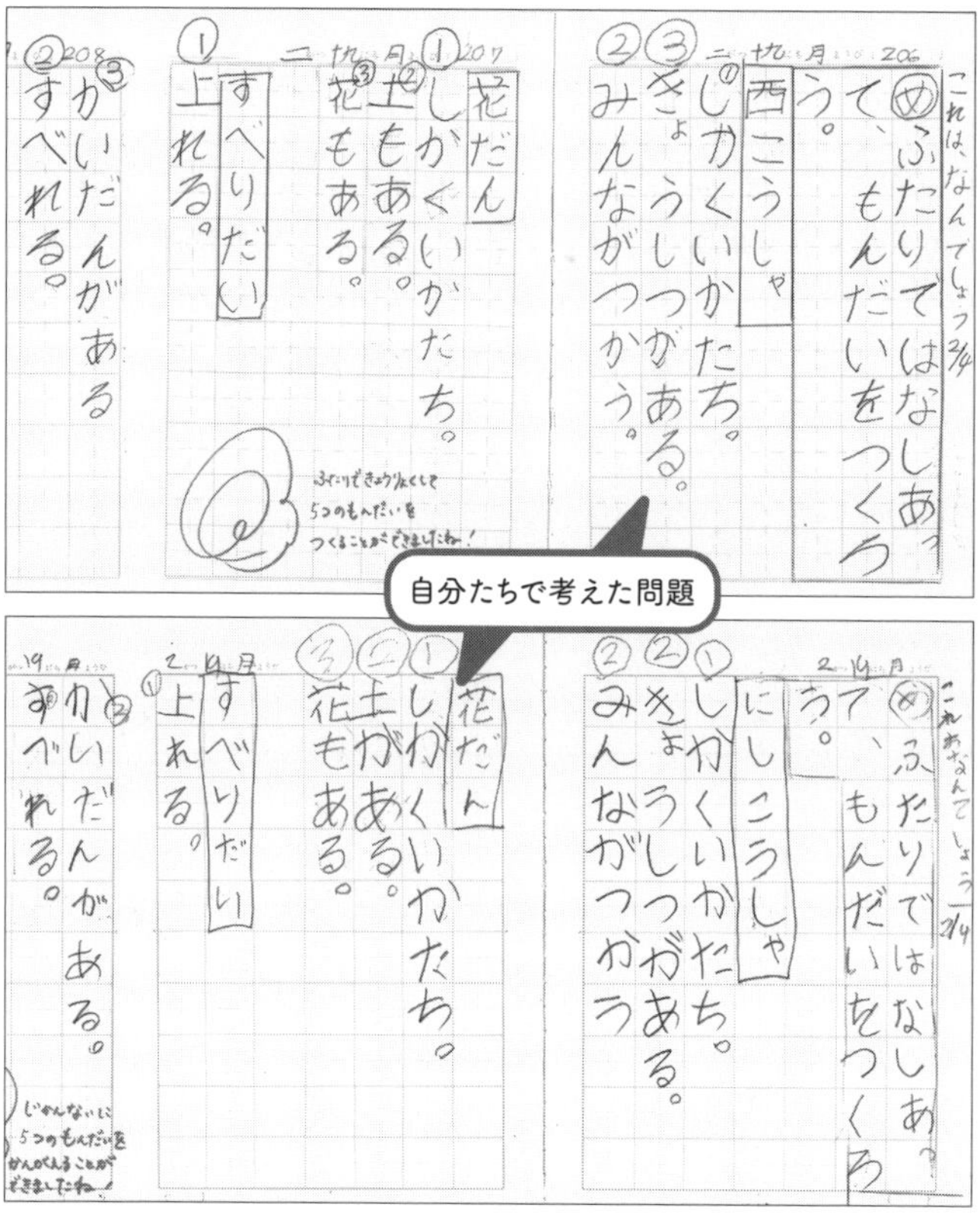
自分たちで考えた問題

協力しながら話し合った跡が残るように、ペアの友達のノートを確認しながら進めるように指導しました。

子供たちは、「どんな色してたっけ?」「形は丸かった!」「問題を出す順番は、これがいいかもね」と互いの話に耳を傾け、ノートに書き込みながら話し合いをすることができました。普段書くことを苦手としている子供も、教師の補助をほとんど借りることなく、ペアの友達のノートを見ながら一生懸命書いていました。また、「これ、書けた?」とペアの友達に寄り添いながら話し合いをしていました。子供同士で考えを**共有**しながら学びを深めることができました。

学校で見付けたものの写真をタブレット端末で見ながら話し合っていた
話し合いの様子

第3時　ノートにメモしたクイズを、タブレット端末にまとめる。

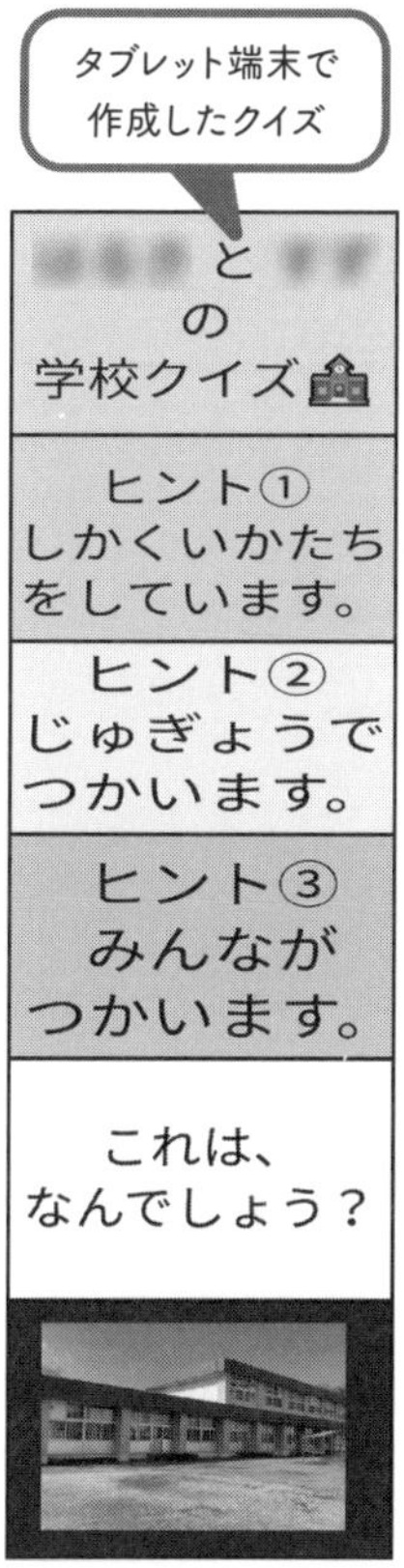
タブレット端末で作成したクイズ
と
の
学校クイズ
ヒント①
しかくいかたちをしています。
ヒント②
じゅぎょうでつかいます。
ヒント③
みんながつかいます。
これは、なんでしょう？

前時に、ノートを介して友達と話し合いながら作成したクイズを、タブレット端末にまとめていく活動を行いました。本単元においては、構想はノートに、清書はタブレット端末で見やすくまとめるという使い分けが、とても効果的だと感じました。

第4時　友達の発表でよかったところについて、付箋にコメントを書き、共有する。

クイズ大会の後に、友達のよかったところを**共有**するということを事前に話していました。そうしたことで、ただクイズ大会に参加するだけでなく、発表の仕方にも目を向け、友達のよさを探したり、自分の発表に生かしたりできていました。

実際に、「○○さんのこんなところを真似したい」など、発表を聞いて感じたことをどんどん付箋に書く姿が見られました。また、一人の友達のよさをたくさん見付けることができたと、付箋を何枚も使って書き込んでいる子供もおり、よさの共有をすることができました。更に、当初は友達一人にコメントを書く予定にしていましたが、「△△さんのいいところも見付けたよ！」と複数人に向けて書く子供が多く、教師が想定していた以上に充実した時間となりました。

友達からもらったコメントを、とても明るく、よい表情で読んでいる子供たちの姿に、互いのよさを共有する時間の重要性を改めて実感しました。

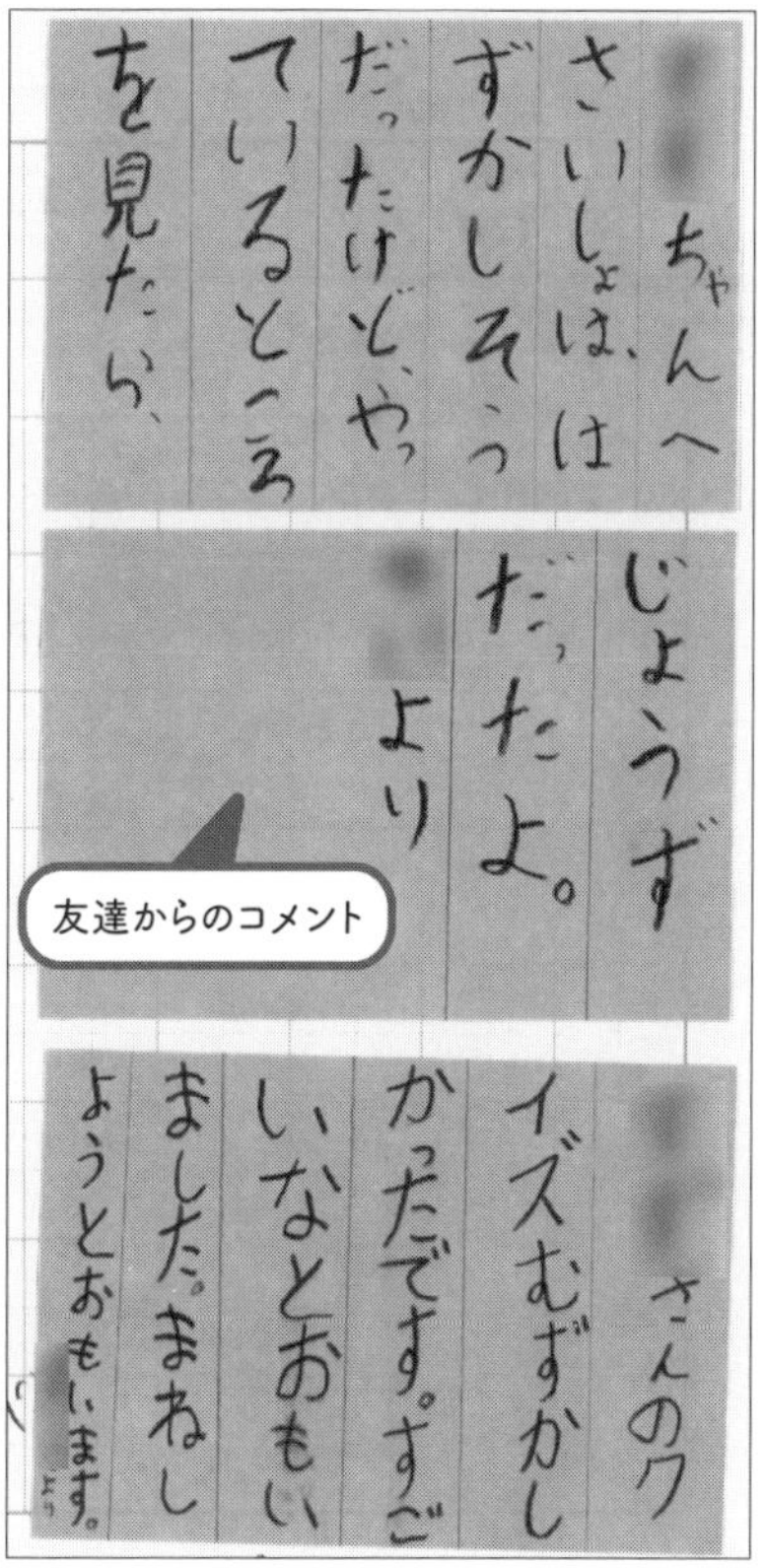
ちゃんへ
さいしょは、はずかしそうだったけど、やっているところを見たら、
じょうずだったよ。
より
友達からのコメント
さんのクイズむずかしかったです。すごいなとおもいました。まねしようとおもいます。

子供の変容

付箋にコメントを書き、友達に届けるという**共有**の工夫によって、友達から手紙をもらったような気持ちなるのではないかと考えました。子供たちは「褒めてもらえて嬉しい」「友達のいいところをたくさん見付けることができた」と付箋を交換し合い、嬉しそうにノートに貼り付けていました。

話の意図を考えてきき合い、「きくこと」についてかんがえよう「きいて、きいて、きいてみよう」

単元の概要▼話し合いの仕方を身に付けるために、グループでインタビューする。
単元のポイント▼話し手の目的や自分が聞こうとする意図に応じて、話の内容を捉え、話し手の考えを比較しながら、自分の考えをまとめる。
指導のポイント▼「きくこと」がどのようなものかを明確にするため、共有の工夫で、グループで聞き方の工夫を確認できるようにする。

第1時 モデル文の分析をする。

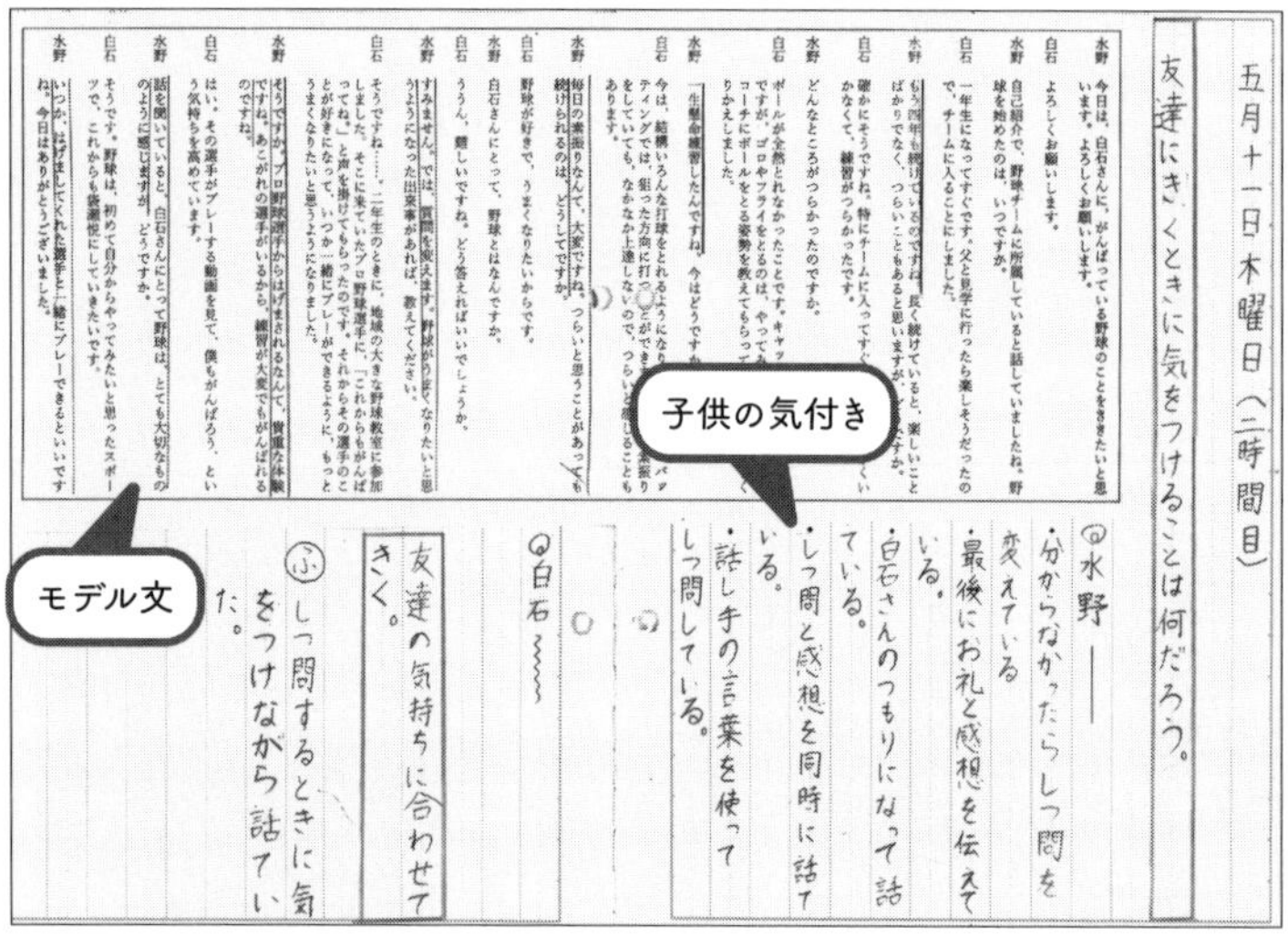

ノートにモデル文を貼り付けて分析を行いました。教材CDやデジタル教科書の動画等を使いながら、モデル文に印を付けていきました。この分析で、子供自身の言葉で気付きを書くことができました。また、モデル文の中から、質問者の言葉に線を引かせることで、聞くときの工夫を意識しながらモデル文を分析することができました。

第3時 インタビューの計画を立てる。

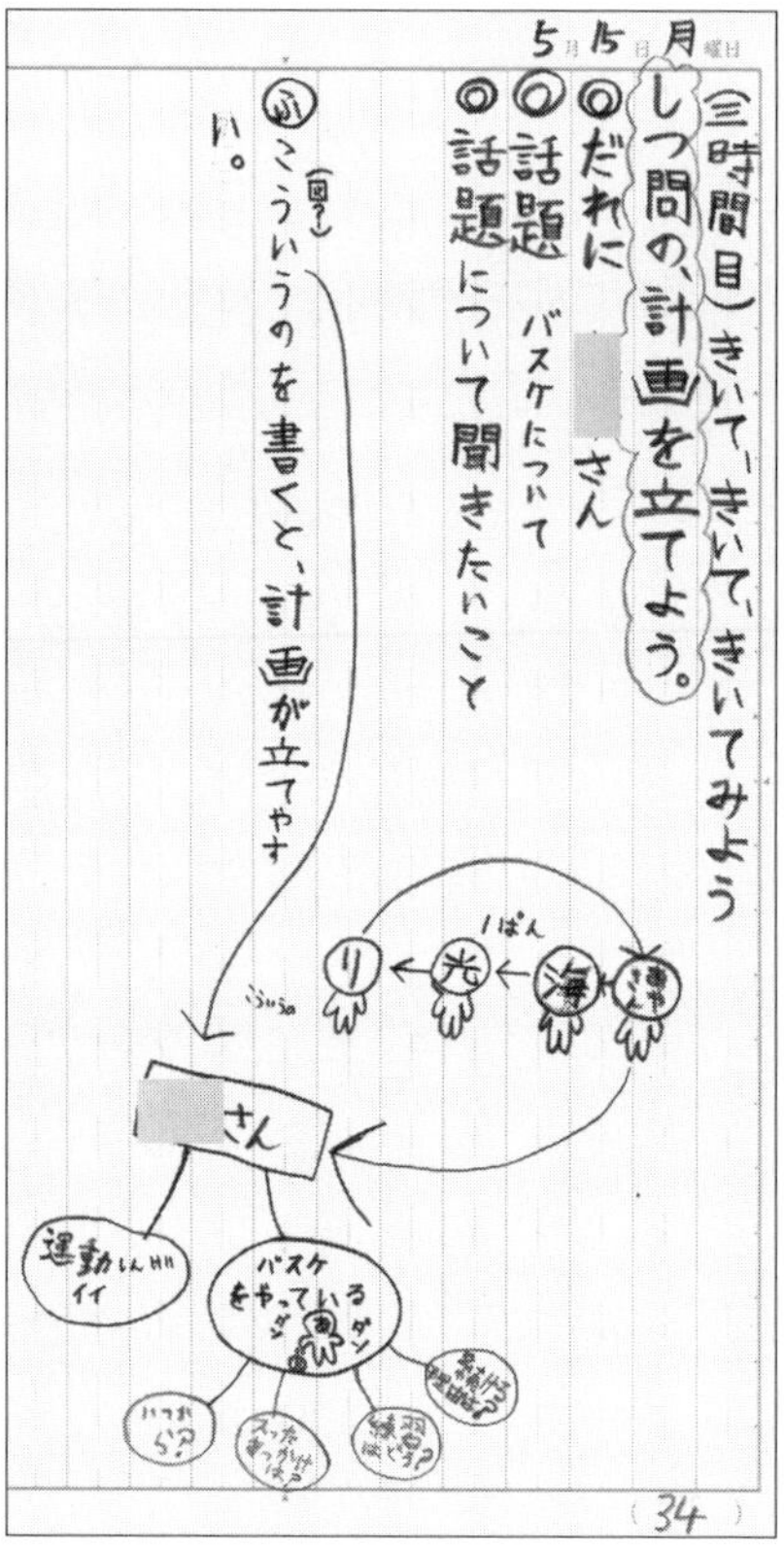

モデル文の分析を基に、インタビューの計画を立てました。インタビューの際に、どういった話題を取り上げるかを考えさせたときに、モデル文の分析から分かったことを思い出させたり、思考ツールを使って可視化して整理したりすることができました。**思考ツール**を用いた際には、自分がインタビューする友達について知っていることを書き出しました。その中から自分がインタビューしていきたいことを選び、質問を考えました。

第5時 インタビューし合う。

第5時では、計画を基本に、実際にグループでのインタビューを行いました。このとき、子供たちはノートに書かれた計画を基にしてインタビューを行うと同時に、記録係の子供はノートに記録を取っていきました。四人前後のグループで役割分担をし、それぞれが自分の役割を工夫しながら行いました。記録の担当になった子供は、要点を絞りながらノートにメモを残していきました。

インタビューの様子をグループ内で見合い工夫していたところを伝え合うことで、**共有**の工夫を行いました。

第9時 インタビューの記録を共有する。

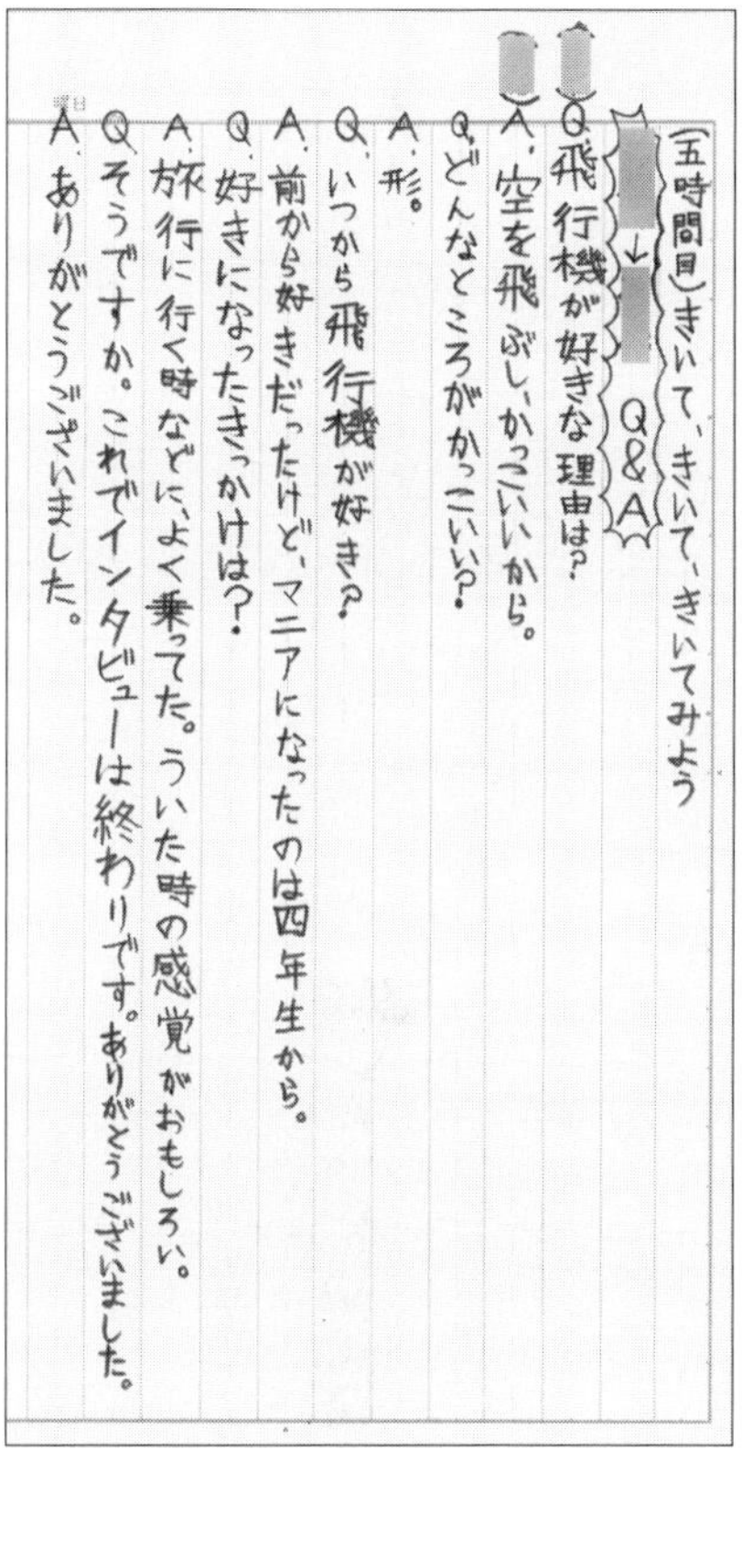

「訊く」「聞く」「聴く」の三種の「きく」を意識させながら取り組ませることで、「意図をもって尋ねる」「質問を聞き答える」「インタビューの様子を客観的に聴き、情報をメモする」の三つの役割で「きく」ことができました。

また、ノートに記録することで、互いに見合い、工夫したところを交流することができました。交流する際には、「どのようなことに気を付けて記録を取ったのか」や、「記録を取るときに難しかったこと」などを視点にして、ノートを互いに見合いながら交流を行いました。

子供の変容

単元の初めは、うまく友達にインタビューできなかったのですが、モデル文の分析や共有の工夫を通して、相手に詳しく訊いたり、聴いたことをメモしたりすることができるようになりました。

目的や条件に応じて、計画的に話し合おう「みんなで楽しく過ごすために」

単元の概要▼一年生との交流会で「どんな遊びをするのか」をグループごとに話し合う活動を通して、話し合いの仕方を学習する。

単元のポイント▼互いの立場や意図を明確にして考えを広げるために、共有の工夫で他者の考えを自分の考えに取り入れさせる。

指導のポイント▼互いの考えを共有し合うことで、自分の考えを広げたり自他のよさに気付いたりすることができるようにする。

第3時 モデル文の分析をする。

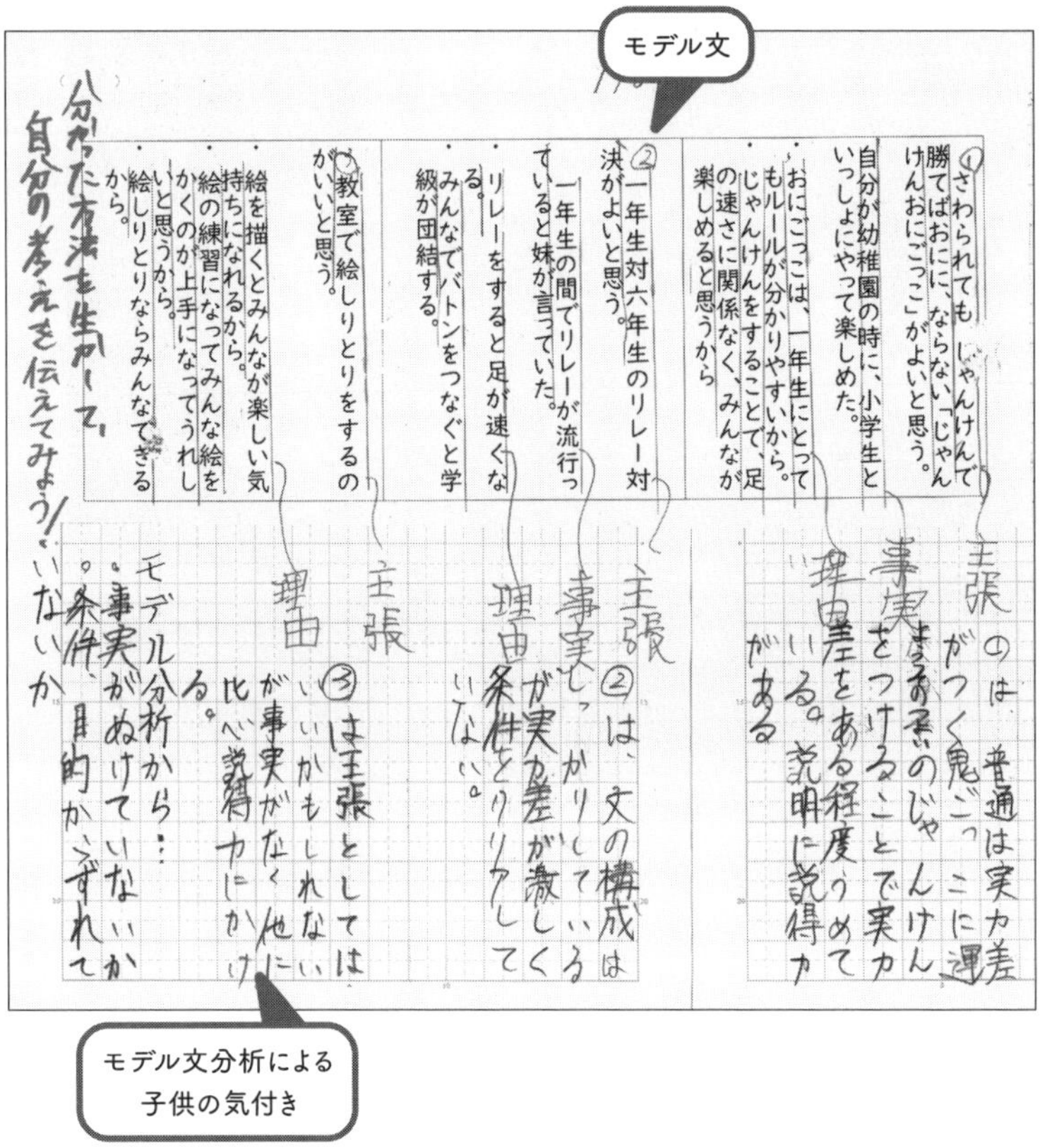
モデル文
①さわられてもじゃんけんで勝てばおにに、ならない「じゃんけんおにごっこ」がよいと思う。
自分が幼稚園の時に、小学生といっしょにやって楽しめた。
・おにごっこは、一年生にとってもルールが分かりやすいから。
・じゃんけんをすることで、足の速さに関係なく、みんなが楽しめると思うから
②一年生対六年生のリレー対決がよいと思う。
一年生の間でリレーが流行っていると妹が言っていた。
・リレーをすると足が速くなる。
・みんなでバトンをつなぐと学級が団結する。
③教室で絵しりとりをするのがいいと思う。
・絵を描くとみんなが楽しい気持ちになれるから。
・絵の練習になってみんな絵をかくのが上手になってうれしいと思うから。
・絵しりとりならみんなできるから。
モデル文分析による子供の気付き

ノートに教材文を貼り付けて分析を行うことで、子供自身の言葉でモデル文に対する気付きを書くことができました。

第3時のモデル文の分析は、指導書の指導計画にはなかった内容です。学級の実態を考えたときに、「条件」や「目的」といった本単元で気付かせたい指導事項に、より注目させる必要があったため、取り入れました。

モデル文については、OKモデルが一つ、NGモデルが二つの構成で作成しました。真ん中のモデル文は、三角ロジックを活用していて一見論理的に見えます。しかし、一年生との交流会で行う遊びなのに、「学級が団結する」と理由付けされており、前時に共通理解していた「一年生が楽しめること」「実力差がないようにすること」「ルールが簡単であること」等の条件とのズレがあります。そこに気付かせて、考えの形成に生かさせることをねらいました。

本時では、導入で電子黒板に示したときには、真ん中のモデルは、OKモデルとして子供たちに認識されていました。ですが、モデル文をノートに貼り、前のページにある「目的」「条件」をめくり、確認することで、「何かしっくりこない……」「今回の条件に合っていないからだ」と思考を巡らせることができました。

第4時　他の立場を取り入れた考えの形成をする。

　私は、だるまさんがころんだがいいと思う。
　なぜなら、二年生のときに自分より上の学年として楽しめた。一年生としても、どんな戦法が強いとかはあまり無く、ルールも簡単だから一年生も楽しめると思う。
「一年生はバランスをとるのがむずかしくないかな?」
　確かに、「一年生はバランスをとるのが難しい」という考えもあると思うが、おにが判定を甘くしたり一年生がバランスをとりやすい体勢にしたり、ルールを工夫したり、体勢は一年生が決められるようにすれば大丈夫だと思う。
　だから、私は、だるまさんがころんだがいいと思う。

他者からの質問コメント

　自分の考えに対する質問を友達と付箋で送り合うことで**共有の工夫**を行いました。話し合いに向けた自分の考えを整理することができました。

第6時　よさを伝え合い、ペンタゴン・サイクル（思考ツール）で単元の振り返りを行う。

教師のコメント

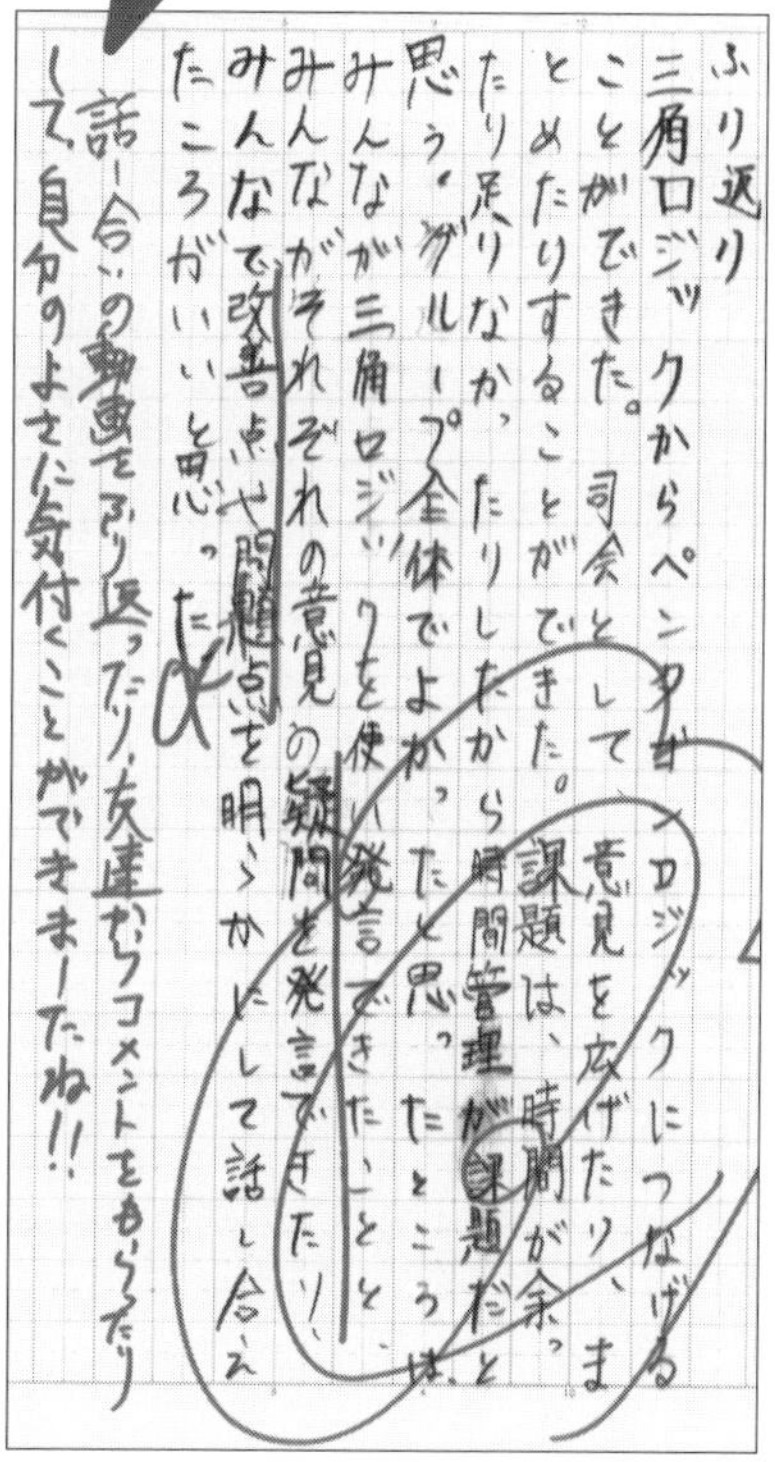

「ペンタゴン・ロジック」で考えの形成をすると、より文章の説得力を高めることができます。「三角ロジック」から「ペンタゴン・ロジック」に発展させるために重要なのは、他の立場からの質問（反論）です。この単元では、友達に自分の考えを読んでもらい、質問（反論）をもらう形を取りました。友達と協力して文章を書き上げる学習を通して、より説得力のある文章になるよう取り組ませました。
　振り返りの前に、友達同士で互いの「話し合いにおけるよかったところ」をノートに書き合うことで、話し合いにおける自分のよさに気付かせることができ、**振り返り**を充実させることができました。

子供の変容

モデル文の分析や共有の工夫を通して互いの立場や意図を明確にして考えを広げたり、自他のよさを認識したりすることができました。

おもい出して　かこう「いいこといっぱい、一年生」

単元の概要▼一年生になってから起こった「いいこと」についての文章を書き、一年間の思い出アルバムを作成する。

単元のポイント▼語と語や文と文との続き方に注意しながら内容のまとまりが分かるように、自分の考えを付箋を使ってノートにまとめる。

指導のポイント▼学習語彙表を使用することで、自分の考えを順序よく形成することができるようにする。

第1時　扉絵をつくり（視写）、学習計画表を立てる。

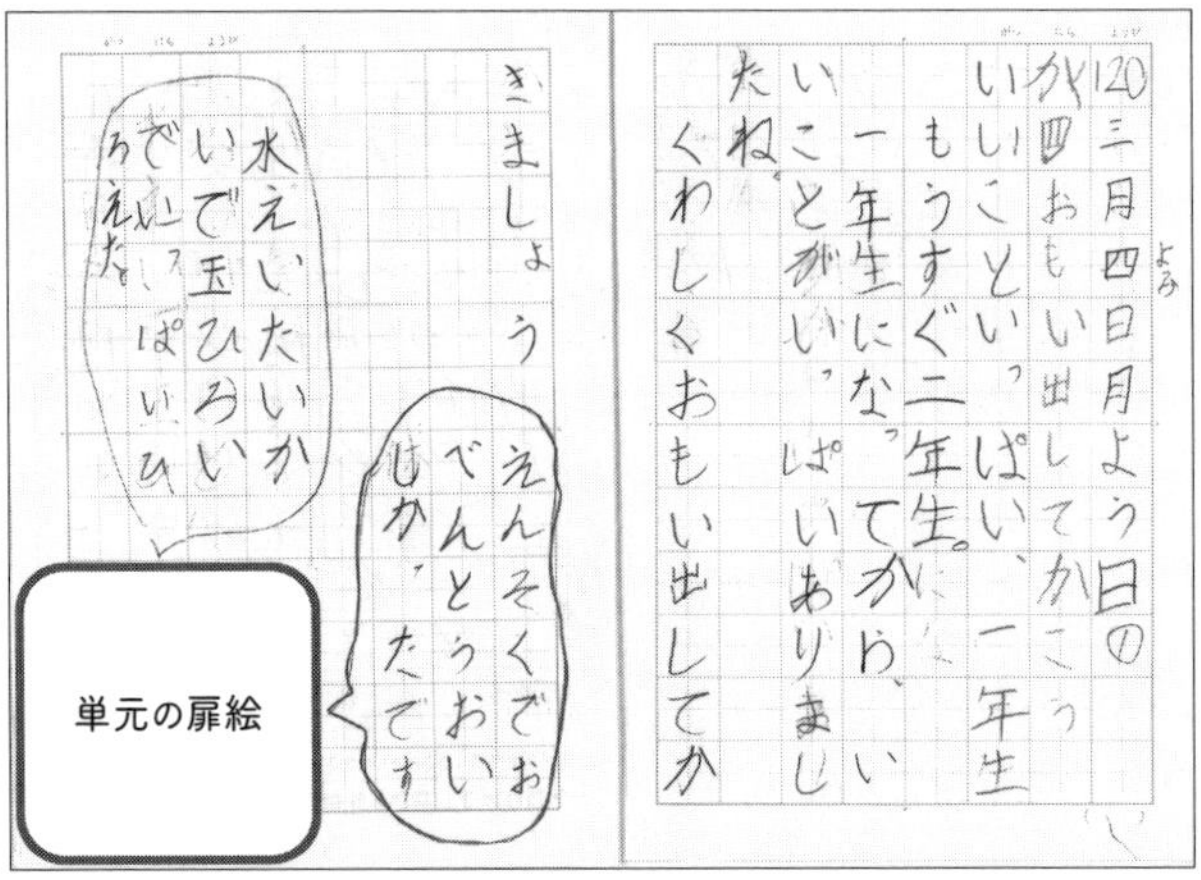
単元の扉絵

まず、教科書の扉絵の視写を行い、「何ができるようになるか」「何を学ぶか」「どのように学ぶか」を確認し、学習を始めました。

その後に、子供同士で、この単元でできるようになりたいことや、書きたいことの対話を行いながら、学習計画表を作成し、**時間管理の工夫**を行いました。

目標を明確にした上で学習計画を立てることにより、子供たちは見通しをもって学習に参加することができ、主体的に自分の学びを調整しようとする姿が見られました。

第3時　教科書のモデル文を分析し、構造と内容の把握を行う。

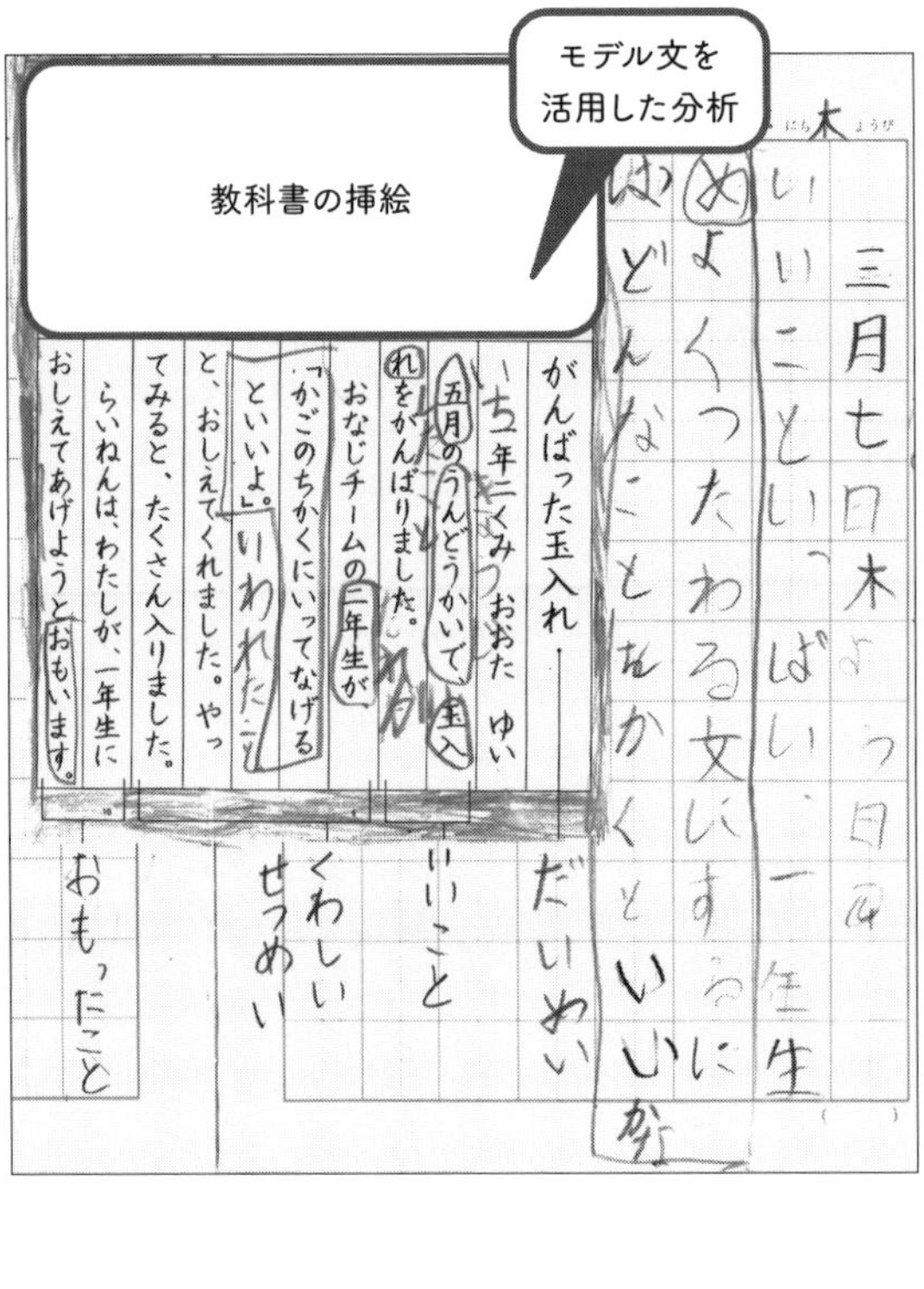
モデル文を
活用した分析
教科書の挿絵

教科書のモデル文をノートに貼り付け、どこにどのようなことが書かれているかを分析しました。その際、ノートに貼り付けた学習語彙表を用いながら、「題名」などの学習語彙を確認し、構造と内容の把握を行いました。

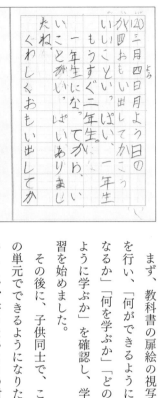

第4時　内容のまとまりごとに付箋を用いて考えを整理する。

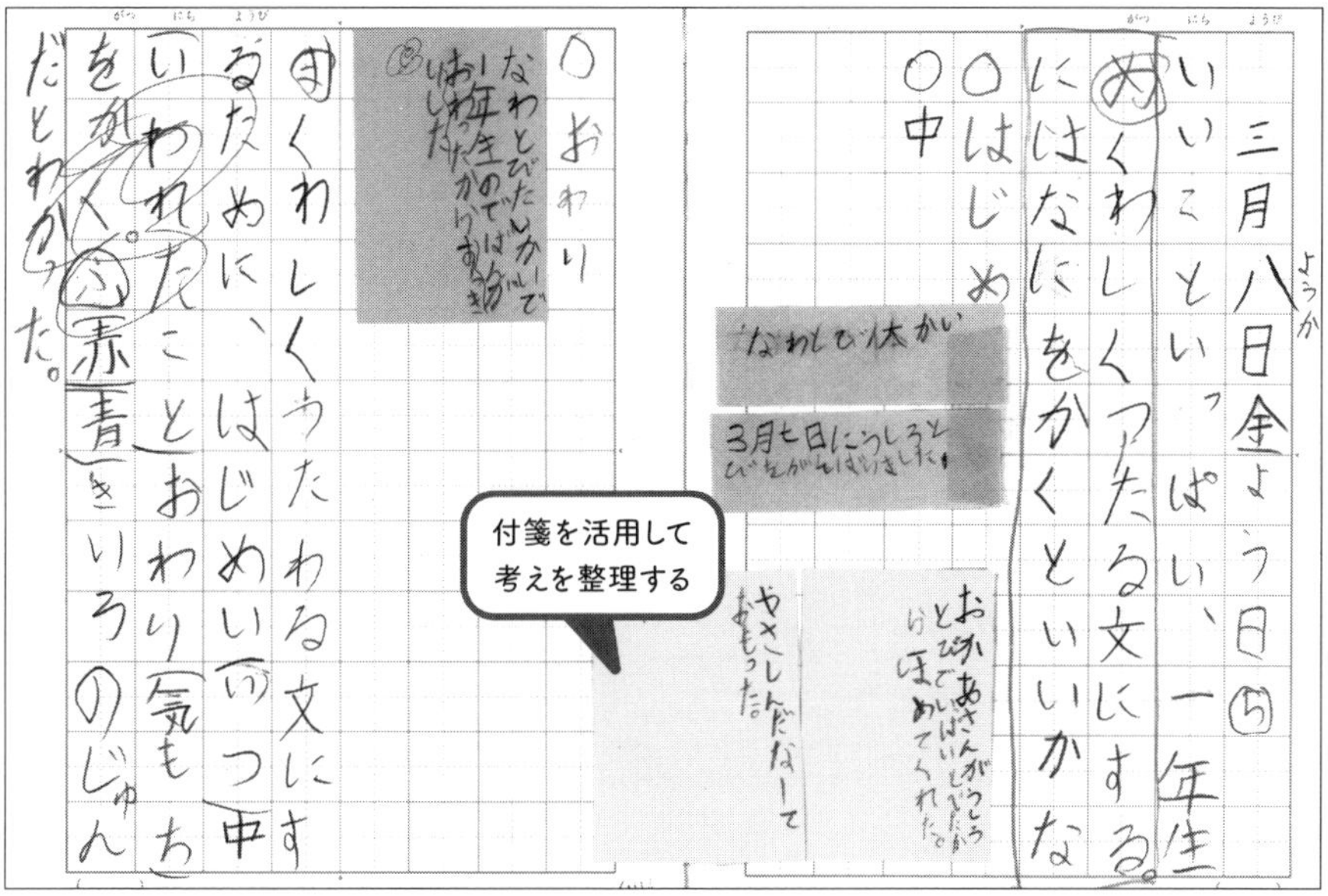

前時で行った構造と内容の把握を生かし、「はじめ」「中」「おわり」の三色の付箋を使って内容のまとまりごとに自分の考えを整理しました。

この活動があることで、子供たちは自分の伝えたいことを順序よく書き上げ、より詳しく伝わるように工夫することができました。

第7時　付箋を用いて、互いの考えを共有する。

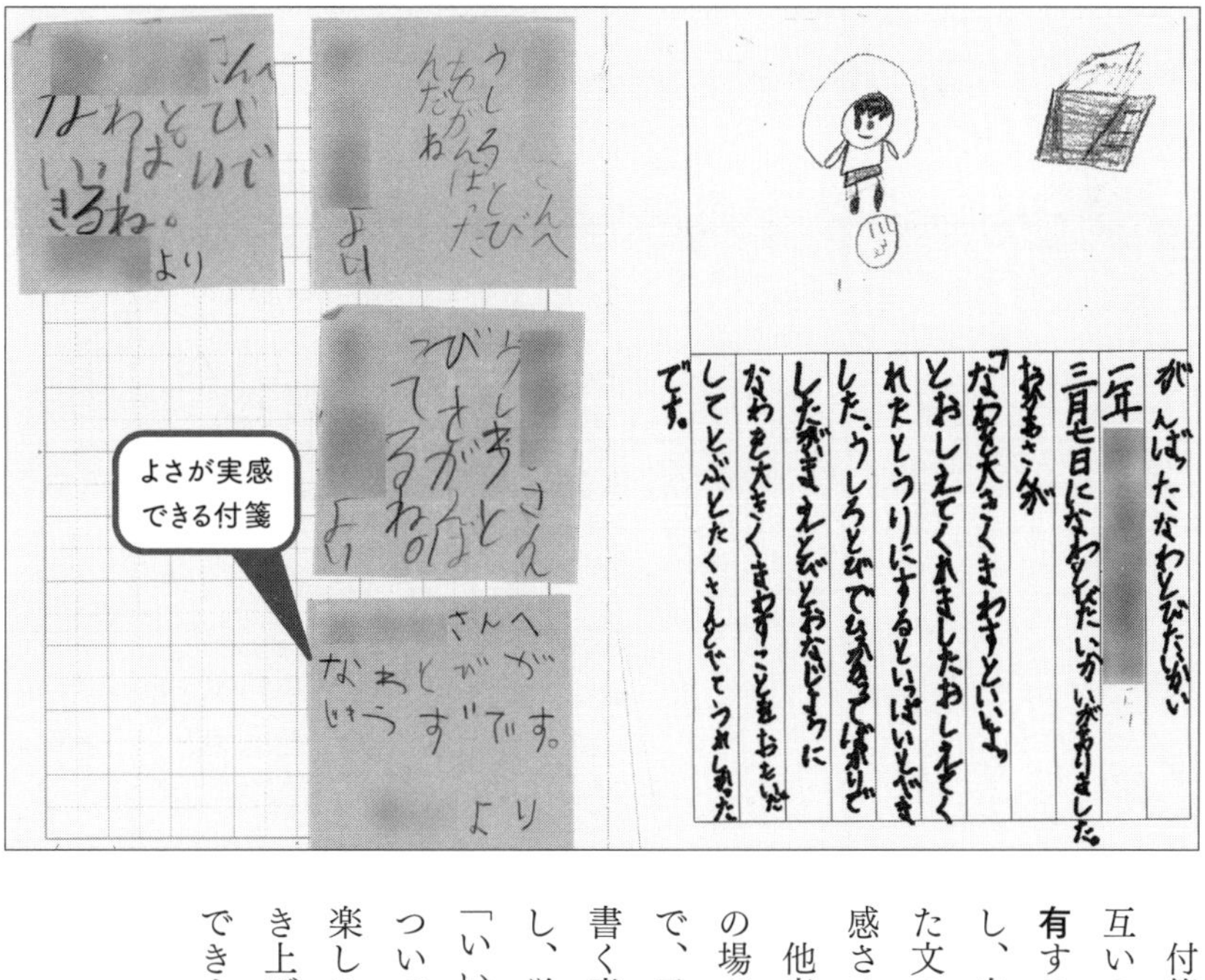

付箋を用いて、互いの考えを**共有**する場を設定し、自分の書いた文のよさを実感させました。

他者との共有の場があることで、子供たちの書く意欲が向上し、学級全員が「いいこと」についての文章を楽しみながら書き上げることができました。

子供の変容

この単元を通して子供たちは、語と語や文と文との続き方に注意しながら内容のまとまりが分かるように、自分の考えをまとめることができました。また、自ら題材を選び、報告文の構成を整えて書くだけでなく、他者との共有の場があることで充実感をもつことができました。

相手や目的を明確にして、すいせんする文章を書こう「この本、おすすめします」

単元の概要 ▼子供たちがおすすめする本を一冊選び、推薦文を書く活動をする。

単元のポイント ▼単元の相手や目的に応じて、自分の考えが伝わるように書き表し方を工夫する。

指導のポイント ▼共有の視点を押さえ、友達のよいところと直したほうがよいところを付箋に書いて共有の工夫することができるようにする。

第4時 共有するときの視点を確かめる。

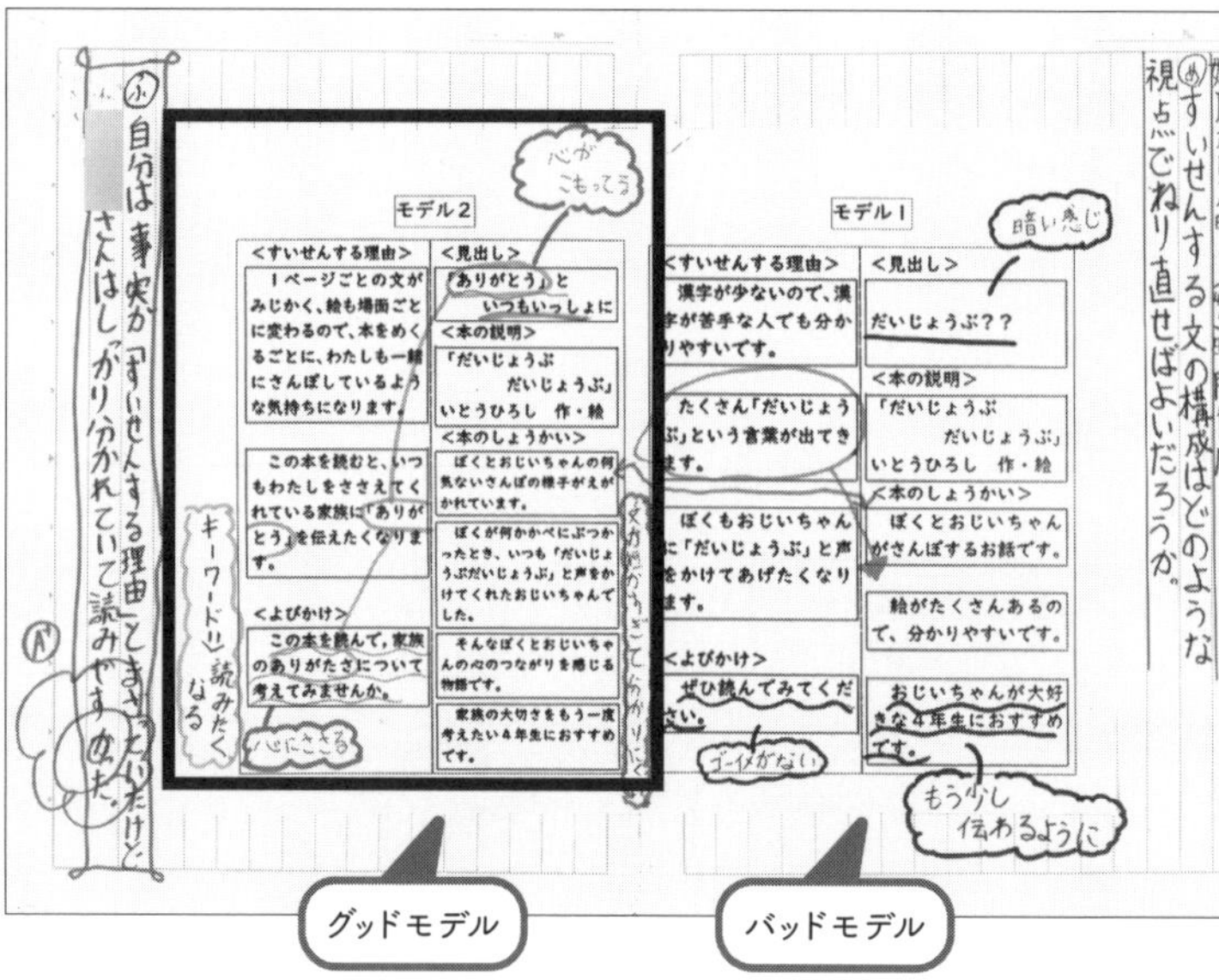

拡大

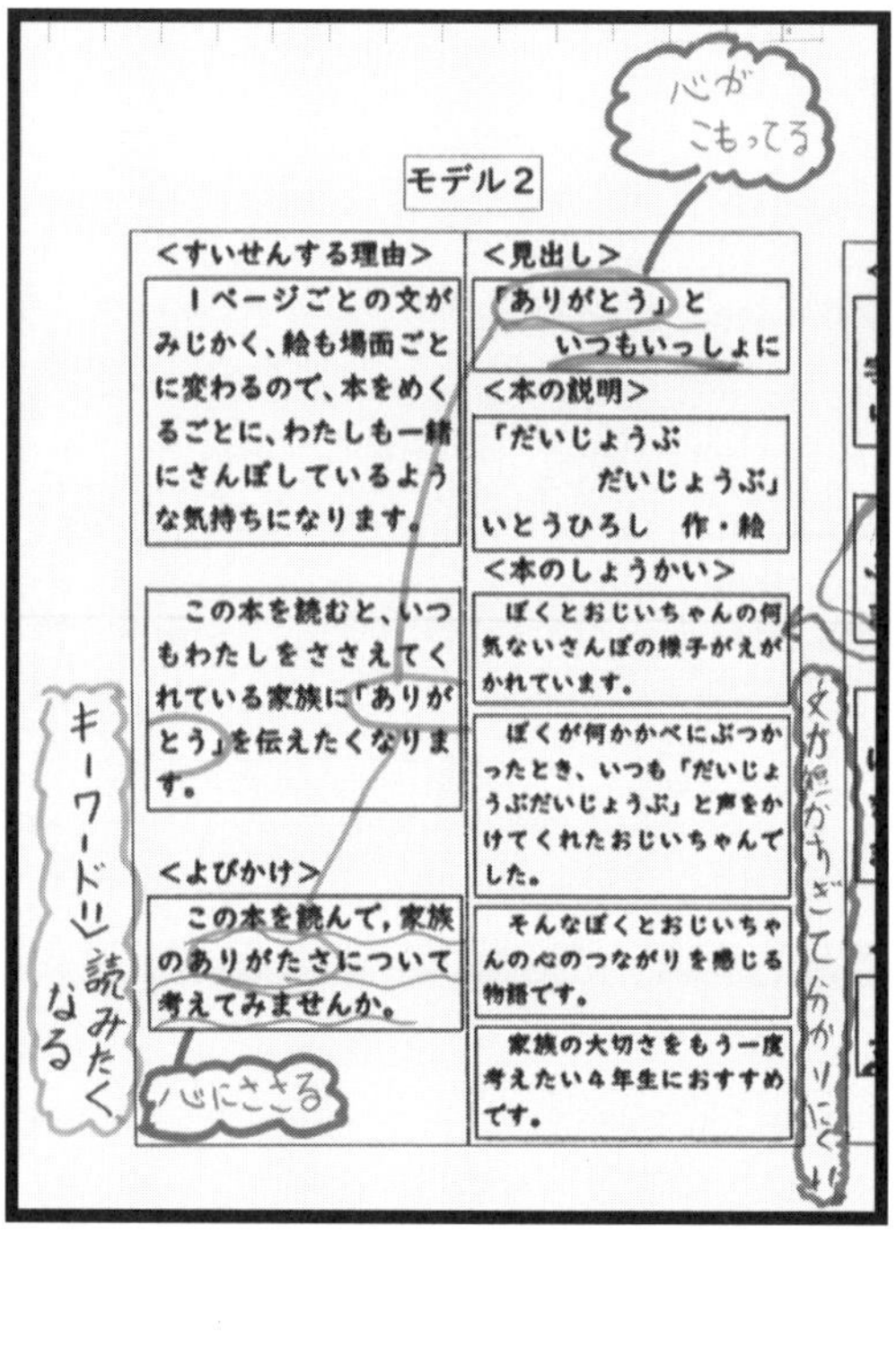

子供たちは、グッドモデルとバッドモデルを比較して、どうすればよりよい文章になるか気付くことができました。例えば、グッドモデルのほうは「見出し」と「呼びかけ」のテーマ「ありがとう」が一致しているので、筆者が何を伝えたいか明確になっています。これを基に、友達の文章は伝えたいことが一貫しているかという視点で読むようになります（**共有の工夫**）。

第4時 友達と構成を共有し、互いにアドバイスし合う。

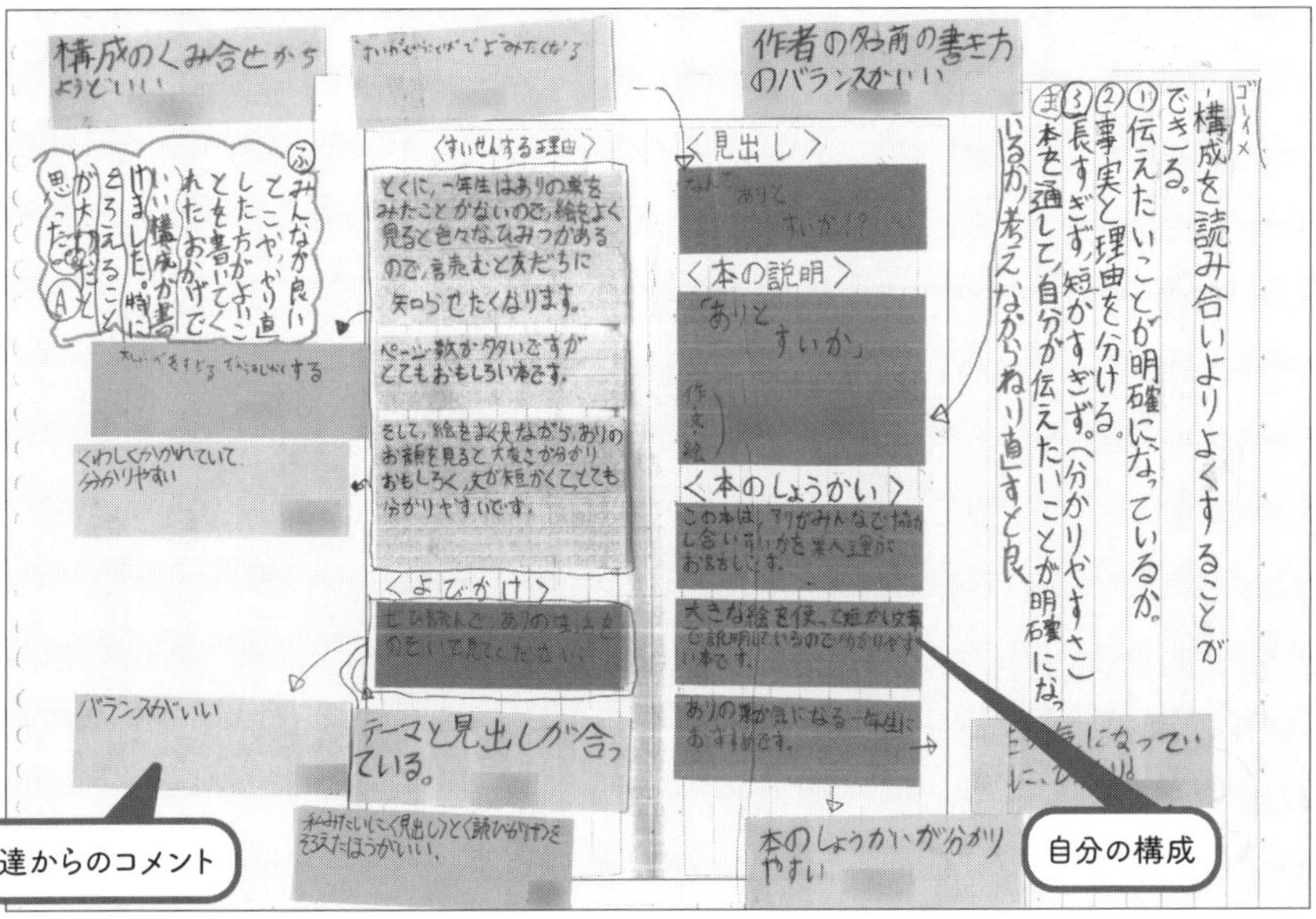

付箋を使って、「よかったところ」は黄色、「直したほうがいいところ」は水色に分けて考えを共有しました。

子供たちは構成が完成するとそこで満足しがちです。そこで、友達の構成を見直す活動を通して、自分の構成を見直す視点に気付かせました（**共有の工夫**）。

第5時 友達からもらった付箋を基に清書する。

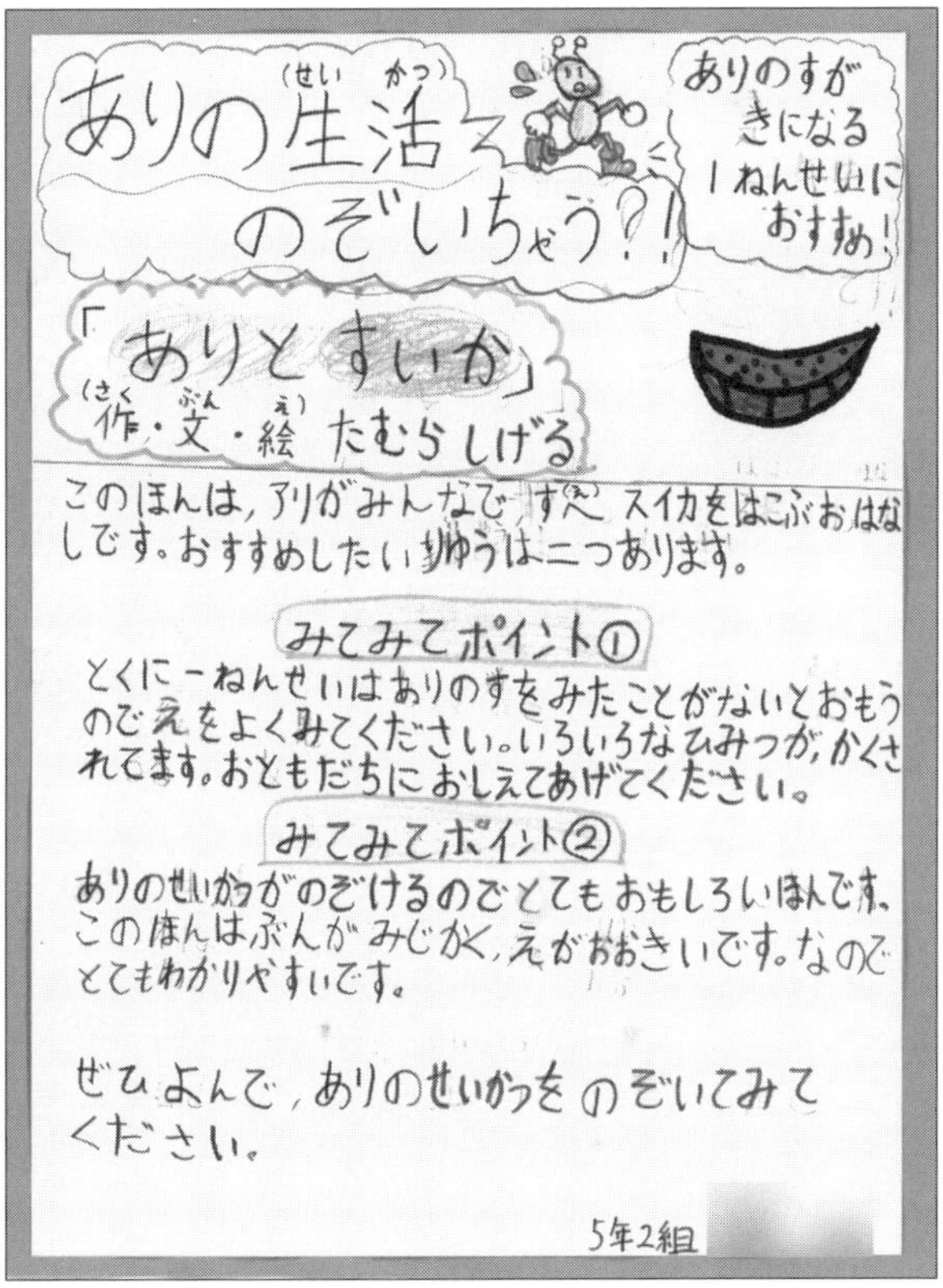

自分が書いた構成と友達からもらったアドバイスを基に清書をしました。友達のアドバイスから、自分では気付けなかったことに気付くことができ、よりよい文章に仕上げることができました。

子供の変容

子供は自分の文章がまとまると満足してしまい、よりよい文章にしようとしなかったり、どこを変えればよいのか分からなかったりすることがあります。そこで、共有の工夫をすることで、自分自身の文章を見直す視点に気付けるようになりました。

具体的な事実や考えをもとに、提案する文章を書こう「私たちにできること」

単元の概要▼「身の回りにある問題」を解決するために、提案する文章を書く活動をする。

単元のポイント▼他者との共通点・相違点を発見させたり、自他のよさを認識させたりするために、共有の工夫をする。

指導のポイント▼コメントをノートに書き合い、客観的な視点で文章の構成や表現を整えたり自分の文章のよさに気付いたりできるようにする。

第7時 友達からの質問を活用して考えの形成をする。

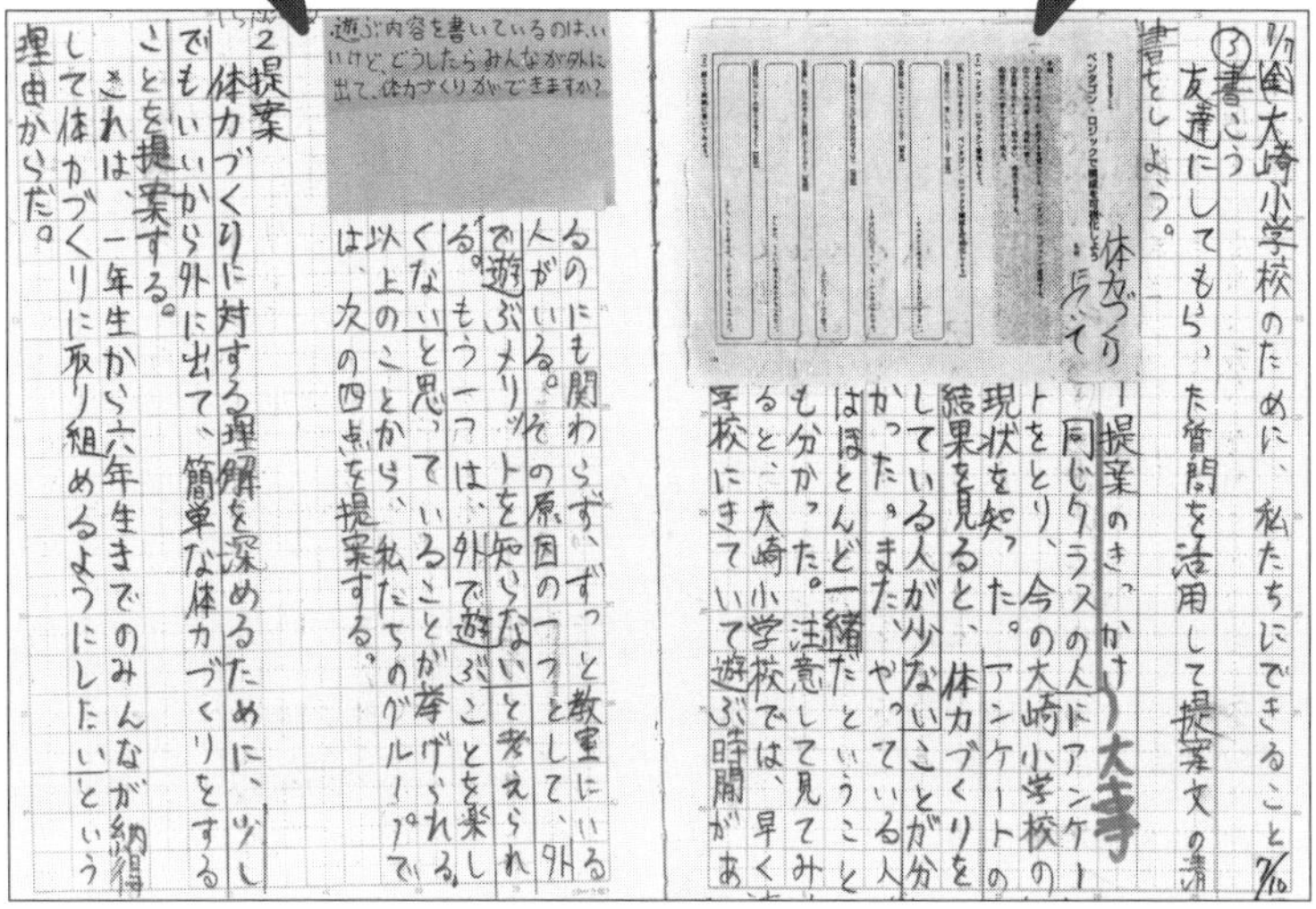

大崎小学校のために、私たちにできること
③書こう 友達にしてもらった質問を活用して提案文の清書をしよう。
体力づくり
1 提案のきっかけ 大事
同じクラスの人にアンケートをとり、今の大崎小学校の現状を知った。アンケートの結果を見ると、体力づくりをしている人が少ないことが分かった。また、やっている人はほとんど一緒だということも分かった。注意して見てみると、大崎小学校では、早く学校にきていて遊ぶ時間があるのにも関わらず、ずっと教室にいる人がいる。その原因の一つとして、外で遊ぶメリットを知らないと考えられる。もう一つは、外で遊ぶことを楽しくないと思っていることが挙げられる。以上のことから、私たちのグループでは、次の四点を提案する。

遊ぶ内容を書いているのはいいけど、どうしたらみんなが外に出て、体力づくりができますか？
2 提案
体力づくりに対する理解を深めるために、少しでもいいから外に出て、簡単な体力づくりをすることを提案する。

これは一年生から六年生までのみんなが納得して体力づくりに取り組めるようにしたいという理由からだ。

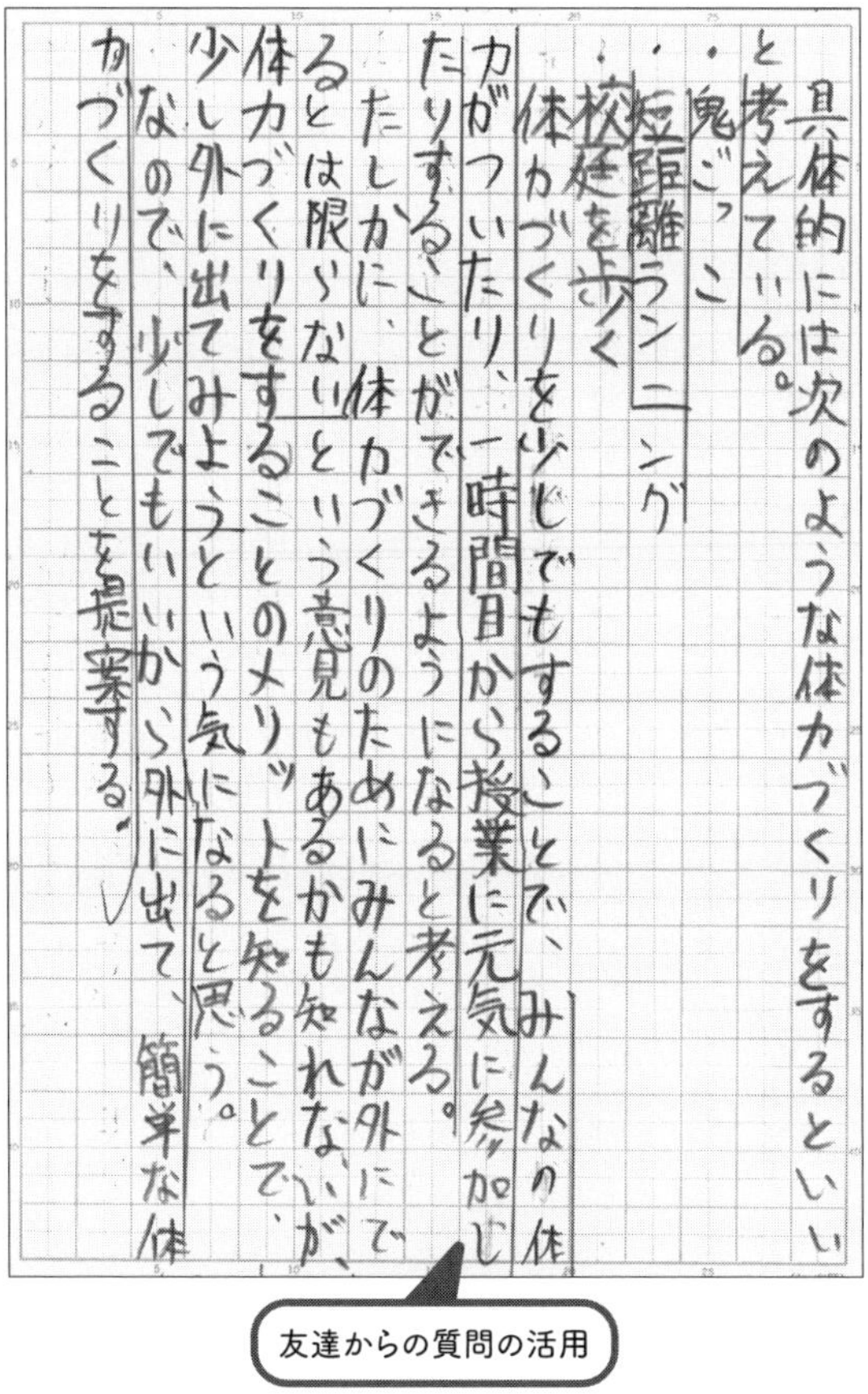

具体的には次のような体力づくりをするといいと考えている。
・鬼ごっこ
・短距離ランニング
・校庭を歩く
体力づくりを少しでもすることで、みんなの体力がついたり、一時間目から授業に元気に参加したりすることができるようになると考える。

たしかに、体力づくりのためにみんなが外にでるとは限らないという意見もあるかも知れないが、体力づくりをすることのメリットを知ることで、少し外に出てみようという気になると思う。

なので、少しでもいいから外に出て、簡単な体力づくりをすることを提案する。


書き出しの例示を参考に文章構成を整え、考えの形成を行いました。**共有の工夫**で友達から質問をもらい、自分の考えに活用することで、他の立場を取り入れた文章を書くことができました。他の立場の考えを取り入れることで、より説得力のある文章構成にすることができました。

第10時 互いの文章のよさを共有し、単元の振り返りを行う。

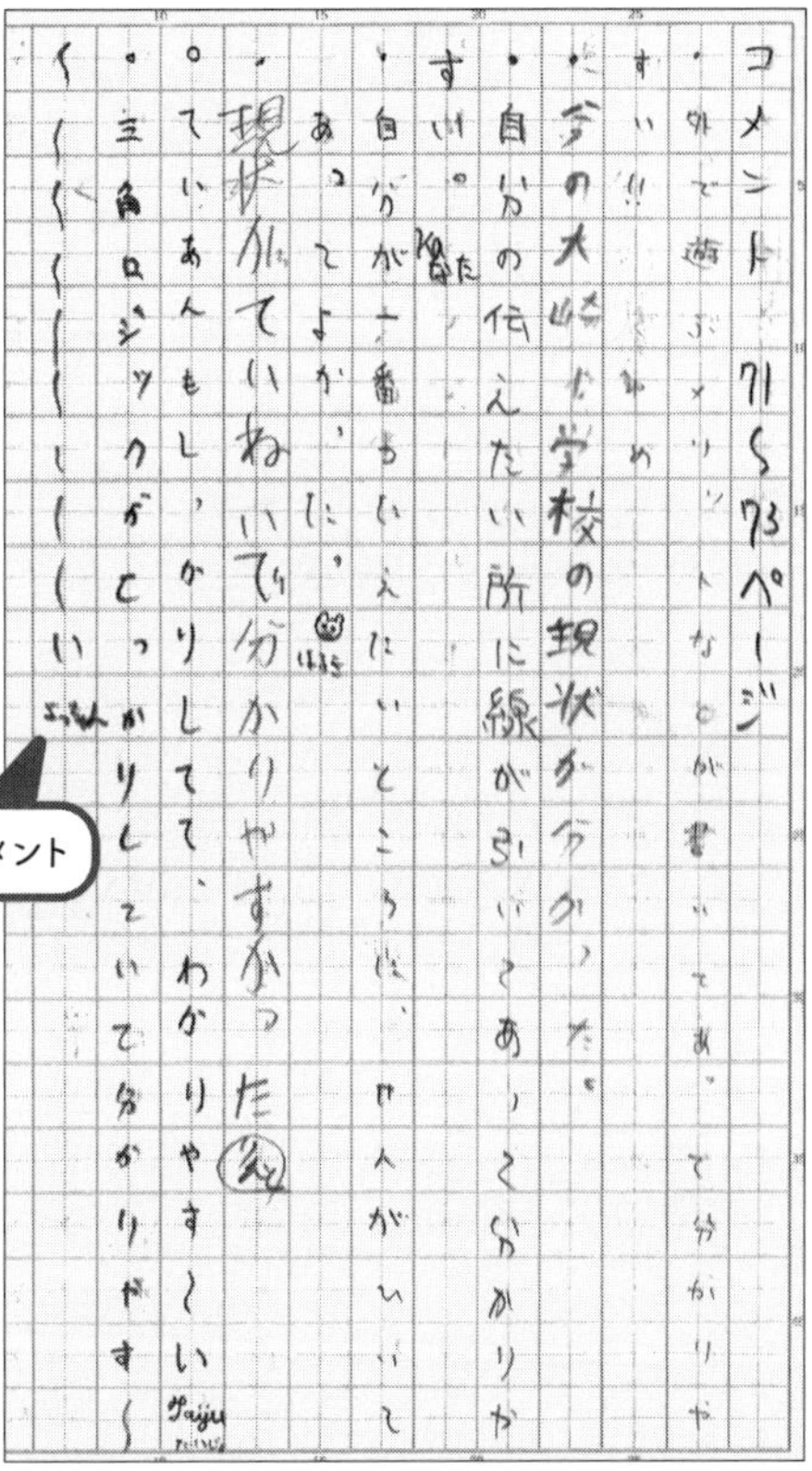
コメント 71〜73ページ
・外で遊ぶメリットなどが書いてあって分かりや
すい!!
・自分の大好きな学校の現状が分かった。
・自分の伝えたい所に線が引いてあってよく分かりや
すい。
・自分が一番ちたいえたいところに、かんがいて
あってよかった。
・現状がていねいで分かりやすかった
○ていあんもしっかりしてて、わかりやすい
・主食ロジックがしっかりしていて分かりやすい〜
く〜〜〜〜〜〜〜〜い

書き上げた文章に対する友達からのコメント（提案内容や文章構成に対するよさ）を書き合う**共有の工夫**を行うことで、自他の文章のよいところに気付けるようにしました。更に、単元全体の振り返りにも、コメントから分かった「自分の文章のよさ」を書かせることで、振り返りの充実を図ることができました。

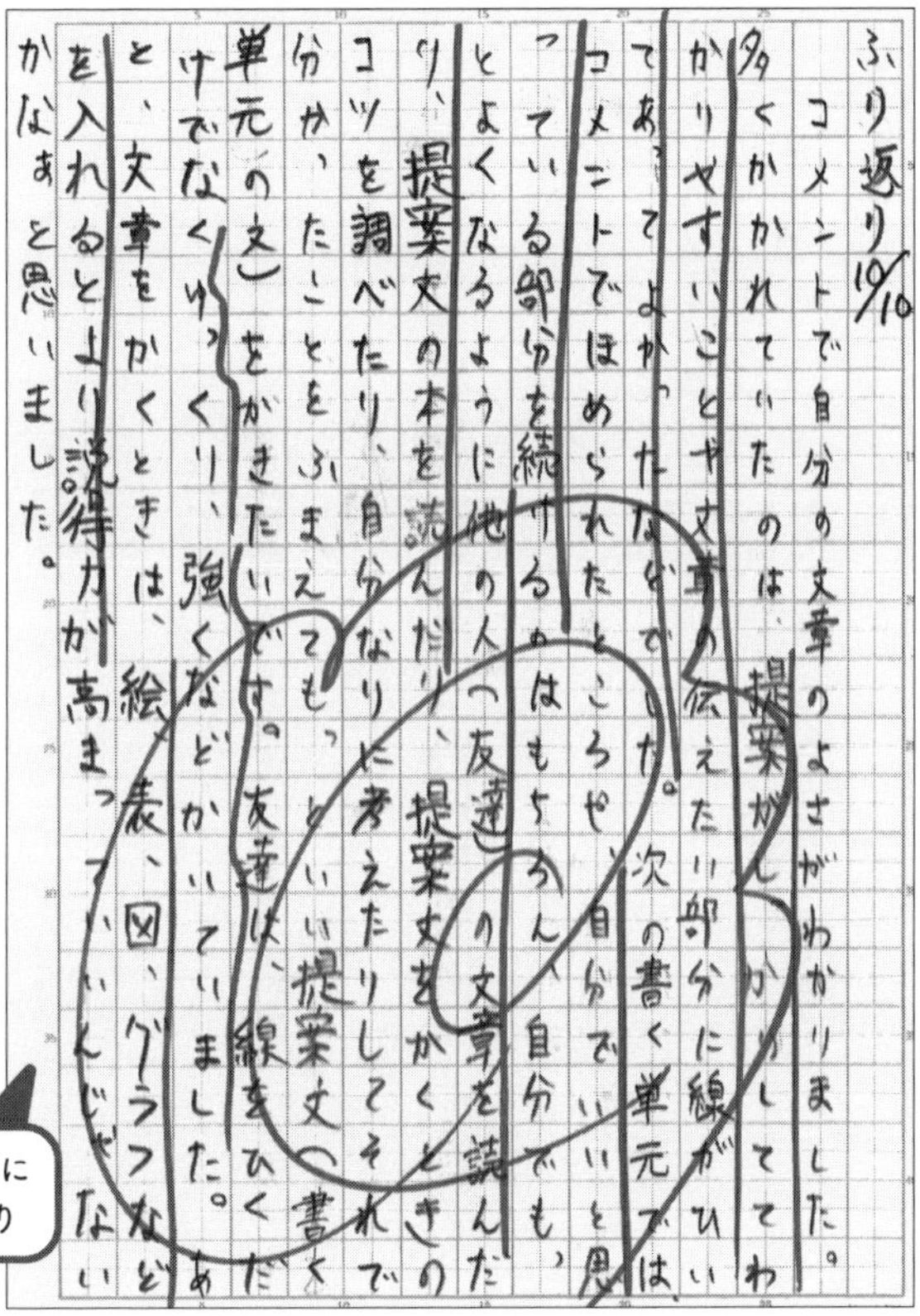
ふり返り 10/10
コメントで自分の文章のよさがわかりました。
多くかかれていたのは、提案がしかりしててわ
かりやすいことや文章の伝えたい部分に線がひい
てあってよかったなどでした。次の書く単元では、
コメントでほめられたところや、自分でいいと思
っている部分を続けるのはもちろん、自分でも、
とよくなるように他の人へ友達の文章を読んだ
り、提案文の本を読んだり、提案文をかくときの
コツを調べたり、自分なりに考えたりしてそれで
分かったことをふまえてもっといい提案文へ書く
単元の文をかきたいです。友達は、線をひくだ
けでなくゆっくり、強くなどかいていました。あ
と、文章をかくときは、絵、表、図、グラフなど
を入れるとより説得力が高まっていいんじゃない
かなあと思いました。

子供の変容

ノートを基盤に付箋でコメントや質問をし合うことで、提案の内容を深められました。書いてあるコメントを読んで振り返りを行うことで、文章の構成や表現方法における自分の変容が実感できました。子供たちにとって、忘れられない単元になっていたようです。

読んで感じたことを伝え合おう「スーホの白い馬」

単元の概要　「スーホの白い馬」を読んで、叙述を基に、登場人物の行動を具体的に想像し、友達と伝え合う学習をする。

単元のポイント　文章を読んで感じたことを共有するためにノートに自分の考えを書き、友達と交流をする。

指導のポイント　自分のノートを「見せ合い」、感想を「書き合う」ことで、文章を読んで感じたことを共有することができるようにする。

第1時　扉絵をつくり（視写）、初発の感想を基に学習計画を立てる。

ノートは、教科書の単元扉を視写させるところから始まります。教科書扉のリード文を通して、どんなお話か考えさせました。初発の感想を出し合い、登場人物の行動について、場面ごとに問いを立てました。

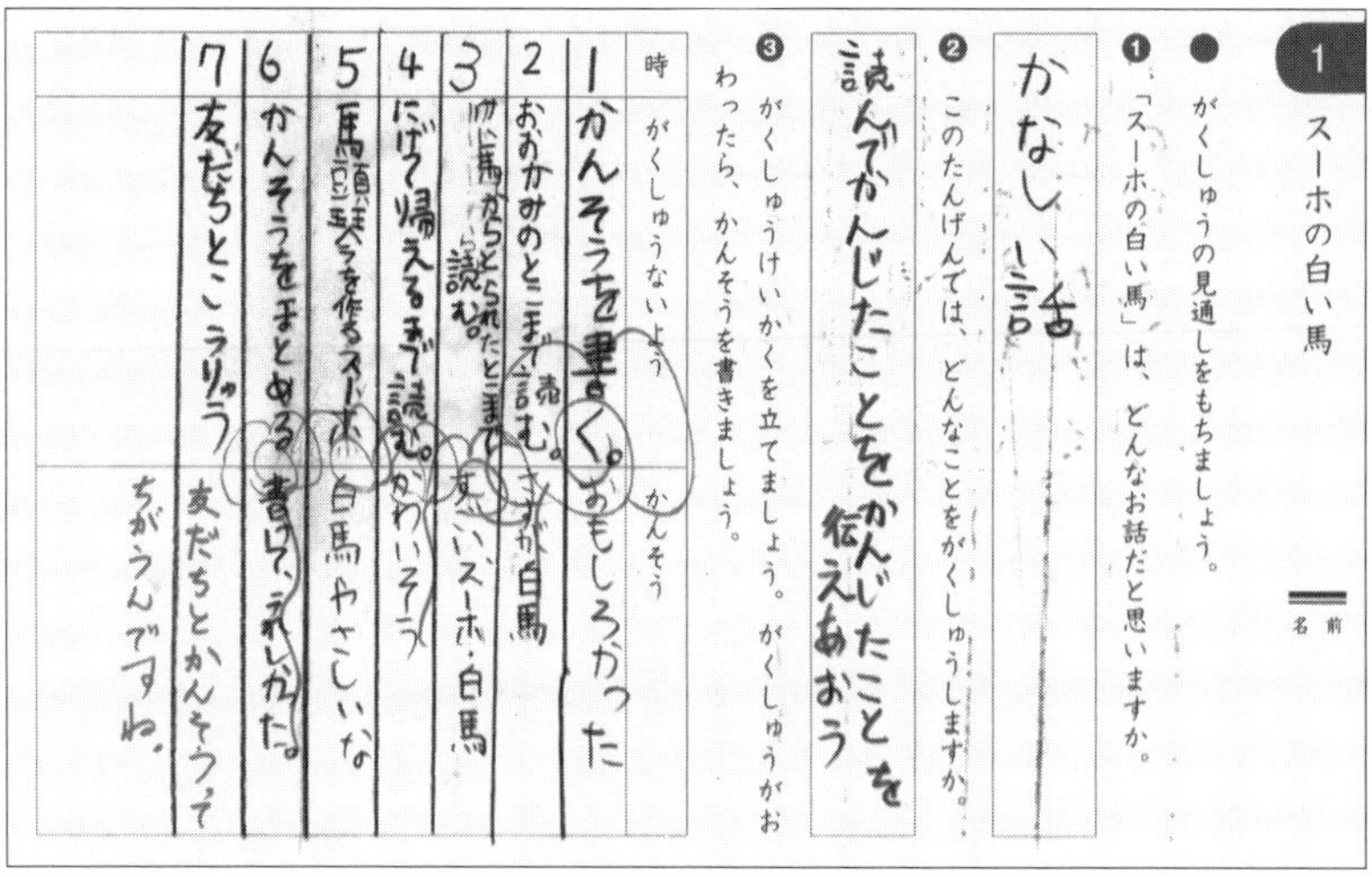

1　スーホの白い馬　名前

● がくしゅうの見通しをもちましょう。

❶「スーホの白い馬」は、どんなお話だと思いますか。

かなしい話

❷ このたんげんでは、どんなことをがくしゅうしますか。

読んでかんじたことを伝えあおう

❸ がくしゅうけいかくを立てましょう。がくしゅうがおわったら、かんそうを書きましょう。

時	がくしゅうないよう	かんそう
1	かんそうを書く。	おもしろかった
2	おおかみのところまで読む。	さすが白馬
3	初馬がころされたところまで読む。	すごいスーホ・白馬
4	にげて帰えるまで読む。	かわいそう
5	馬頭琴を作るスーホ	白馬やさしいな
6	かんそうをまとめる。	書けて、えらかった
7	友だちとこうりゅう	友だちとかんそうってちがうんですね。

第6時　場面ごとに登場人物の行動を想像する。

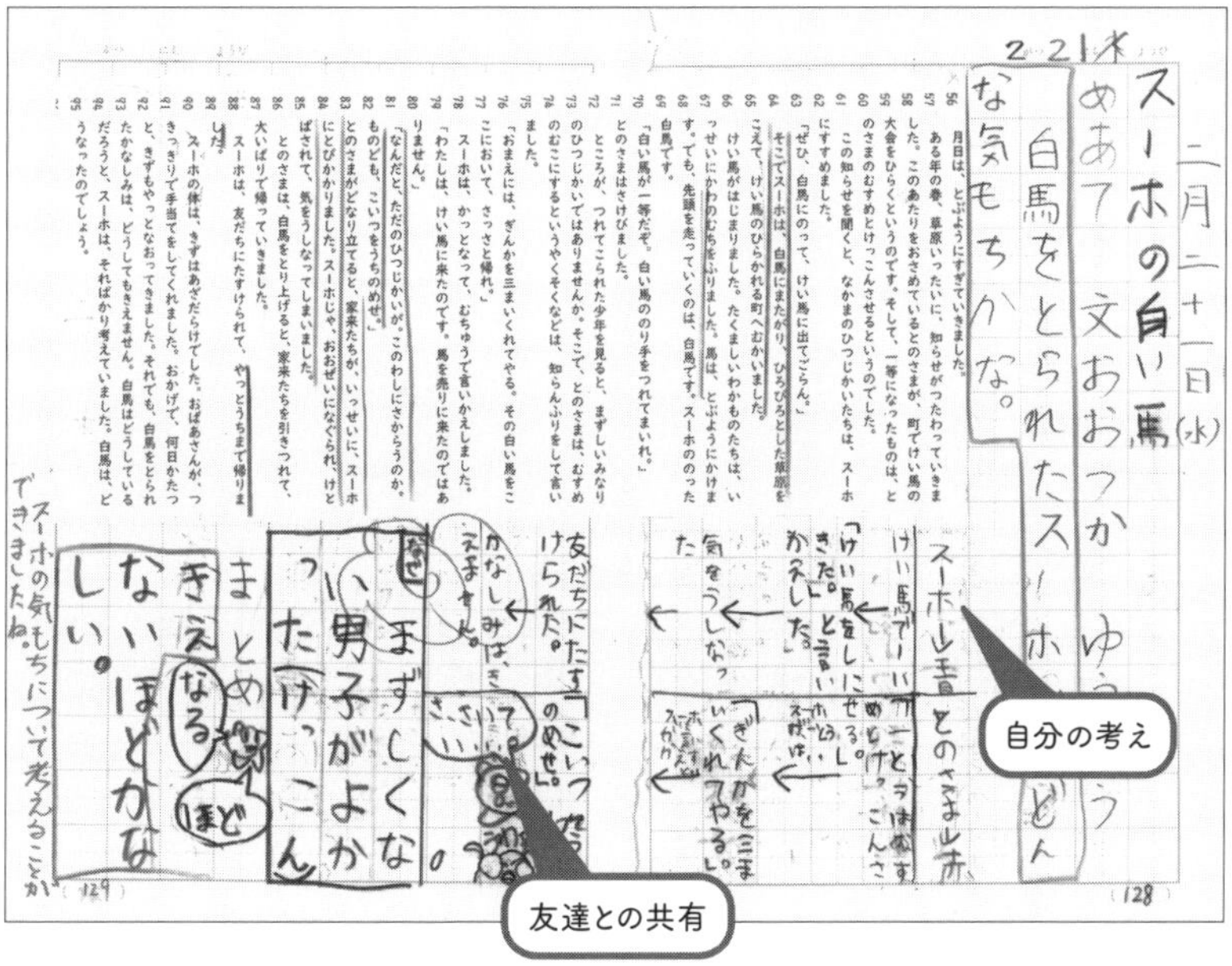

会話・行動・気持ちに関わる言葉（**文と文の結び付き**）に着目させ、登場人物の様子について想像させました。話し合いの場面では、自分のノートを友達に「見せ合い」、相互に認め合うために友達のノートにコメントを書くことできました。

第7・8時　感想の交流をする。

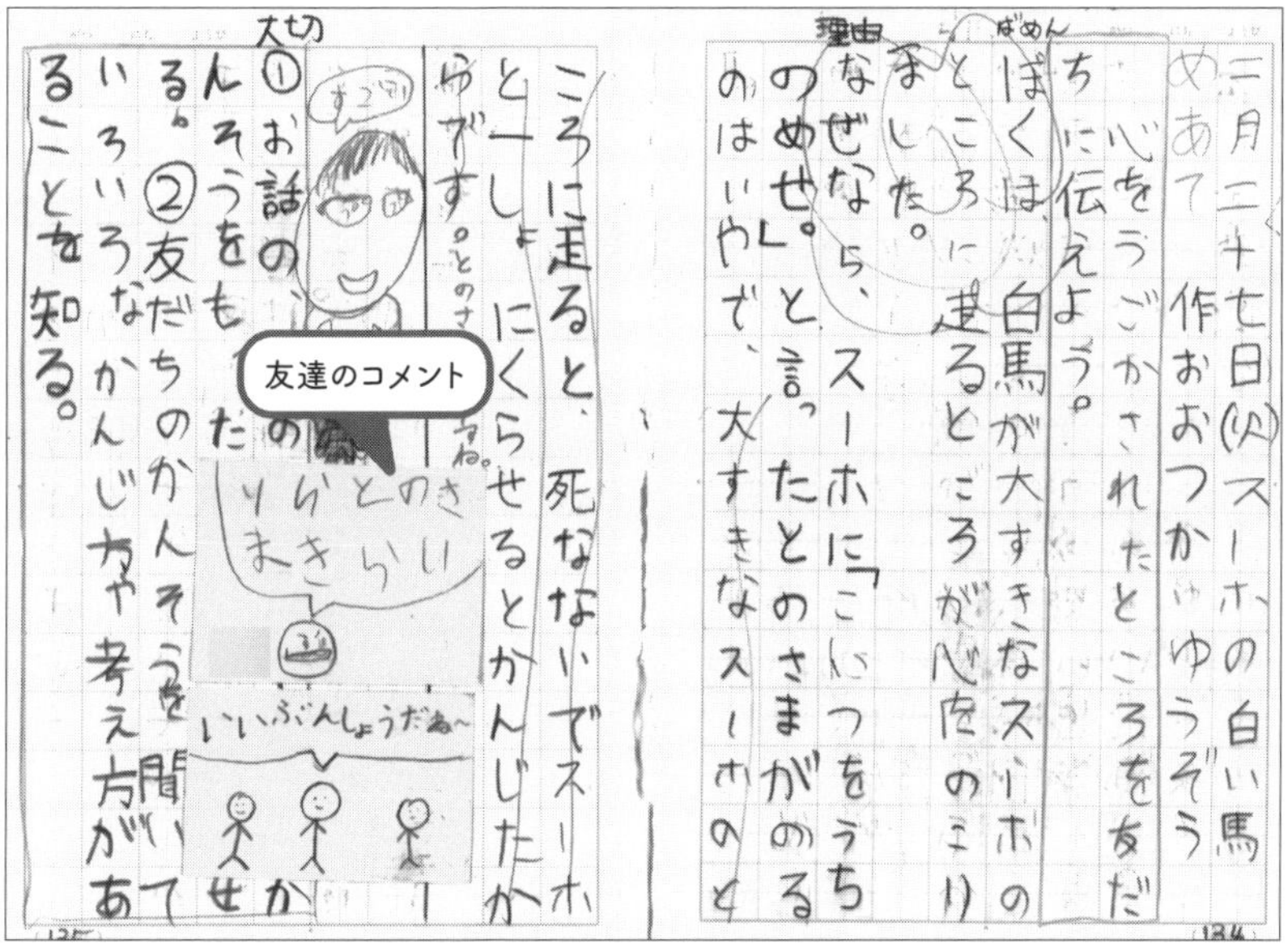

話型を掲示して、「心を動かされたところ」と「理由」をノートに書かせました。今までのノートを振り返りながら書くことができました。また、付箋を使って感想の共有をさせることで、友達の感じ方のよさに気付くことができました。

子供の変容

初発の感想を基に、問いを立てて場面ごとに読んだことで、ノートで振り返りながら、感想を書いて友達との共有を行うことができました。

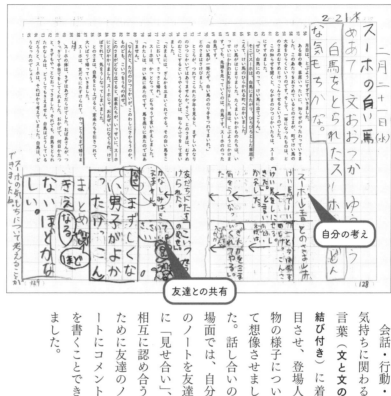

県立奄美図書館展示プロジェクト「一つの花」

単元の概要▼子供たちが物語を読み、感想文を書いて県立図書館に展示する。

単元のポイント▼場面の移り変わりと結び付けながら、登場人物の心情や場面の様子の変化を捉えて読む力を高める。

指導のポイント▼友達の考えをノートにメモさせることで、考えを共有しながら学び合えるようにする。

第4時　教材文を読解する。

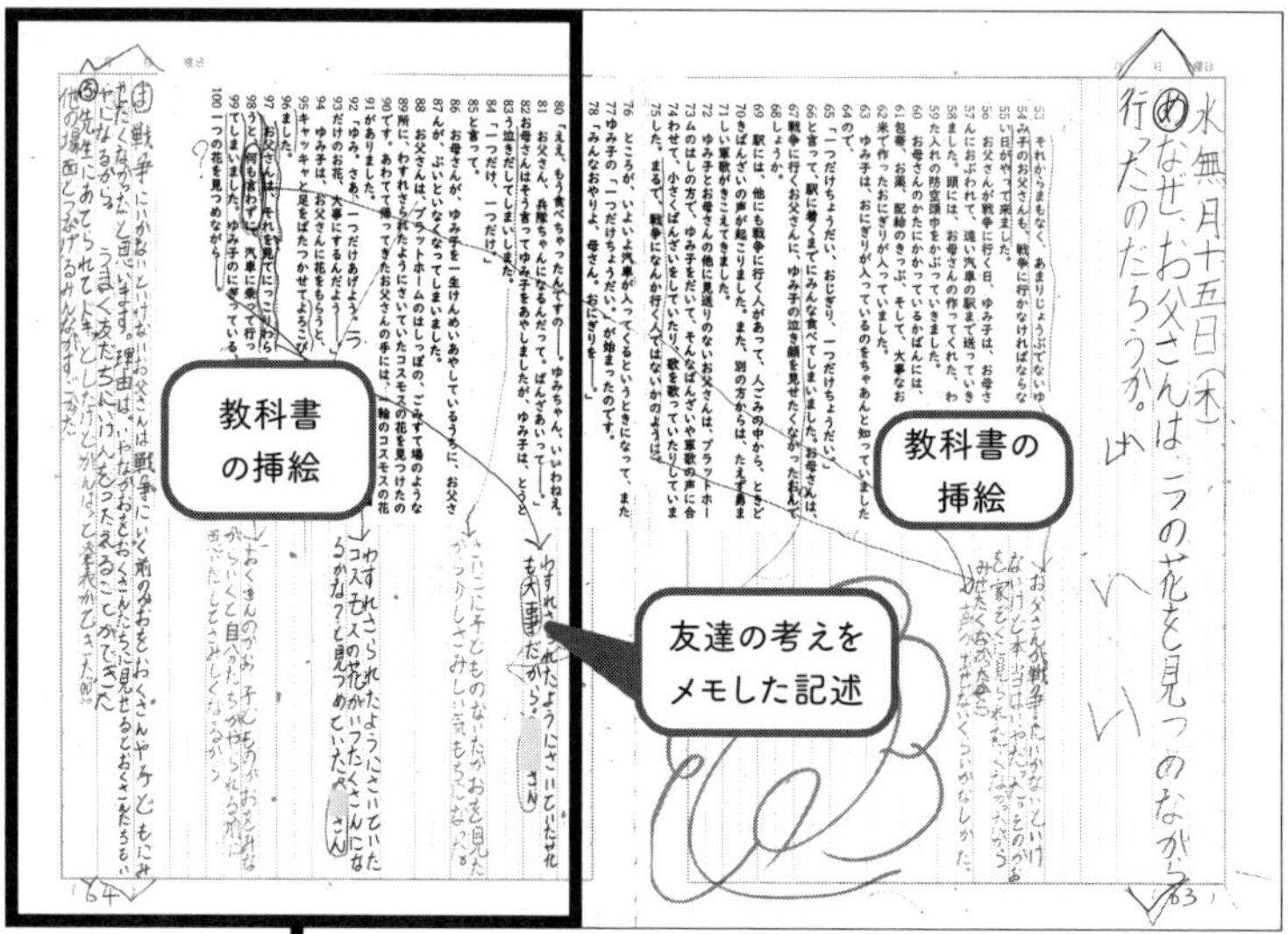

子供たちが設定した学習課題は、「なぜ、お父さんは一つの花を見つめながら行ったのだろうか」というものでした。

子供たちは、「わすれさられたように」という比喩表現や、お父さん、ゆみ子、お母さんなど人物の表情等に着目し、前の場面や後の場面と結び付けながら読み進め、課題を解決していきました（**学習語彙の活用**）。

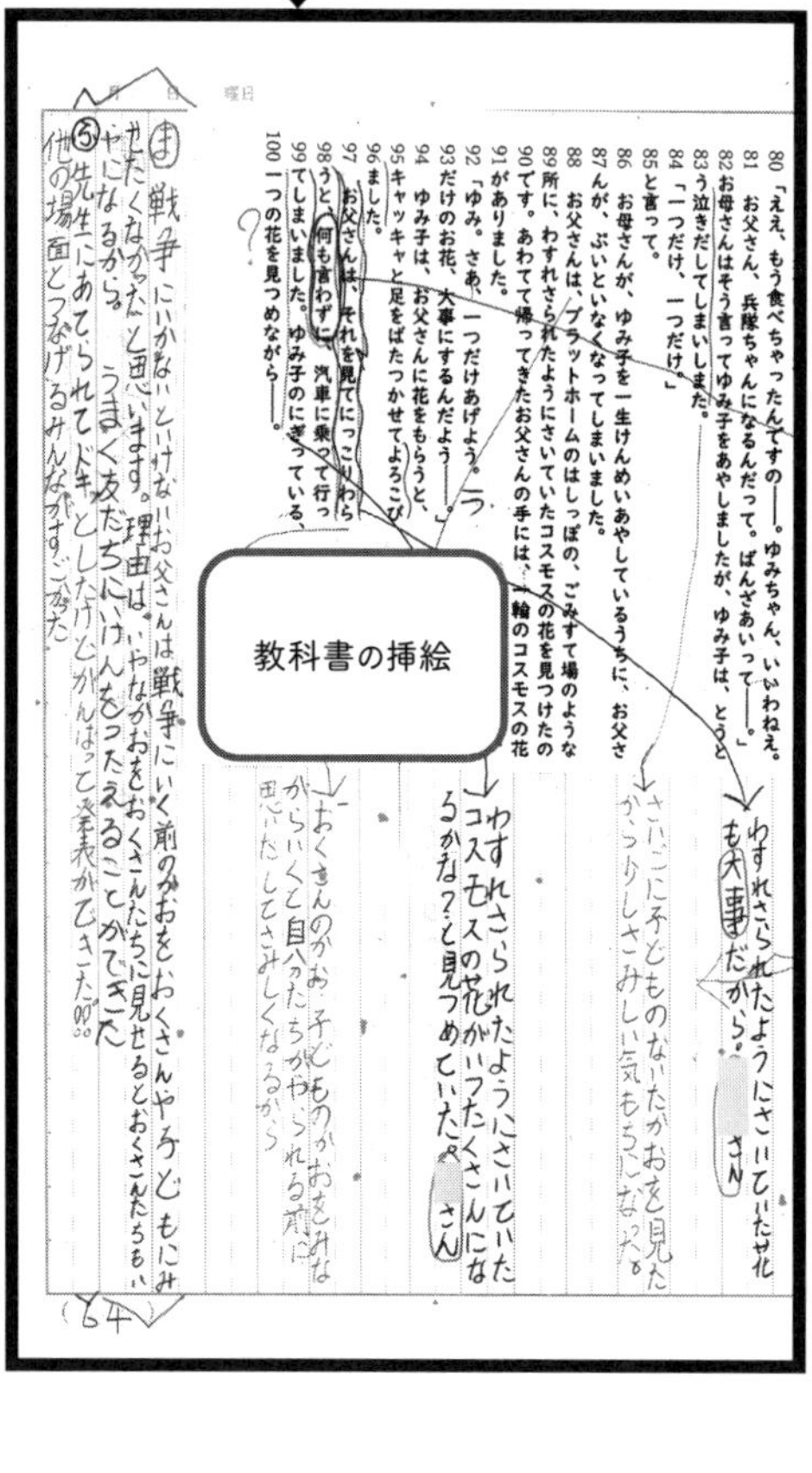

また、友達の考えをすぐにメモに残すことができるというノートのよさを生かしながら話し合っていきました（**拡大部分**）。自分と友達の考えの共通点や相異点、友達の考えのよさを捉えながらメモをして、自分の考えの形成・修正に組み入れようと努めていました（**共有の工夫**）。

第6時　単元の最初と最後に書いた感想文を比較しながら振り返る。

単元「最初」の感想文

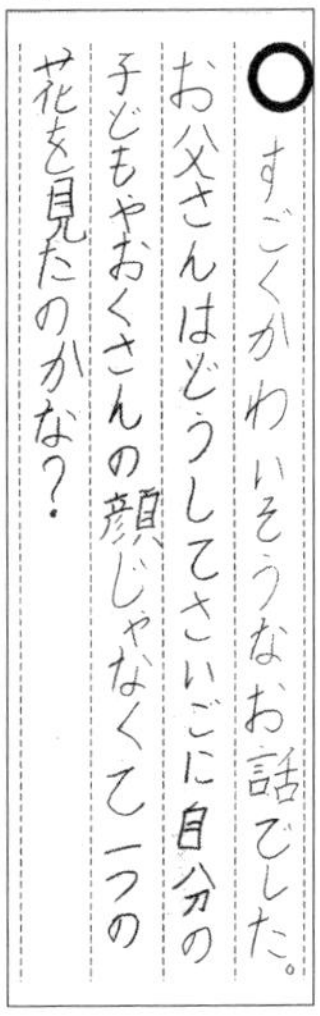
○すごくかわいそうなお話でした。お父さんはどうしてさいごに自分の子どもやおくさんの顔じゃなくて一つの花を見たのかな？

すごくかわいそうなお話でした。お父さんはどうしてさいごに自分の子どもやおくさんの顔じゃなくて一つの花を見たのかな？

比較
振り返り

単元「最後」の感想文

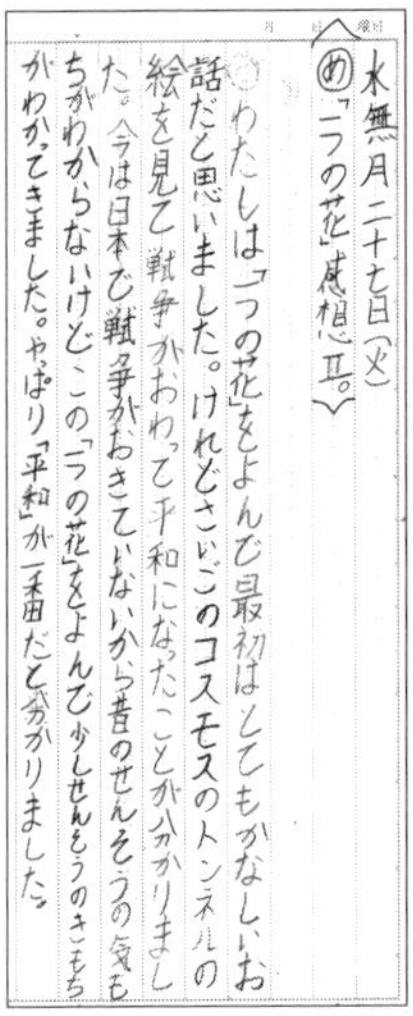
水無月二十七日(火)
㋱「一つの花」感想文。
わたしは「一つの花」をよんで最初はとてもかなしいお話だと思いました。けれどさいごのコスモスのトンネルの絵を見て戦争がおわって平和になったことが分かりました。今は日本で戦争がおきていないから昔のせんそうの気もちがわからないけど、この「一つの花」をよんで少しせんそうのきもちがわかってきました。やっぱり「平和」が一番だと分かりました。

わたしは「一つの花」をよんで最初はとてもかなしいお話だと思いました。けれどさいごのコスモスのトンネルの絵を見て戦争がおわって平和になったことが分かりました。今は日本で戦争がおきていないから昔のせんそうの気もちがわからないけど、この「一つの花」をよんで少しせんそうのきもちがわかってきました。やっぱり「平和」が一番だと分かりました。

本単元では、単元の「最初」に教材文「一つの花」の感想を試しに書く活動を行っていました。そして、第6時では、これまでの学習を生かして、感想を書く活動に取り組みました（「単元『最後』の感想文」）。

右上の単元の「最初」の感想文は、文量が少なく、物語の一部分に限定した感想（疑問の発露）になっています。しかし、単元の「最後」の感想文では、場面と場面をつなげ、自分自身の読みがどのように変わったのかを綴ることができています。ページをめくるだけで自分の学びの足跡を振り返ることができるのは、ノートのよさです。子供たちは、第1時のノートと、本時（第6時）のノートを見比べながら、二つの感想文の相異を捉えていきました。そして、自身の変容を捉え、変容した理由について考察し、読みの力の高まりを実感していきました（**振り返り**）。

また、第6時では、どのような読む力が身に付いたのかということだけでなく、自分自身がどのようにして学んできたのかというプロセスを振り返らせました。すなわち、「何を学んだのか」だけでなく、「いかに学んだのか」という振り返りです。

その際にも、ノートが大きな働きをしました。子供たちはノートをめくることで、どのような言葉に着目し、どのように理由付けをして課題を解決していったのかを振り返っていました。また、ノートを用いて互いの考えを共有しながら読みを深めていったという協働的な学びのプロセスについても振り返っていました。

子供の変容

子供たちから「そうそう、このとき、メモした○○さんの考えのおかげで解決できたんだった」という声がありました。ノートが協働的な学びの創造に有機的に作用していることを、子供たちの姿から感じました。

第Ⅳ章

自己調整力を育てる原国会式ノート

第Ⅳ章では、原国会式ノートが子供の「自己調整力」を育てることを、四実践を通して紹介します。自己調整力とは、ジマーマン（二〇〇六・二〇〇八・二〇一四）や自己調整学習研究会（二〇一二）らが述べるところを参考にしますと、学習における自己調整を発揮する領域として、「学習動機」「学習方法・内容」「学習時間管理」「学習結果（目的との整合性や評価）」「学習の物理的・社会的環境の設定や選択」等の領域が挙げられ、「予見」―「遂行／コントロール」―「自己省察」のサイクルによって調整が行われるとされています。このサイクルは、学校現場で使用される「見通し」―「言語活動」―「振り返り」に近いものです。

本章では、「自己調整力」を育成するための効果的方法として、「原国会式　ノート自慢」を紹介します。「ノート自慢」とは、文字どおり、子供たちが毎学期末に各自のノートを見せ合い、自慢したい内容を紹介し合うというものです。例えば、鹿児島大学教育学部附属小学校三年・原之園翔吾学級では、以下のような「自慢」が展開されました。

「ノート自慢」の意義を改めて述べますと、ノートの記述内容や記述量の変化を、他者と共有できることで、自己調整領域において意欲を高めたり成果を認識できたりすることがあります。そして、学習のプロセスを追跡できるため、他単元へのつながりが容易にできていきます。

子供B：これからノート自慢を始めます。僕が自慢したいのは「モチモチの木」の「霜月二十日のばん」の場面です。

他児童：見せて、見せて。

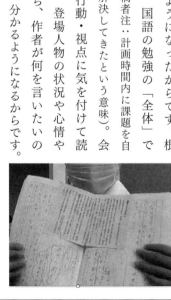

子供B：特に自慢したいのが「振り返り」です。なぜかというと、「振り返り」をするお陰で、いろいろな視点から読むことができるようになったからです。根拠は、国語の勉強の「全体」です（稿者注：計画時間内に課題を自分で解決してきたという意味）。会話・行動・視点に気を付けて読むと、登場人物の状況や心情や気持ち、作者が何を言いたいのかが、分かるようになるからです。

そして、「ノート自慢」には、もう一つのメリットがあります。それは、子供たちの「ノート自慢」の様子を見ていた「教師自身の変容」です。次に示すのは、原国会内部で実施したアンケート結果です。この結果は、鹿児島県立出水特別支援学校の草野真衣教諭が集約しました。

【教員の具体的な感想】

・ノートは板書を写すだけのものではなく、自分の考えを整理するためのものと意識するようになった。

・子供の学ぶ力を信じて委ねることができるようになった。

・自分自身が、もっと学びたい、もっと成長したいと思えるようになった。

・理論を学び、実践することの大切さを実感するようになった。

・「子供がどのような考えをもってどのようにノートに書いているのか」という視点に立って教材研究ができるようになった。

ノート指導を開始する前は、多くの教員がノートに対する消極的な子供の姿を思い浮かべていました。子供は書きたがらないだろう。つまらなそうにしている子どもの姿を見ると、自分の指導に自信がもてなくなる……。

しかし、子供たちが原国会式ノートで大きく変容していく姿を目の当たりにして、ノートの効果だけでなく、自身の指導法についても自信を深めていきました。まさに「ノートづくりは、授業づくり」を実感したのです。

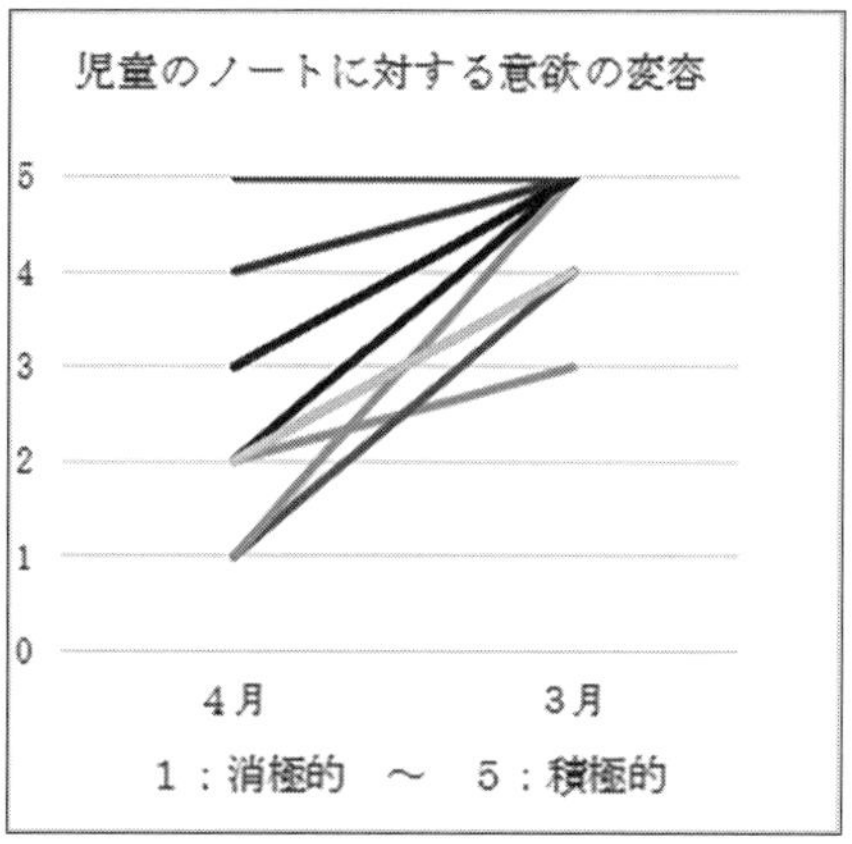

最後に「ノート自慢」が、学校枠を超えていった例を紹介しましょう。

鹿児島県は離島を多く有し、小規模校が多いという特徴があります。小さい頃から同じ集団で育つことが多かったり、話し合いのときに人数が少なく様々な考えを取り入れることが難しかったりするのも特徴です。

そこで、県内各地にいるノートチームの先生方同士で四つの学級をつなげ、四校合同「ノート自慢」を行いました。ここでは、各学級の代表の子供が「ノート自慢」を行い、互いに質問をしたり、交流をしたりしました。日頃一緒に学ぶ友達とは違う意見を知ることで、更に考えを深める姿が見られました。感想は「前のノートと比べて、自分の考えを書いているのがすごかった」「自分の考えと友達の考えをまとめにつなげているから、まねしたいと思った」というものでした。

学校を越えた「ノート自慢」を行うことで、日頃とは異なる環境で自分の考えを伝えたり、自分の考えを深めたりすることができました。他

にも、「他の学校の人に伝わるように」と、話し方やノートの見せ方を工夫するなど、聞き手を意識する子供の姿も見られました。

【参考文献】

- バリー・J・ジマーマン、ディル・H・シャンク編著、塚野州一編訳、伊藤崇達・中西良文・中谷素之・伊田勝憲・犬塚美輪訳『自己調整学習の理論』北大路書房、二〇〇六年
- バリー・J・ジマーマン、セバスチアン・ボナー、ロバート・コーバック著、塚野州一・牧野美知子訳『自己調整学習の指導～学習スキルと自己効力感を高める～』北大路書房、二〇〇八年
- バリー・J・ジマーマン、ディル・H・シャンク編著、塚野州一・伊藤崇達監訳『自己調整学習ハンドブック』北大路書房、二〇一四年
- 自己調整学習研究会編『自己調整学習～理論と実践の新たな展開へ～』北大路書房、二〇一二年

12月	**ノート自慢** 自分の成長を感じ、異学年のノートを見ることで自信をもち、学習意欲を高めた。 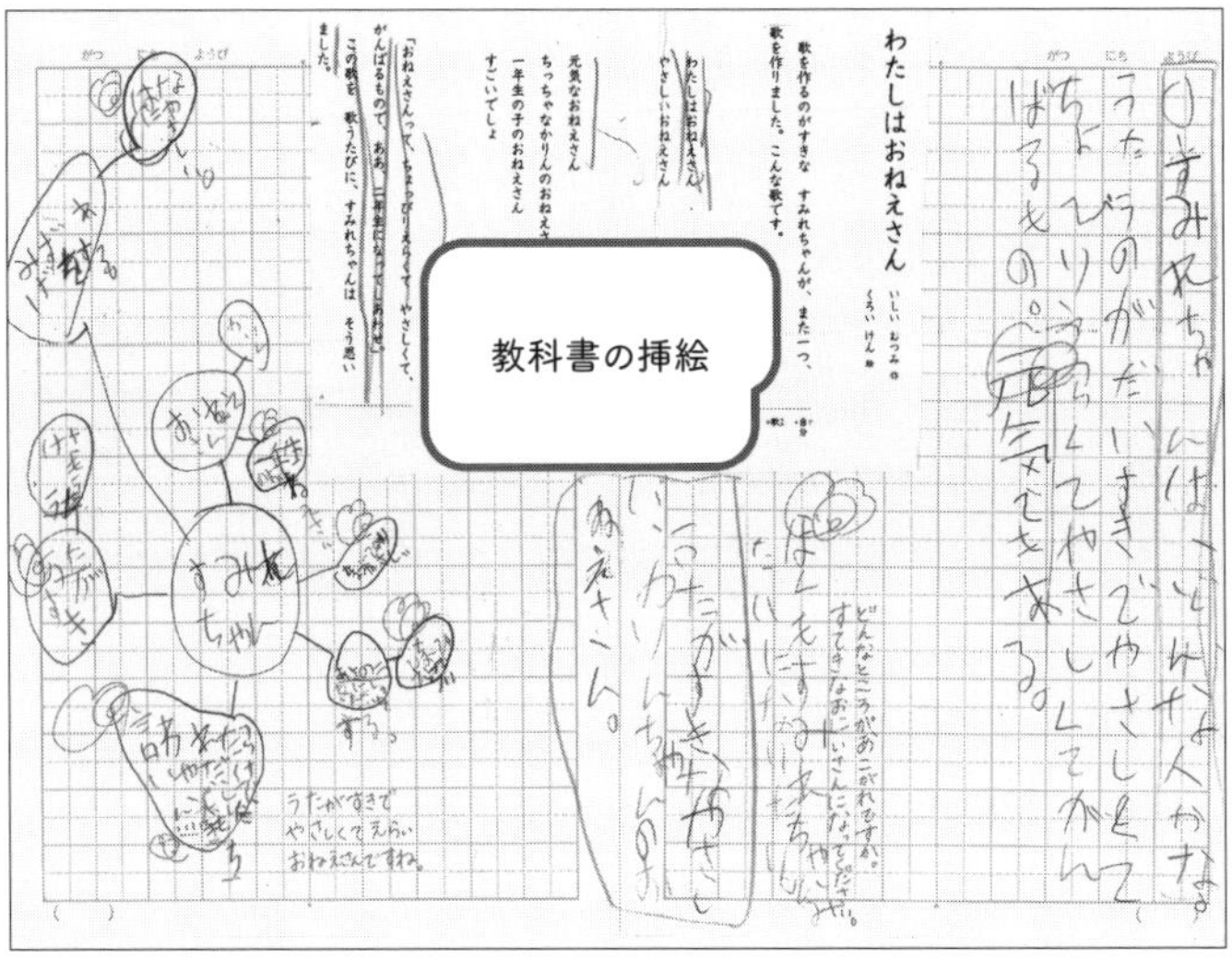 ■思考ツール（ウェビングマップ）を用いて、登場人物の性格をまとめることができた。
1月	**発表の場の工夫** 1年間の思い出について、組み立てを考え発表した。先生方にコメントをいただいた。
2月	**時間管理の工夫** 単元計画を示すことで、自己調整しながら学習することができた。 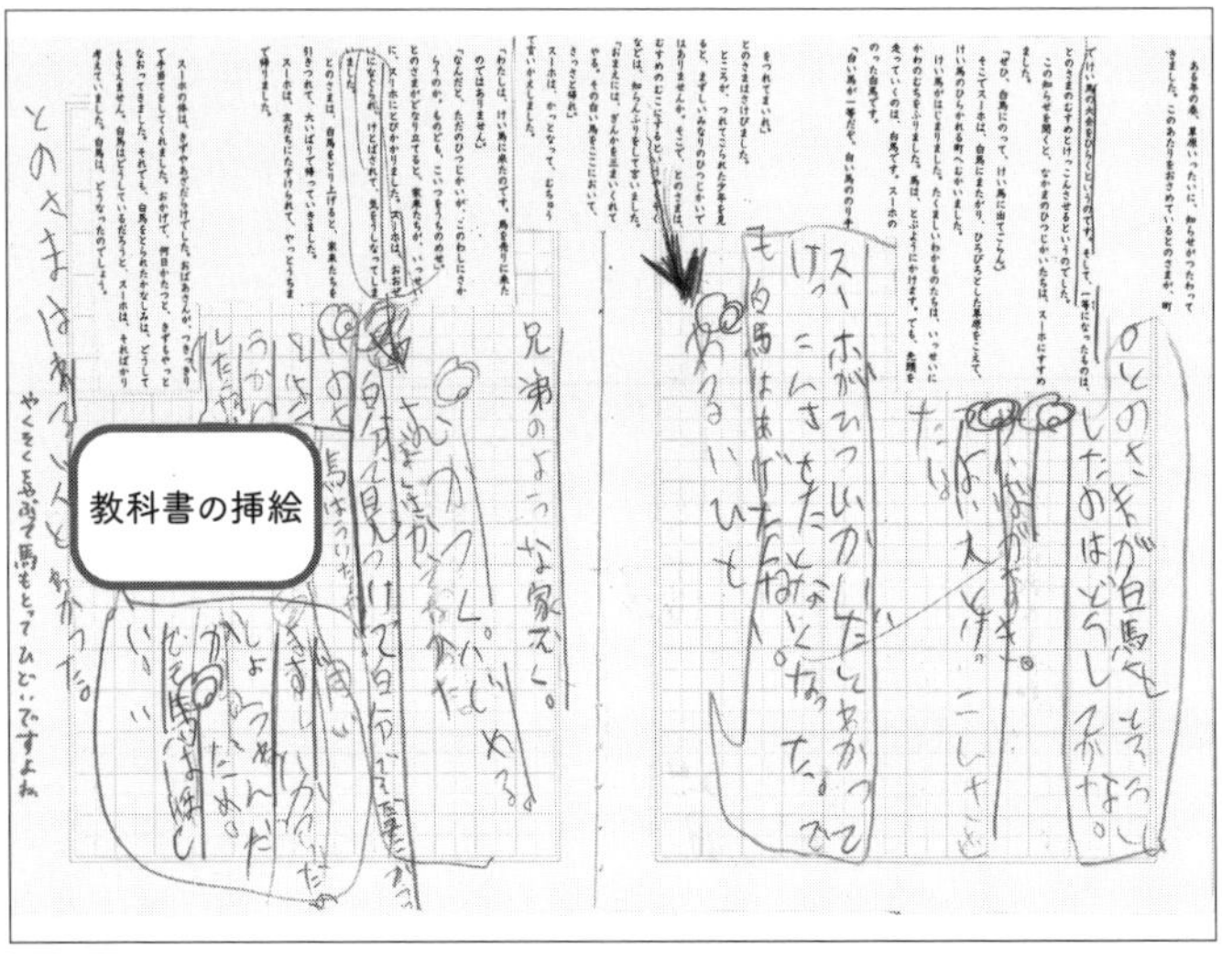 ■本文に線を引き、登場人物の気持ちや行動を想像し、自分の考えを書いている。 ■記述が増えた。 ※大塚勇三「スーホの白い馬」
3月	**ノート自慢** 1年間の自分の成長を実感し、自分のノートのよさを紹介することができた。

低学年複式学級の取り組み

月	重点的に取り組んだ活動
4月	**本文との結び付き** 本文に線を引き、どのように音読をしたらよいか考える時間を設定した。 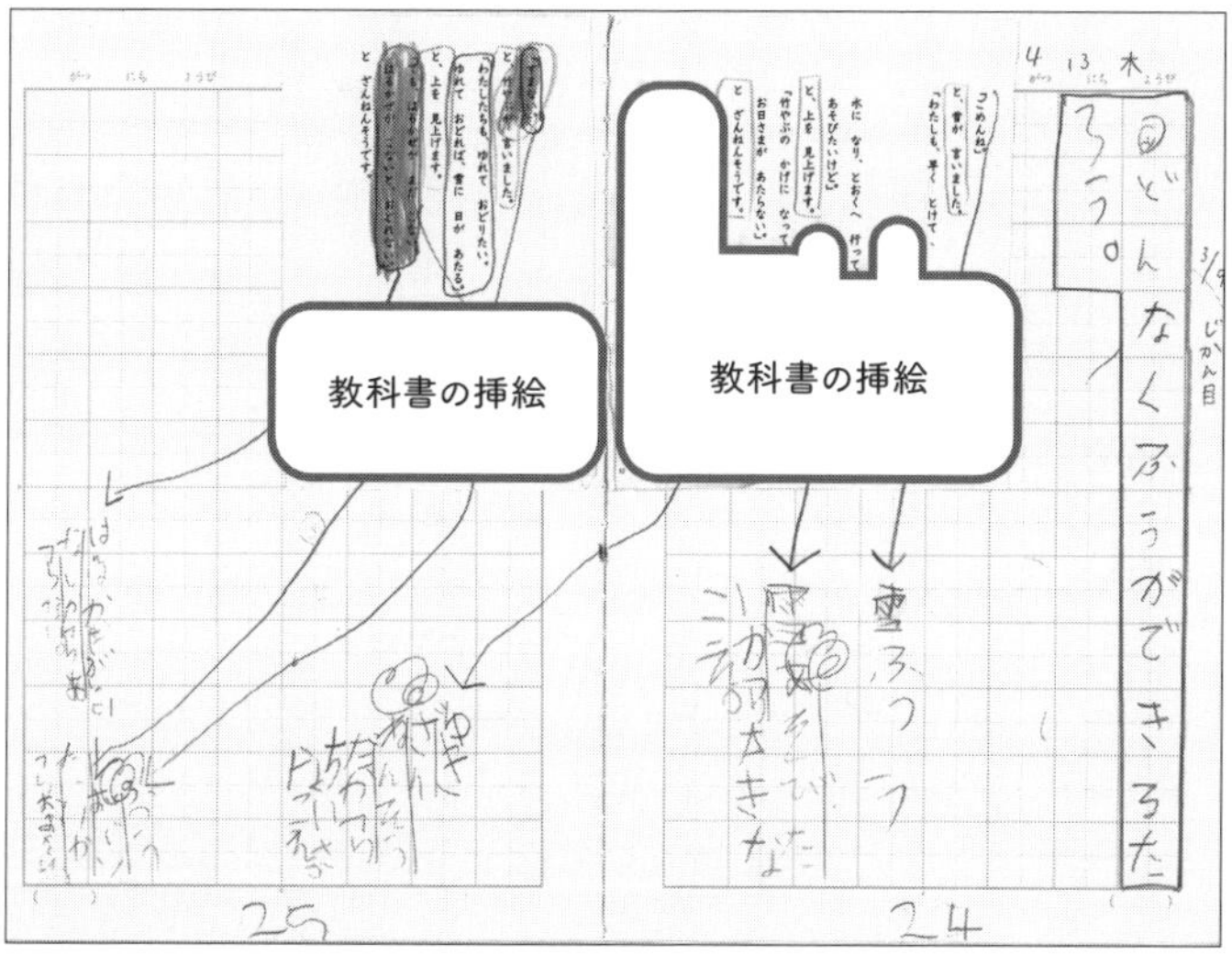 ■記述が少ない。 ■本文に線を引き、音読の工夫を書くことができたが、根拠となる文には線を引けていない。
5月	**共有の工夫** 観察文を２学年で共有し、友達の作品のよいところにコメントを書き残した。
6月	**本文との結び付き** 登場人物の行動に線を引くことで、行動を具体的に想像することができた。
7月	**ノート自慢** １学期の自分の成長を感じることができた。他校の「ノート自慢」を見ることで意欲を高めた。
9月	**本文との結び付き** 読みの観点を絞ることで、子供が協働的に内容を捉えることができた。
10月	**本文との結び付き** 登場人物の行動から気持ちを想像し、音読をする際に活用することができた。
11月	**本文との結び付き** モデル文を分析することで、分かりやすい説明の仕方を見付け、構成を考えることができた。

<table>
<tr>
<td>12月</td>
<td>

ノート自慢

校長先生と教頭先生にノートを見せながら、自分の成長を語る。

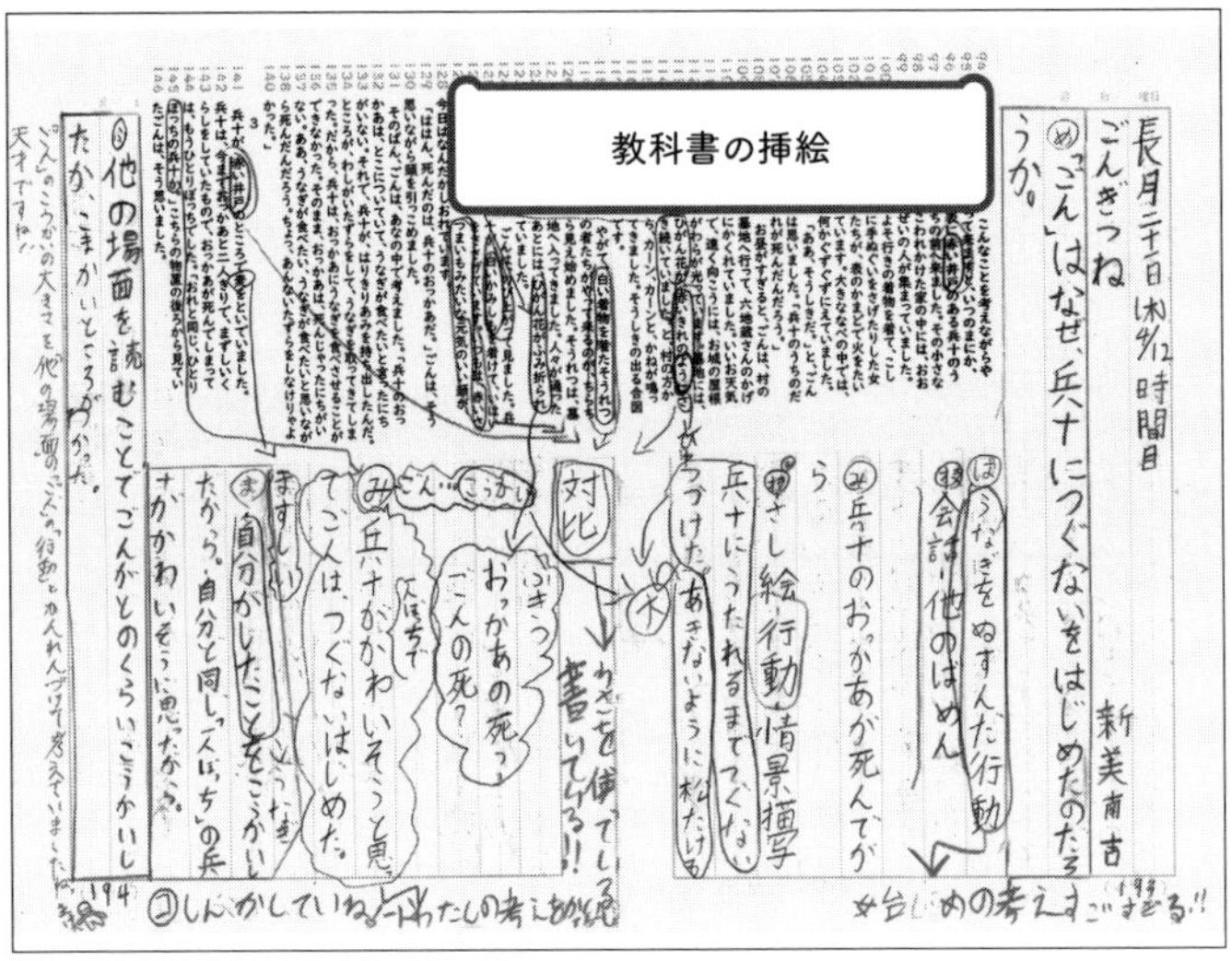

■複数の根拠を結び付けて考えを形成している。

■他者の考えをノートの中に取り入れている。

</td>
</tr>
<tr>
<td>1月</td>
<td>

振り返りの充実

次の時間に生かせるような振り返りを意識して記述する。

</td>
</tr>
<tr>
<td>2月</td>
<td>

学習語彙の活用

これまで習得してきた学習語彙を使って対話をし、自分たちで物語文を読み深める。

</td>
</tr>
<tr>
<td>3月</td>
<td>

ノート自慢

４月からの変容を自分の言葉で語る（ノートチーム４校合同で遠隔実施）。

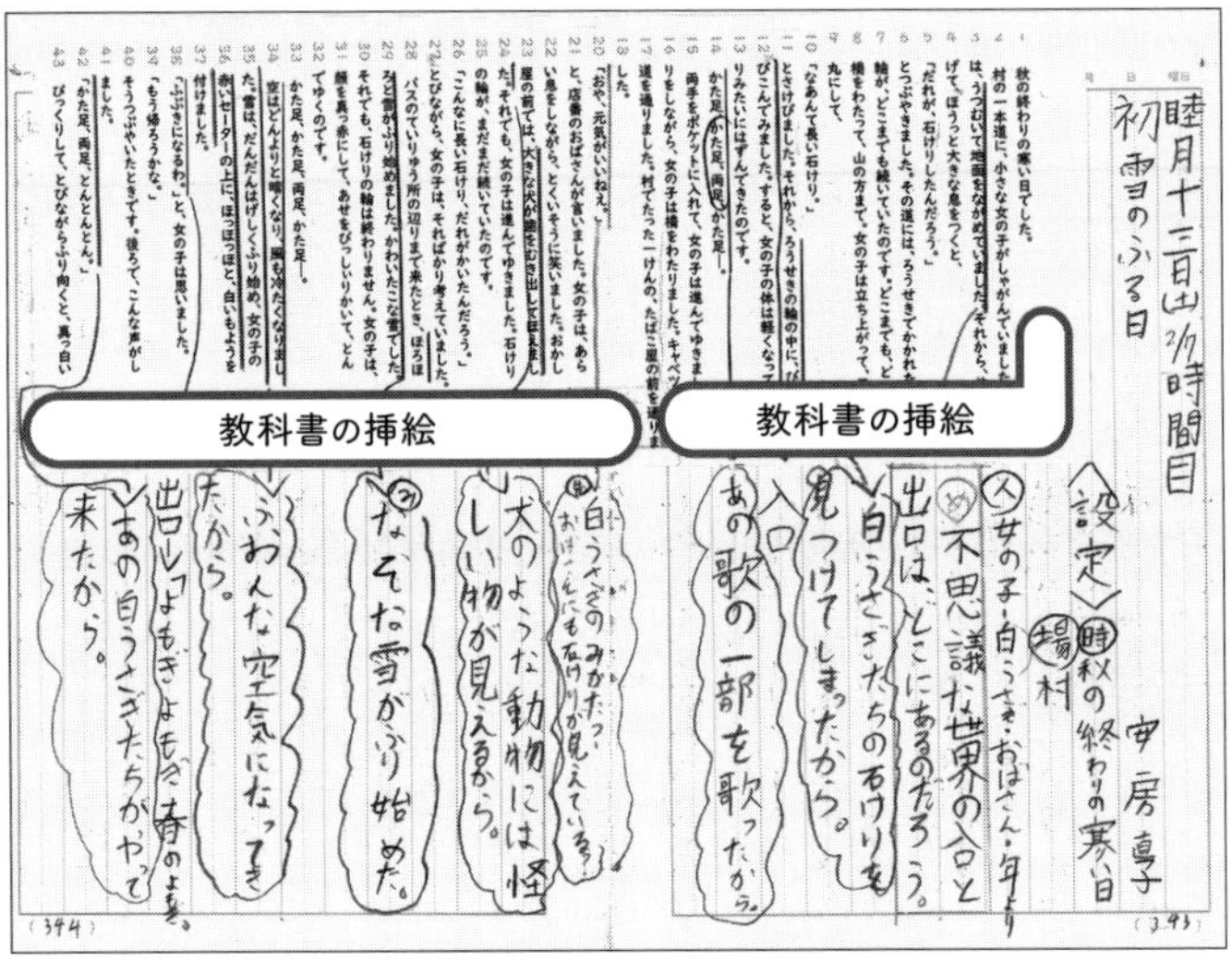

■ノートが構造的になっている。

■他者との対話を通して考えを形成している。

</td>
</tr>
</table>

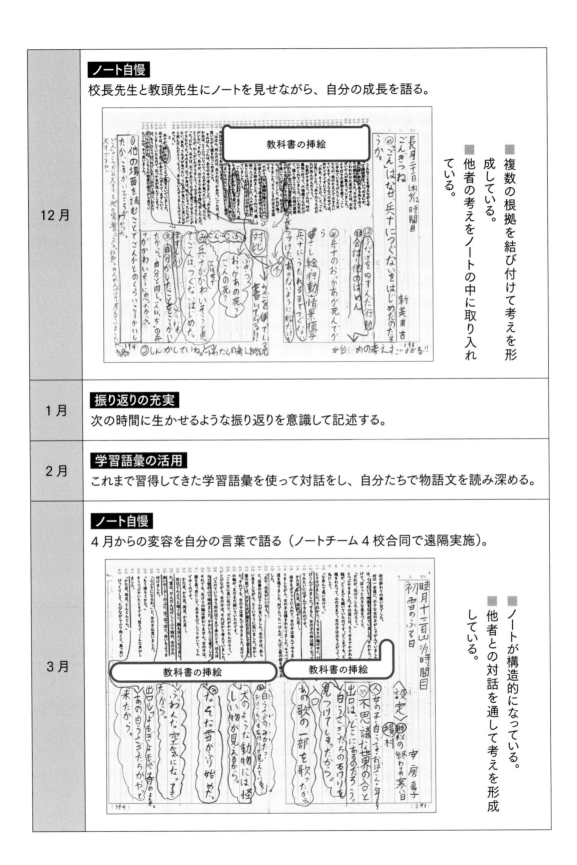

中学年複式学級の取り組み

月	重点的に取り組んだ活動
4月	**共有の工夫** 校長先生にインタビューをしたことをノートにまとめ、他学年の友達に発表する。 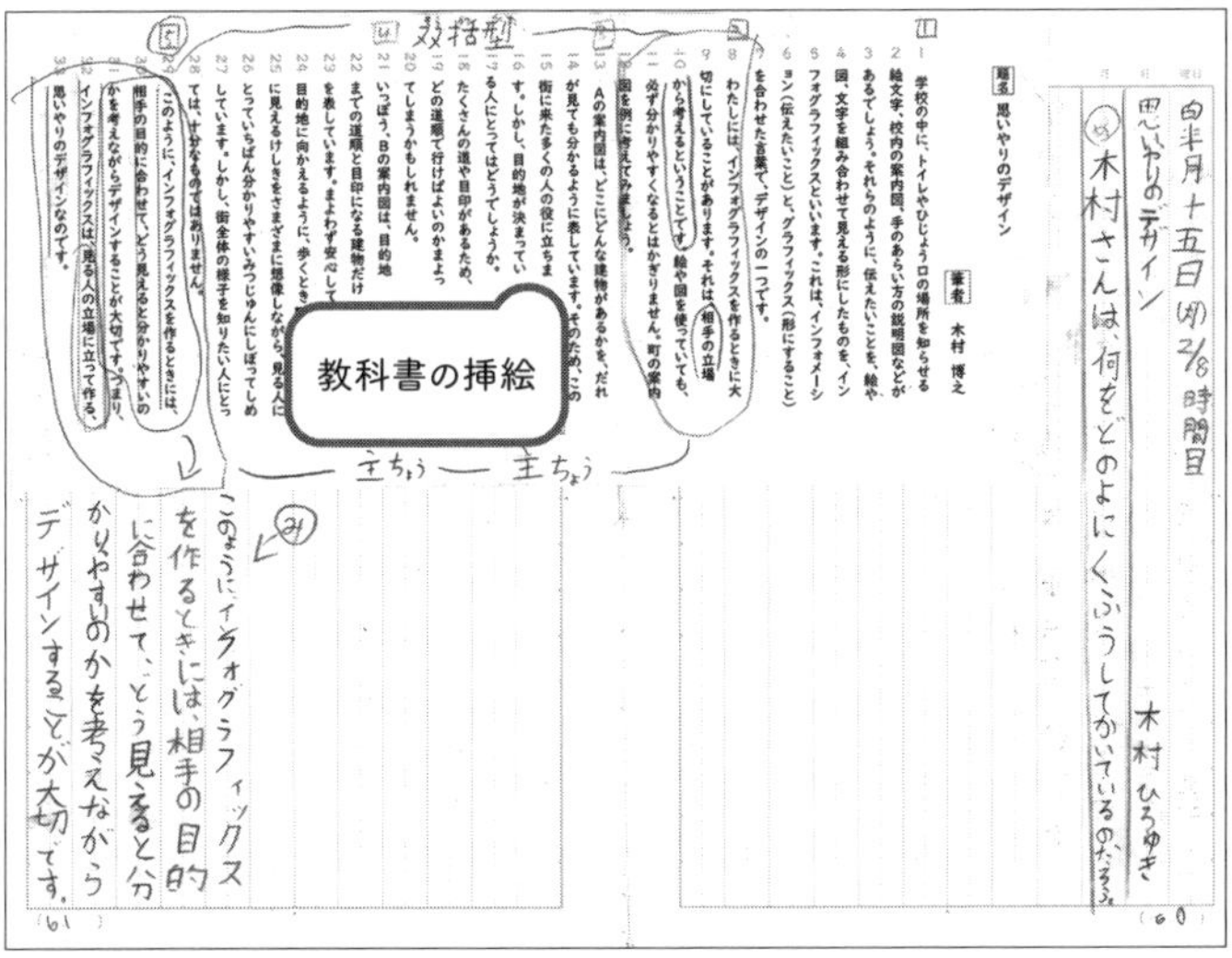 ■線が少ない。 ■記述量が少ない。 ■一つの根拠に一つの考えのみ記述している。
5月	**思考ツールの活用** 筆者の主張の伝え方のよさを三角ロジックを用いてまとめる。
6月	**共有の工夫** 学校のよさを伝える新聞をつくり、他校の４年生と交流する。
7月	**ノート自慢** １学期の自分の成長を振り返る。ノートに保護者からコメントをもらう。
9月	**本文との結び付き** 叙述と自分の生活経験を結び付けて考えを形成し、「ごんへの手紙」を書く。
10月	**時間管理の工夫** 全 16 時間の学習計画を自分たちで立てる。
11月	**時間管理の工夫** 自分が決めた計画で、リーフレットづくりを進める。

	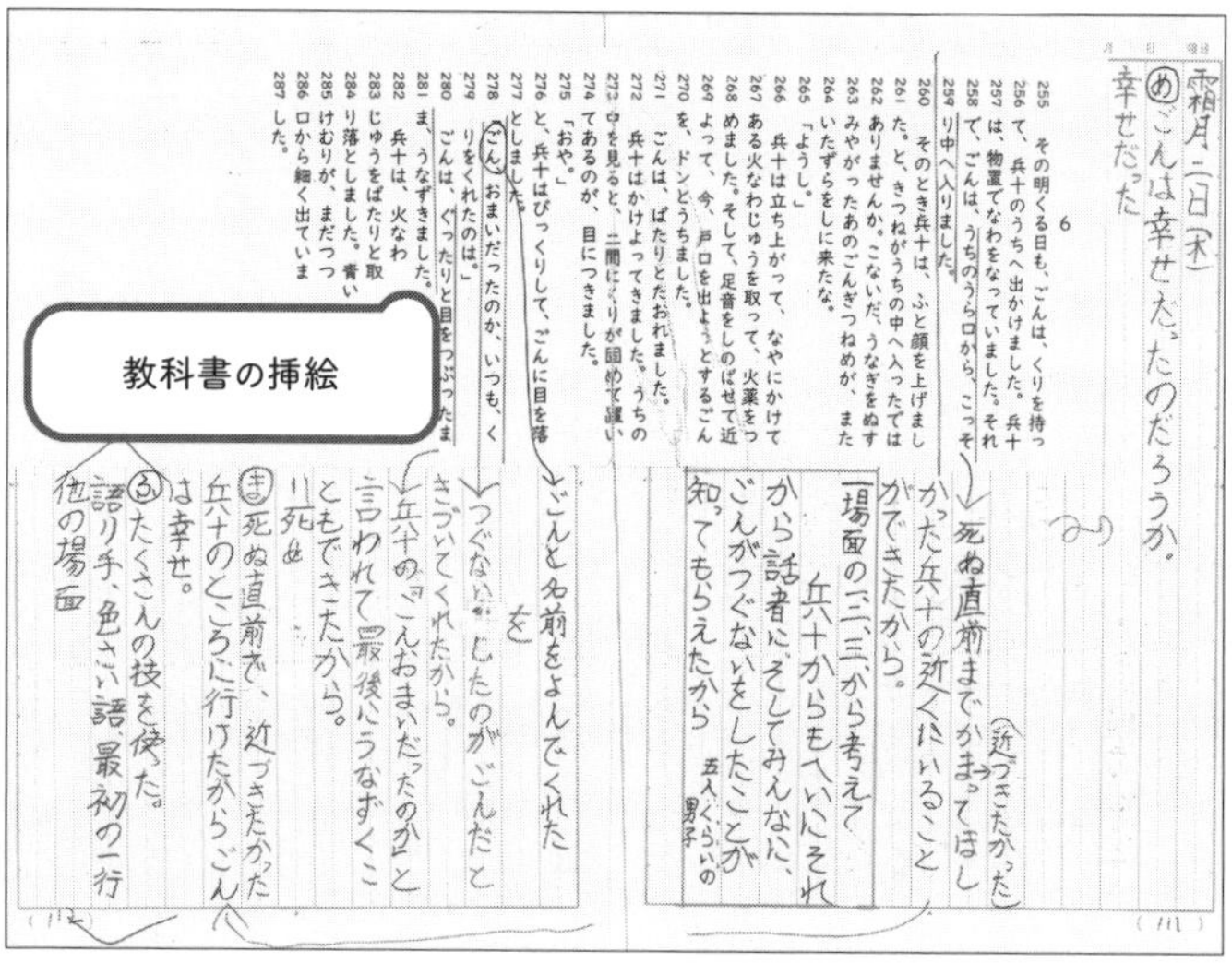 ■複数の学習語彙（読みの視点）を統合させながら読みを形成しようとしている。 ■「五人くらいの男子」とあるように、他者の考えをメモして、自分の考えの形成に組み込もうとしている。
12月	**ノート自慢** 2学期の自分の成長を、ノートの記述を基に振り返る活動を設定した。
1月	**共有の工夫** 本文､自分の考え､他者の考えをどのようにノートに位置付けていくか考える時間を設定した。 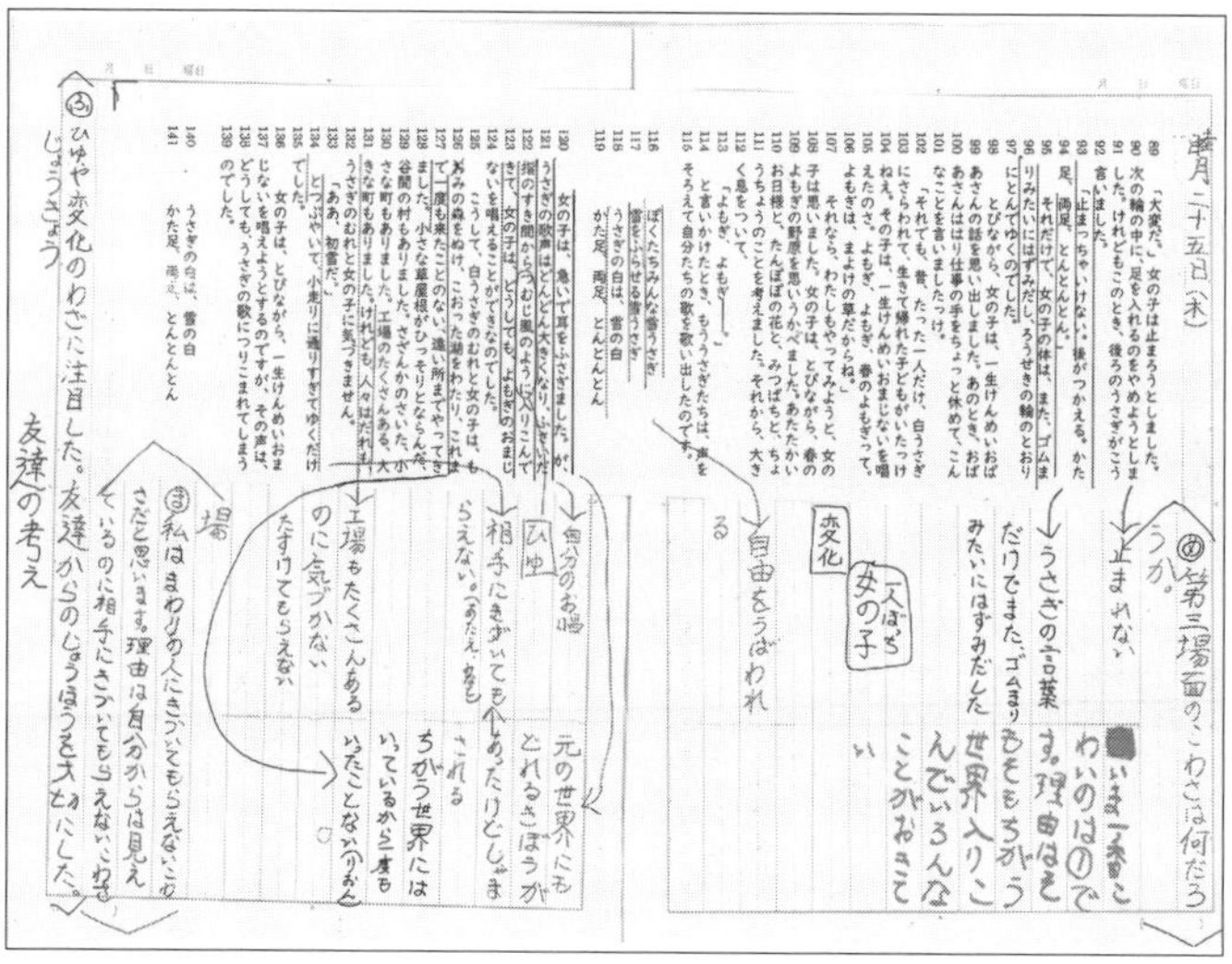 ■上段に教材文（根拠）、中段に自分の考えの形成、下段に他者の考えを書こうと、ノートの書き方をカスタマイズしている。 ※安房直子「初雪のふる日」
2月	**学習語彙の活用** 複数の学習語彙を組み合わせながら、読み深める時間を設定した。
3月	**ノート自慢** 4月からの変容を自分の言葉で語る活動を設定した（他小学校4校との合同で遠隔実施）。

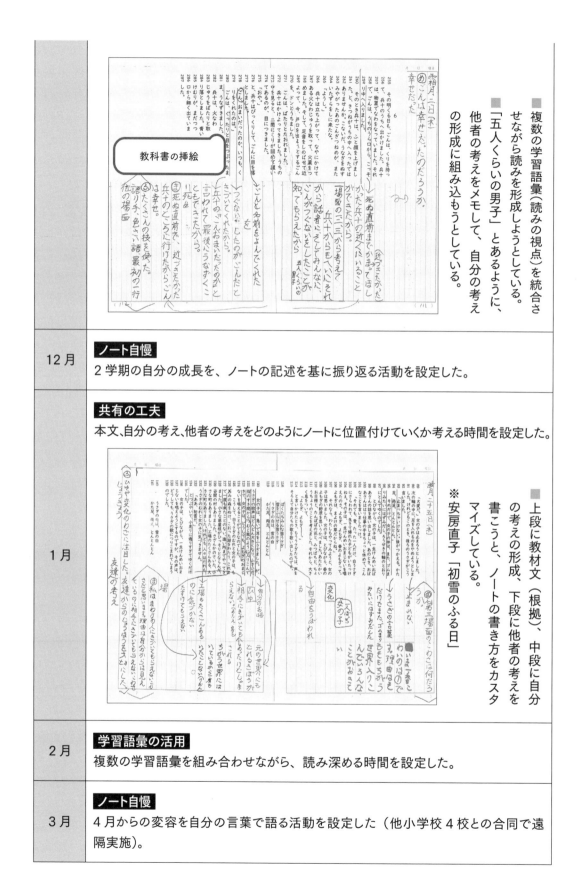

四年生の取り組み

月	重点的に取り組んだ活動
4月	**ノート自慢** 前々年度、前年度に担任した子供たちのノートを見せる活動を設定した。 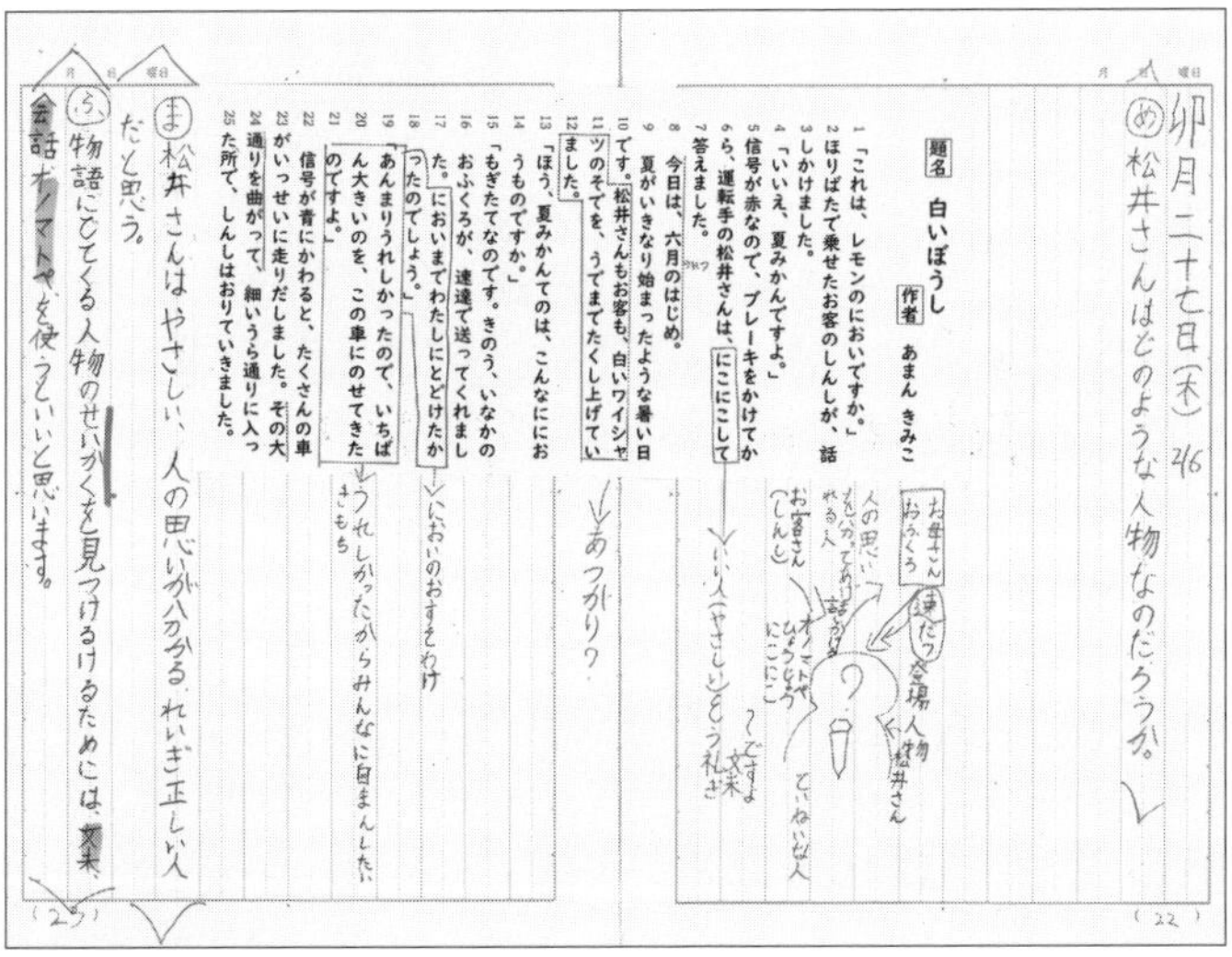 ■学習語彙を活用しながら、登場人物の性格を読み取ろうとしている。 ■個の学びで完結している。
5月	**学習語彙の活用** 学習語彙を発見したり活用したりしながら、読み深める時間を設定した。
6月	**振り返りの充実** 「よい振り返りの記述とは何か」を子供たちと共に考える時間を設定した（主に学習語彙）。
7月	**ノート自慢** 1学期の自分の成長を、ノートの記述を基に振り返る活動を設定した。
9月	**時間管理の工夫** 誰と、何を使って、どこで、何分間で行うのかなど、学びを調整する時間を設定した。
10月	**共有の工夫** 自分の考えを形成するために、友達の考えをメモする大切さを再確認する時間を設定した。
11月	**振り返りの充実** 「よい振り返りの記述とは何か」を子供たちと共に考える時間を設定した（主に協働的な学び）。

<table>
<tr><td>12月</td><td>

ノート自慢

2 学期の学びの中で意識したことを中心に伝え合い、振り返りを行った。

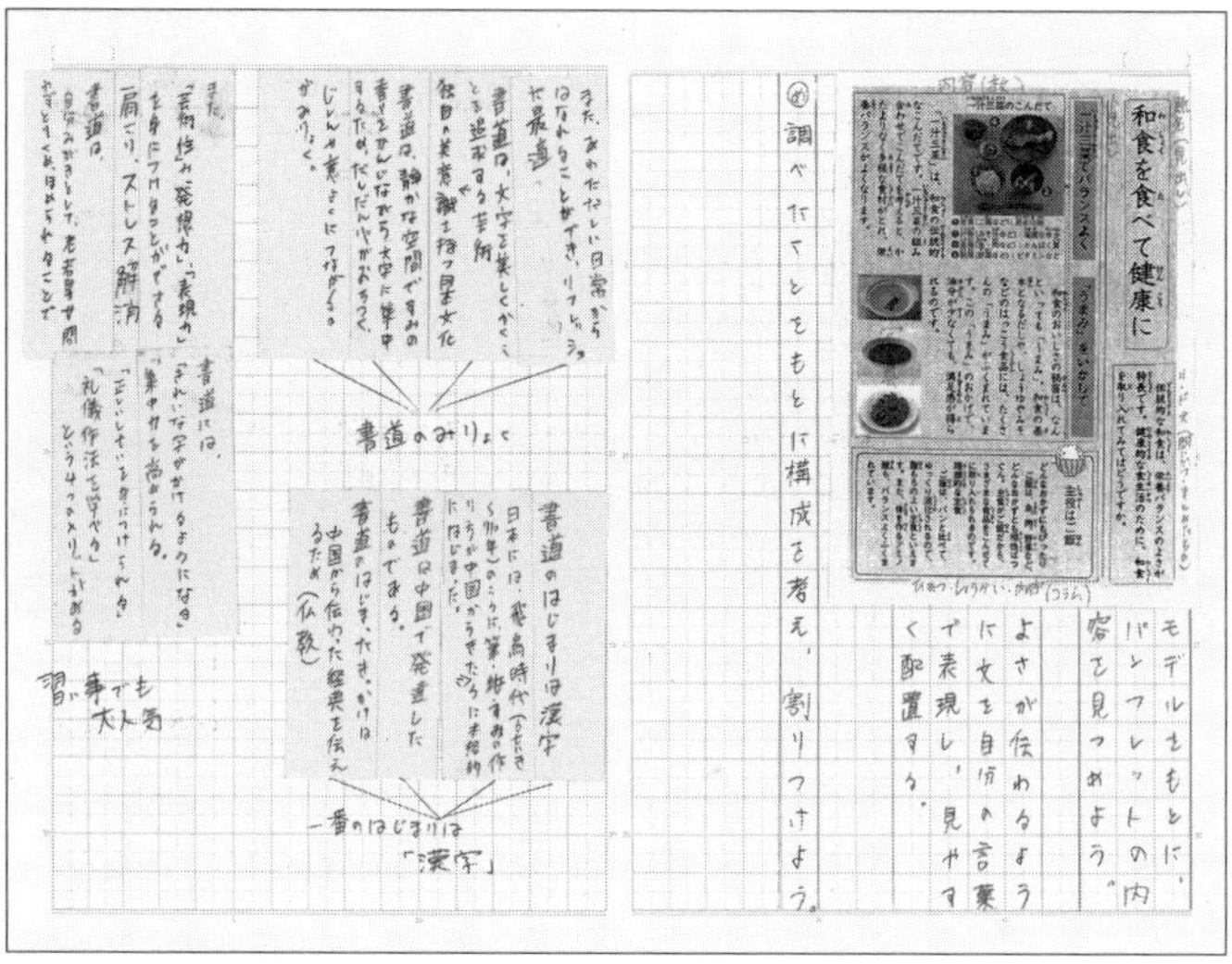

■活動に必要なことをモデル文から見いだし、自身の活動や作品に取り入れていこうとする姿が見られた。

</td></tr>
<tr><td>1月</td><td>

振り返りの充実

自身の内容をより深く見つめて文章に表すために、振り返りを起点として未来の自分に伝える内容を考えた。

</td></tr>
<tr><td>2月</td><td>

学習語彙の活用

叙述を根拠として、学数語彙の視点から物語の内容を深く理解できるようにした。

</td></tr>
<tr><td>3月</td><td>

ノート自慢

3 学期の学びの中で意識したことを中心に伝え合い、振り返りを行った。

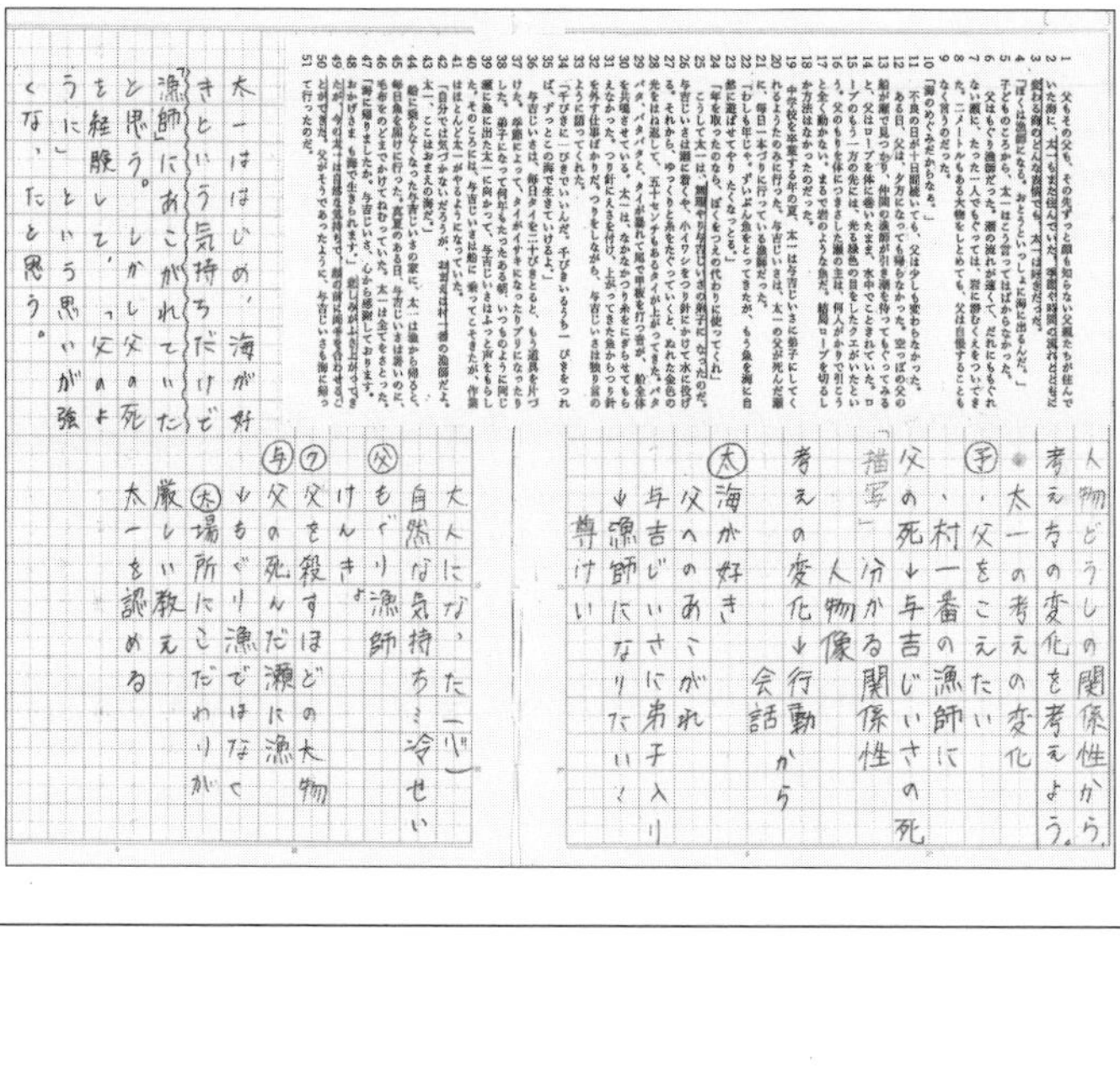

■対話の中に「役割」「象徴」「関係性」などの語彙が現れている。

■焦点化しながら関連付けて考えており、思考の深まりが見られる。

※立松和平「海の命」

</td></tr>
</table>

六年生の取り組み

月	重点的に取り組んだ活動
4月	**本文との結び付き** 登場人物の心情の変化を場面と叙述を対応させながら考え、続き物語などから選択して書く活動を行った。 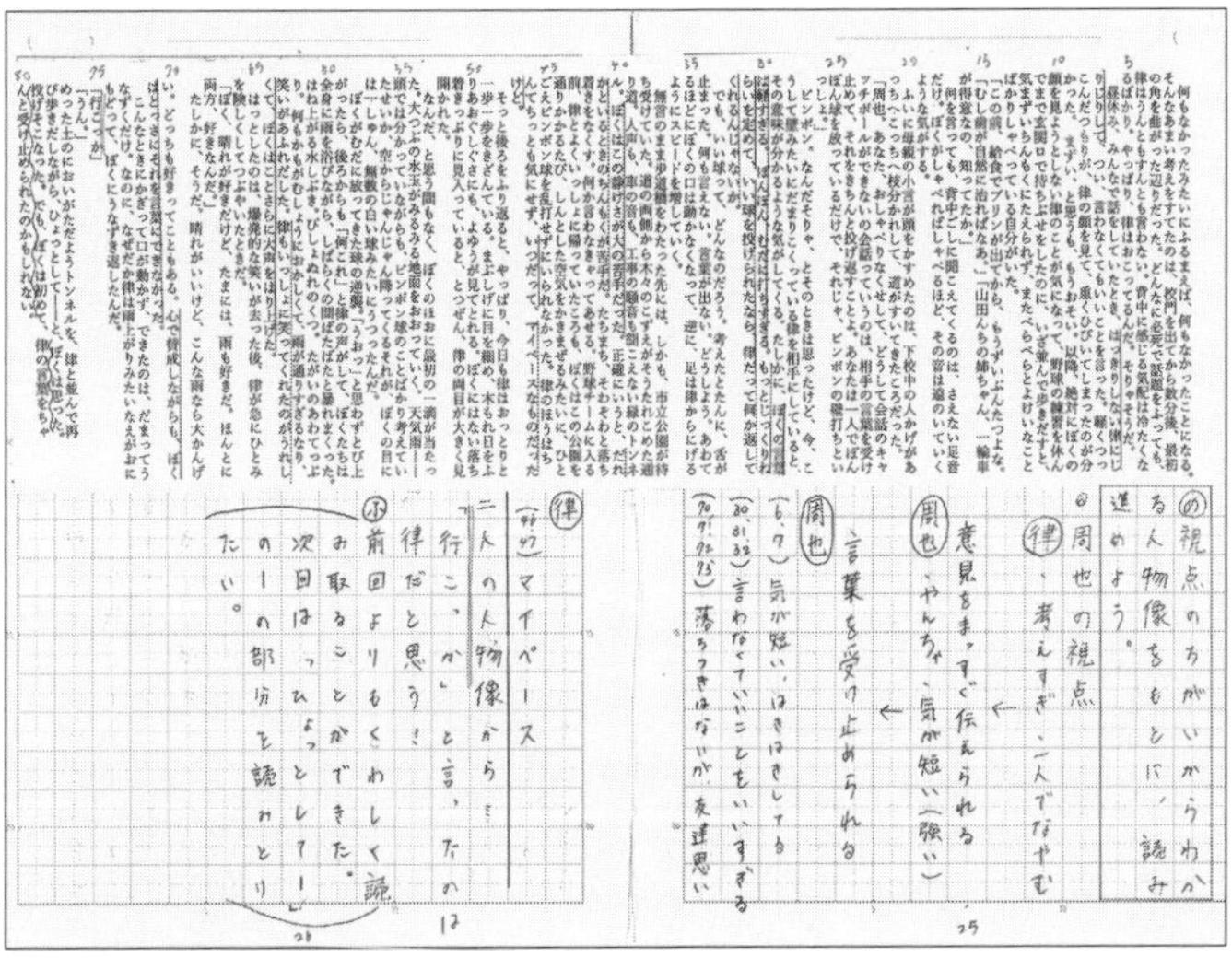 ■本文の言葉から考え、根拠をもって想像する姿が見られた。 ■友達の考えを共有するとき、視点をもたせることで深まりが出た。 ※森絵都「帰り道」
5月	**思考ツールの活用** ペンタゴン・ロジックを用いて思考の整理をし、他者が納得できる意見文を作成した。
6月	**共有の工夫** グループ発表に向け、協働で作成するためにノートを活用し、考えの形成を行った。
7月	**ノート自慢** 1学期の学びの中で意識したことを中心に伝え合い、振り返りを行った。
9月	**振り返りの充実** 二つの場面を比べ、学びを振り返り、つなげて考えていくことで作品の世界を理解した。
10月	**時間管理の工夫** 建設的に話し合いを行えるように活動の焦点化をし、計画的に1年生と交流活動が行えるようにした。
11月	**時間管理の工夫** 調べる、整理する、構成するなどをして、日本文化を発信するパンフレットを作成した。

おわりに～「ノート」への愛着形成の取り組みとして～

ノートの機能には、練習帳的機能、備忘録的機能、整理保存的機能、探究的機能といったものがあります。そして、それぞれの機能に合わせて、書く内容の選択やレイアウトがなされます。加えて、児童・生徒たちが日々の授業で使用しているノートには、個人の学習記録としての機能もあります。これまでの自分自身の学びの履歴と学級全体の学びの履歴がそこには残っています。日々の授業に対する自分にとっての意味や価値を、年間を通じて積み上げて綴った財産といえるものでしょう。

一方で、最後まで書き終えたノートはどのように扱われているでしょうか。私自身の小学生時代を振り返ってみますと、新しいノートに変えてからは、振り返ることなどなく、長期休みや年度終わりの片付けなどを機に処分していました。手元に残っているものはほぼなく、今からするともったいないことをしてしまったと後悔しています。

ノートを手離す理由として、その機能が果たされ、役目が終わったということもあるでしょう。しかしながら、学習記録としての機能から考えますと、時が経過し、ある程度積み重ねていくことによって生まれてくる価値があるといえます。そのときのためにも手元に残しておくことが重要といえるのです。そこで、機能に応じたノートの取り方を学ぶとともに、ノートの活用の仕方も学ぶことでノートのもつ学習記録としての価値や意義を実感し、愛着を形成することが重要だと考えています。

本書は、「ノートづくりは、授業づくり」という基本姿勢のもと、「書くこと」に関する研究を継続的に進めてきた原国会の会員によるノート実践の紹介になっています。子供たちが日々の授業で綴ってきたノートをそれぞれの機能から見つめ直し、そのよさを紹介しています。

小学校全学年での「話すこと・聞くこと」「書くこと」「読むこと」の領域のノートを掲載することに加え、複式学級での取り組みも掲載することでモデルとなるノート例を多く紹介しております。そして、取り組みの効果を伝える工夫として、一単元でのノートの変容だけではなく、学期、年間を通じたノートの変容、子供たちのノート観の変容についても取り上げております。特に「ノート自慢」の活動は、学びの意欲の向上と自己有用感を高める活動にもなっているお勧めの活動となっています。

読者の皆様にとって、ノートづくりの取り組みに踏み出す一歩や、新しい発見や工夫を見付け出す一助となりますと幸いです。

このたび、発刊するに当たっては、低学年、中学年、高学年による各グループでの研究、協議が欠かせない活動でした。その各グループを牽引していただいた川路剛先生、原之園翔吾先生、作井由希乃先生、加えて全体の調整役という欠かせない役割を果たしてくださった草野真衣先生、何より中心的な理論をお示しいただいた原田義則先生には、ご尽力いただきました。そして、会長の柳野竜生先生をはじめとする、原国会の定例会を支えてくださっている方々からのご協力があって本書を形にすることができました。改めてお礼申し上げます。

二〇二四年一〇月

鹿児島女子短期大学児童教育学科准教授　藤川　和也

執筆者一覧

編著者

原田　義則

鹿児島県公立小学校、公立小学校管理職、教育委員会指導主事を経て、平成二六年四月に鹿児島大学教育学部国語科教育准教授として着任。日本国語教育学会地区理事、鹿児島県小・中学校国語研究会顧問等を務めている。また、光村図書国語教科書・指導書の編集委員。主な研究テーマは、『対話』を生かした読むこと・書くことの授業づくり」「九年間を見通した国語科教育の創造」「読書教育」「離島教育」と多岐にわたり、常に理論と実践を往還させる「実践的研究者」を信条としている。主な著作として、『書くことが大好きになる！「選択」と「対話」のある作文指導』（明治図書出版）、クラス全員が必ず書けるようになる！新しい短作文指導のモデルプラン～変容・引用・反論の三つの原理だけでできる作文指導～』（明治図書出版）など、多数。

著者

鹿児島国語教育研究会　原国会

鹿児島国語教育研究会　原国会」は二〇一三年に発足し、現在一一年目を経過する。会員は、離島を含む県下各地から一〇四名が所属する。定例会には、対面形式・オンライン形式により、県下各地から参加がある。その内訳は、小・中学校教員及び管理職、特別支援学校教員、教育委員会等指導主事、大学教員、大学生と多様であり、質が高い実践研究を重ねている。特に、ノート指導や作文指導などの「書くこと」の指導法改善に力を入れており、日本国語教育学会におけるワークショップ担当（二〇二四年まで連続五回）、東京六本木、福岡天神、鹿児島市、奄美市などにおいて「わくわく作文塾」を開催したりしている。こうした取り組みは、「波及効果が期待できる草の根的な活動と地域貢献」として認められ、第五三回（二〇二二年度）博報賞の受賞に至った。原国会の活動は鹿児島市及び奄美市の新聞・ラジオ・テレビ等でも多数取り上げられ、県民に広く認知されている。

（参考：https://www.hakuhodofoundation.or.jp/news/2024/04/23.html）

執筆者・協力者

原田　義則　鹿児島大学教育学部准教授
藤川　和也　鹿児島女子短期大学児童教育学科准教授
安藤　翔　南さつま市立金峰学園
山口　奏良　鹿児島大学教育学部附属小学校
小島　佳那　伊仙町立糸木名小学校
笠　真利子　喜界町立喜界小学校
原之園　翔吾　奄美市立伊津部小学校
祝　淳司　知名町立知名小学校
繁山　大樹　鹿児島大学教育学部附属小学校
安田　京子　奄美市立崎原小学校
川邊　美穂　鹿屋市立笠野原小学校

柏木　良々歌　鹿児島市立伊敷台小学校
永吉　大貴　鹿屋市立寿小学校
山本　梨華　港区立笄小学校
荒崎　奏子　長島町立平尾小学校
作井　由希乃　鹿屋市立笠野原小学校
阿瀬知　巧　大崎町立大崎小学校
大吉　さやか　大崎町立大崎小学校
草野　真衣　鹿児島県立出水特別支援学校
川路　剛　曽於市立笠木小学校
下西ノ園　美加　鹿屋市立細山田小学校

ノートづくりが子供主体の国語科授業を実現する!

2025（令和 7）年 1 月 23 日　初版第 1 刷発行

編著者　原田 義則
著　者　鹿児島国語教育研究会 原国会
発行者　錦織 圭之介
発行所　株式会社東洋館出版社
〒101-0054　東京都千代田区神田錦町 2-9-1
コンフォール安田ビル
代　表　TEL：03-6778-4343　FAX：03-5281-8091
営業部　TEL：03-6778-7278　FAX：03-5281-8092
振替　00180-7-96823
URL　https://www.toyokan.co.jp

[印刷・製本] 藤原印刷株式会社
[装幀・本文デザイン] 中濱 健治

ISBN978-4-491-05675-3　　Printed in Japan